古代歷史文化研究輯刊

二五編

王明蓀 主編

第 1 冊

《二五編》總目

編輯部編

西周金文土田問題考論（上）

唐洪志 著

國家圖書館出版品預行編目資料

西周金文土田問題考論（上）／唐洪志 著 -- 初版 -- 新北市：
花木蘭文化事業有限公司，2021〔民 110〕
目 4+172 面；19×26 公分
（古代歷史文化研究輯刊 二五編；第 1 冊）
ISBN 978-986-518-303-5（精裝）

1. 土地制度 2. 金文 3. 西周史

618   110000131

ISBN-978-986-518-303-5

古代歷史文化研究輯刊
二五編 第 一 冊   ISBN：978-986-518-303-5

西周金文土田問題考論（上）

作　　者　唐洪志
主　　編　王明蓀
總 編 輯　杜潔祥
副總編輯　楊嘉樂
編　　輯　許郁翎、張雅淋　美術編輯　陳逸婷
出　　版　花木蘭文化事業有限公司
發 行 人　高小娟
聯絡地址　235 新北市中和區中安街七二號十三樓
　　　　　電話：02-2923-1455／傳真：02-2923-1452
網　　址　http://www.huamulan.tw 信箱 service@huamulans.com
印　　刷　普羅文化出版廣告事業
初　　版　2021 年 3 月
全書字數　285199 字
定　　價　二五編 15 冊（精裝）台幣 45,000 元

《二五編》總目

編輯部　編

《古代歷史文化研究輯刊》二五編 書目

《古代歷史文化研究輯刊》二五編
各書作者簡介・提要・目錄

第一、二冊　西周金文土田問題考論

作者簡介

　　唐洪志（1978～），四川瀘州人，華南師範大學歷史文化學院講師，從事中國古文字與古代史方面的研究工作。2012 年博士畢業於華南師範大學歷史文化學院中國古代史專業（古文字方向，導師白於藍教授），論文題目為《西周金文土田問題考論》。後在華南師範大學文學院金文研究中心做博士後，合作導師為張桂光教授，參與「商周金文辭類纂」（11CYY048）的研究工作。代表論文有《說〈容成氏〉「民乃賽」及相關問題》（《文物》2013 年第 8 期）、《金文「謀猷不飲」新詁》（《中國文字研究》2015 年第 21 輯）。主持「華僑華人對文物保護作用研究」（GDQW201215，國僑辦僑務理論研究廣東基地）。

提　要

　　本文將西周土田類金文從西周金文資料中分離出來，作為相對獨立的研究領域，探討其中涉及的西周土田問題。本文探討的主要內容屬於西周土地制度研究的範疇。西周土地制度研究在學術史上具有非常重要的地位，但傳世文獻中可供西周土地史研究利用的資料非常單薄，不便於問題的解決。西周金文是研究西周史的第一手資料，對於探索當時的歷史真相具有重要價值。雖然探討金文中的土田問題未必能揭示西周土地制度的全貌，但從材料

學的角度看，這項工作確實是必需的。

本文分為四大部分：

第一部分是緒論。首先是對西周土田類金文的界定。本文利用土、田、場、林等關鍵字勾連、鎖定西周土田類金文，搜集到相關金文六十三篇，為深入研究西周土地制度彙集了一批珍貴的第一手資料。其次是比較詳細地梳理、介紹以往的研究成果，並扼要說明其有待強化之處。最後是本文的研究方法和研究意義。

第二部分是對西周土田類金文的斷代。該部份比較詳盡地搜集了土田類金文的器形圖片，匯集了各家的斷代意見，在此基礎上綜合利用銅器斷代要素對土田類金文進行分期斷代，為後文開展專題討論作準備。

第三部分是本論文的主體。該部份包括三章，分別從土田封賜、土田轉讓、土田管理三個方面探討西周金文中的土田問題，在吸收前人研究成果的基礎上，對金文土田問題中涉及的人物身份、甽畝制度、土田封賜事件、土田轉讓事件、土田爭訟事件、圖典制度、土田管理職官等問題進行詳細考論，為以後的研究提供參考。土田封賜一章首先考論封賜人物的身份信息，揭示出西周貴族層層封賜土田的事實，其次考論土田封賜的原因、土田的類型、封賜的禮俗，最後考論西周的郊甸區劃、甽畝制度、封賜土田的社會屬性、封賜土田的來源；土田轉讓一章首先考論轉讓主體的身份信息以及土田轉讓發生的地域，揭示出金文土田轉讓均發生在貴族之間而且多發生在今陝西境內的事實，其次考論土田轉讓的類型、數額、轉讓的程序和禮俗，最後將金文中的土田轉讓事件同春秋、戰國時期的土地轉讓進行對比分析；土田管理一章首先考論金文中的土田管理職官，揭示出西周土田管理的職官體系，其次考論金文中管理土地和人口的圖典制度，再次考論金文中的土田爭訟，最後考論金文中的耤田和胥賦問題。

第四部分是附錄。該部份是筆者校讀金文的一些成果，如曶鼎銘文中郭沫若擬補為「曰汝其」的「汝」字，筆者認為當釋作「虎」，匽侯克器的「𨱗享」當讀為「長享」，師酉鼎銘「衺」當讀為「戀」，等等。

目　次

上　冊

第三冊　漢代邊防體系研究

作者簡介

江娜，1982 年出生，遼寧省東港市人，畢業於華中師範大學歷史文化學院，師從熊鐵基老先生，主要從事秦漢軍事史方面研究。現就職於山東交通學院，副教授。近年來，主要在秦漢軍事史、區域文化史、航運文化、思政教育等領域從事研究，發表論文 10 餘篇。

提　要

漢代邊防主要執行的是邊疆的防禦和作戰，是兩漢王朝國家統治的重要軍事保障具有開拓性和開創性。這不僅是國家維護自身安全的軍事管理系統，更是漢王朝的治邊思想、經濟、文化等諸方面在軍事上的集中展示，此後不管是動盪不安的三國兩晉南北朝時期，還是隋唐的一統江山，亦或是宋元明清的更替，在邊防方面都得益於兩漢建立起來的基礎，漢代邊防是後世各朝代建設邊防有價值的參考範本。

本文以兩漢時期邊防體系構建為主題，以現有的資料為基礎，結合傳世文獻與出土文獻，以歷史學、軍事學和邊疆學研究方法相結合的方式進行研究，注重對邊防體系整理輪廓的把握。注重從漢代邊疆防禦範圍的劃分，邊防領導體系的結構和軍事武裝力量的構成，邊防軍事工程建設情況和邊防體系的物資供給模式，邊防的行政職責和功能，漢王朝國防戰略和民族關係等五個方面進行探索研究，希望通過對邊防體系的構建情況分析，探討邊防體系對邊疆地區發展的影響，探索邊防區域內游牧民族與農耕民族之間的聯繫，揭示邊防體系在兩漢王朝國家戰略和政治制度層面上的貢獻，以及為後世歷代邊防體系發展所奠定可延續的基礎模式，也為現代中國國防建設和發展提供有益的借鑒和警示。

目　次

第四、五冊　魏晉南北朝「廟學」制度及其思想史意義

作者簡介

　　吳秉勳，新竹人，東海大學文學博士，現職廈門大學嘉庚學院人文與傳播學院副教授，主要從事中國文學和思想方面的研究，並參與高等院校通識教育核心課程教材《大學寫作基礎教程》（蘇新春主編，北京：清華大學出版社，2019 年）的撰寫工作，也曾參與城邦出版集團商周出版社的古文新創寫作，以及前台中縣大肚鄉公所鄉誌／發展史、台中市龍井區公所鄉誌／發展史的撰寫工作。

提　要

　　本文針對魏晉以來所形成的「廟學」制度，進行專門性和系統性的考察研究，並探討這種教育模式的起源、發展與演變等歷程，除了論述其與官學體系、儒學文化、儒家教育事業等方面的聯繫程度，具體呈現「廟學／官學／儒學」的緊密關係，更希冀利用這方面的相關探討，考察其對於中國文教機構、學術文化等層面的實質影響，以及日後學制、禮制、祭祀活動與建築佈局等方面，對於此種制度的各種承繼概況。

　　關於「廟學」方面的相關研究，是近幾十年來逐漸被學界的許多領域所關注之一項新課題，而文史領域對於中國「廟學」制度及其相關研究，更是近十年開始時興，不過文史領域對於「廟學」制度及其相關研究，總體成果仍稍嫌薄弱，尚有太多值得繼續深拓的空間，以及留待解決的學術問題。本文認為「廟學」是依附於文教事業之下的一種教學制度，是一種落實儒學的傳播方式，更是中國古代教育體制底下的一種特殊建置，它始終緊扣中國古代的學術史、教育史、文化史等面向；必然牽涉中國文學、思想、歷史學、建築學等領域；更是在探討官學與儒學等議題時，不容忽略的重要概念。尤其「廟學」的建置與其制度、儀式等的相關規劃，亦足以作為一個時代對於儒學思想之重視程度的一個側寫，因此本文也試圖藉由論述魏晉南北朝「廟

學」教育制度的建置概況，作為當時儒家學術並未間斷發展的一項旁證。

目 次

上 冊

第六、七冊　十六國時期華北地區霸權興衰及其綜合國力比較研究

作者簡介

　　宋啓成，1967 年生，先後就讀於中正理工學院、國防大學戰略與國際事務研究所，2020 年獲國立中正大學歷史研究所文學博士學位。曾服務於國軍基層單位，歷練排、所、營長，及國防大學戰爭學院戰略教官等職務；現任教於國防大學、世新大學。治學原以國家安全、區域安全、野戰戰略、軍事史與中國近現代史為主。自 2013 年師從雷家驥教授以來，又將觸角擴及中國中古史，曾多次運用過去所學重新詮釋古史，期跳脫既有窠臼，發展出新觀點。本書即筆者就十六國史，結合現代工具與古籍、出土史料等之重新詮釋作品。

提　要

　　自古以來，在中國大陸華北地區週邊，住著許多游牧民族。他們受地理形勢阻隔，發展出多種族系與文化；也為生活需要，對中國進行劫掠，經常是中國國家安全的重大威脅。自西漢以來，他們因中國掃蕩或內爭而依附中國，也協助中國展開邊境作戰，之後又捲入中國內戰。迄西晉初年，他們已深入華北地區，使當地種族分布極為複雜。於是在西元 304 至 439 年間，開啟一段史稱十六國時期的戰亂年代。

　　這段時期正因胡漢交融，成為中國歷史上承秦漢與下啟隋唐的轉捩點。然而，受傳世史料不足所限，歷代史家對這段時期多以個案研究居多，整體性的論述較少且大同小異。有鑑於此，筆者欲以既有史料為基礎，運用社會科學工具，循布里辛斯基之大棋盤概念，將當時的華北地區化約成七場主要戰爭，從比較雙方的綜合國力切入，並結合其傳統文化，進行國家戰略層級

的研究，以瞭解其在七次主要戰爭中的綜合國力對比及影響勝負的關鍵因素。

　　儘管史書對當時的記載多以主政者的作為為重心，對各國興亡盛衰也多偏重在戰爭結果；難免有國家興亡僅繫於主政者英明與否，及戰爭是否勝利，反倒容易忽略較細微的文化層面，與支持戰爭進行的其他因素。

　　回顧曾居華北地區霸主寶座的北魏、前秦與後趙，最後由北魏長期勝出的原因，與建國之初即確立一套貫穿全程的戰略目標，且不斷創機造勢、切實施行；及延續其長年在華北地區外圍面臨艱困環境，形塑出的傳統文化與集體記憶有關，恰為前秦與後趙所欠缺者；或許可為前秦敗於淝水即一蹶不振，後趙因石虎一死即內亂國亡，連帶牽動地區戰略形勢變化，留下適當的註腳。

目　次

第八、九冊　東晉南朝荊州政治地理研究──兼論雍州、湘州、郢州

作者簡介

程剛，男，河南信陽人。2007 年畢業於四川大學歷史文化學院，獲歷史學碩士學位。2011 年求學於南京大學歷史學系，師從胡阿祥先生，2014 年獲歷史學博士學位。主要從事魏晉南北朝史和歷史地理學研究。曾任教於長江師範學院，現為玉林師範學院副教授。

提　要

本書的研究對象是荊州（包括東晉以後的湘、郢、雍三州）的政治地理。本書按朝代的先後順序，共分為五章。第一章為東晉部分，第二章為劉宋部分，第三章為蕭齊部分，第四章為蕭梁部分，最後一章為陳部分。各章第一部分，均先梳理出這一區域的政區沿革，研究的區域主要是東晉荊州（含僑州郡縣），劉宋、蕭齊、蕭梁和陳朝荊、湘、郢、雍四州的政區。本書主要結合史料，對以上政區進行考證和論述，並利用圖、表的形式將各時期的政區面貌一目了然地表現出來；各章第二部分，從政治地理的角度，論述、分析東晉南朝封爵屬地地理分布的特點與政治原因；各章第三部分，主要分析、

論證東晉南朝對荊州（包括湘、郢、雍三州）政區進行分割的政治原因及其地理因素。

本文時間斷限：上起自西晉末年，下訖於隋開皇九年（589），即陳朝滅亡。考證方法主要以排比文獻直接記載的材料為主，並輔以考古出土材料。

目　次

第十冊　隋唐海上力量與東亞周邊關係

作者簡介

　　張曉東，男，1977 年生人，籍貫山東威海。華東師範大學歷史學系 08
屆史學博士畢業，現任上海社會科學院歷史研究所副研究員、碩士生導師，
上海鄭和研究中心兼職助理主任，察哈爾學會研究員，中國魏晉南北朝史學
會理事，專攻漕運史、軍事史、海洋史與當代海權問題研究，曾撰寫專著《漢

唐漕運與軍事》、《漢唐軍事史論集》，作為第一負責人翻譯《哈佛中國史》
唐史分冊，發表論文七十餘篇，在雜誌、報紙、網媒等媒體發表時政評論三
十餘篇。

提　要

　　東北亞地區在歷史上就通過海上絲綢之路開展和平友好的經濟文化交流
與往來，但也發生過軍事衝突與戰爭。朝鮮半島是東北亞地區的戰略重心，
而朝鮮半島西南部及其周邊海域在軍事上更是戰略樞紐所在。在古代，甚至
在近代，海上力量有助於改變和維持東北亞地區地緣政治的平衡，在和平時
期也可充當維護和平與安全的重要手段。隋唐時期以遼東領土爭端為導火索
引發了隋唐王朝和高句麗的長期戰爭，史稱「東征」。戰事逐漸擴大到了整個
東北亞地區，涉及所有主要國家。而高句麗滅亡後，唐朝和新羅又因為朝鮮
半島主導權和領土歸屬而發生唐新戰爭，算是東征的後一個階段。東征軍事
行動是分海陸兩個戰場展開的，都達到了一定的激烈程度。海上發生的軍事
行動本是陸地軍事行動的戰略側翼，但常常在戰爭中轉化為決定性的戰線。
由於天然的地緣特徵，隋唐時期的海上軍事力量在東征戰爭和東北亞周邊關
係中發揮了重要的戰略作用，影響戰爭勝負和周邊外交成敗。新羅海上力量
一度是維護東方海上絲綢之路和平繁榮的重要因素。在唐朝後期，新羅將領
張保皋的海洋經略活動表明合作型海權的發展可以為海上和平秩序的進步和
雙贏作出貢獻。此外，從中國古代海軍史的發展階段來看，隋唐王朝的海軍
具有鮮明的時代特徵，在歷史上具有特殊的地位與影響。

目　次

第十一冊　唐代妓女研究

作者簡介

陳雅玲，女，臺北市人。國立臺灣師範大學國文學系畢業，國立臺灣師範大學國文研究所碩士，淡江大學中國文學學系博士。發表作品有《北宋論語學研究》、〈南宋遺民謝枋得詩文初探〉、〈錢穆先生的《左傳》學初探〉、〈試由《劉向歆父子年譜》論錢穆的疑古與考古〉、〈左傳的「叛」文化初探〉等。

提　要

唐代「妓女」一詞，不只是現代一般意義上的「娼妓」，它還包括以表演歌舞技藝，提供娛樂的「宮妓」、「官妓」及「家妓」。她們構成當時特殊的女妓階層，形成一種奇異的社會文化現象。

本書共分八章，首先試圖就政治、經濟、社會與文化等面向，探討唐代妓女活絡的原因。然後分別介紹教坊宮妓，地方官妓，私人家妓，北里民妓。宮妓的大本營是教坊，這些教坊妓女有不同身分類別與相應的特色。官妓的名稱來源、生活，工作與地方官員息息相關。被權貴豢養的家妓，她們的地位與待遇歸宿，同樣令人扼腕。至於對外開放營業的民妓，在唐代最有名的莫過於長安的北里妓，由於有孫棨《北里志》的資料，對於認識此一特定時期及地區的娼妓，有彌足珍貴的價值。其中含有環境、妓院、風氣、價格、組織……等等，使吾人可稍窺此群女妓的樣貌。

進士是唐代的新興階級，他們有三種性格，促使妓女與進士的關係更密切，此即與科考有關的干謁問題、補償心理和輕浮奢華的士風。此外在社會上另一男性階層——文人的歌舞遊宴，自然也少不了妓女，她們豐富了文人的生命，使之享受精神上的愉悅，產生大量的文藝創作。而實際上二者有相當現實互利的關係。最後對這一特殊族群提出相關的省察和評價，冀能發揮現代意義。

目　次

第十二冊　宋遼外交研究續論

作者簡介

　　蔣武雄，1952 年生。1974 年畢業於東海大學歷史學系；1978 年畢業於政治大學邊政研究所；1986 年畢業於中國文化大學史學研究所博士班；現為東吳大學歷史學系教授。主要研究領域為宋遼金元史、明史、中國災荒救濟史、中國古人生活史、中國邊疆民族史。先後在《東方雜誌》、《中華文化復興月刊》、《中國邊政》、《中國歷史學會史學集刊》、《空大人文學報》、《中央日報長河版》、《法光學壇》、《國史館館刊》、《東吳歷史學報》、《中國中古史研究》、《中央大學人文學報》、《史學彙刊》、《玄奘佛學研究》、《史匯》、《成大歷史學報》等刊物發表歷史學術論文約一百四十篇。並出版《遼與五代政權轉移關係始末》、《明代災荒與救濟政策之研究》、《遼金夏元史研究》、《遼與五代外交研究》、《宋遼外交研究》、《宋遼人物與兩國外交》、《中國邊疆史事研究》、《中國古人生活淺論》、《宋遼人物與兩國外交續論》等著作。另主編有《楊其銑校長紀念集》和《東吳大學在臺復校的發展》兩書。

提　要

　　本書收錄六篇與宋遼外交有關的論文，另有一篇附錄，討論河東與五代政權轉移的歷史關係，茲敘述各篇提要如下：

　　一、蘇頌與宋遼外交——討論蘇頌除了整編一部宋遼外交檔案資料彙編——《華戎魯衛信錄》之外，也擔任過接伴、送伴、館伴遼使的工作，以及兩次以生辰使身份出使遼國，並曾經撰寫宋對遼的外交文書。

　　二、宋使節出使遼西京和獨盧金考——宋使節前往遼皇帝冬捺鉢駐帳地西京和獨盧金，目前存留的相關史料較少，並且有模糊不明與矛盾之處，因此本篇進行論述與考証的工作。

　　三、宋使節在不同時間季節使遼的原因與影響——宋朝正旦使、生辰使的使遼時間和季節，往往是在冬季的月份，但是約有四個原因，例如遼承天太后生辰未改期受賀、遼帝后死亡與新君登位、宋帝死亡與新君登位、宋派

遣泛使，即會造成宋使節有可能在春、夏、秋、冬的月份使遼，導致宋使節晉見遼皇帝的地點、往返的行程路線，以及在遼境中的所見、所聞、所感也隨之不相同。

四、遼泛使在宋的言行——本文先整理遼泛使出使宋國的事蹟表，再舉述幾位遼泛使與宋國君臣言行交鋒的情形，以及論述兩位遼泛使嚴重違背逗留宋汴京日數規定的事例。

五、宋遼白溝驛與兩國使節接送——宋遼兩國在白溝河南北岸均設有驛館，是接送對方使節的重要地點，本文先考證宋遼創設白溝驛的時間，再論述兩國在各自白溝驛接送對方使節的情形。

六、宋與遼訂盟初期對北方邊境事宜的調整和改變——宋與遼訂盟初期，對北方邊境的邊防、榷場、邊民入遼界、修葺邊城、邊屯、邊塘、邊林等事宜進行調整和改變，奠定了日後兩國和平關係長期發展的基礎。

附錄：河東與五代政權轉移的歷史關係——本文針對河東地區與五代政權轉移的歷史關係加以論述，闡明當時的歷史人物在據有河東地區之後，如何發展、如何稱帝建國，或如何對抗敵國，維護國家的生存。

目　次

第十三、十四冊　清代越南燕行使節的北京書寫研究

作者簡介

李宜樺，臺灣雲林人，國立成功大學中國文學研究所博士，現任教於國立斗六高級中學。曾通過國立編譯館審查，出版專書《接受與再生：《平山冷燕》之書寫續衍與轉化研究》，並有〈從史傳到稗語——〈漢將王陵變〉之情節承衍與轉化考察〉、〈論日僧空海《遍照發揮性靈集》中所呈現的異域情調〉、〈論陳

玉慧日記體散文《巴伐利亞的藍光》之書寫策略〉、〈王瓊玲小說集《美人尖》中的臺灣鄉野民俗書寫〉、〈《左傳》吳王夫差之人物形象析論〉等專文發表於學術期刊。

提　要

　　本研究以清代越南燕行使節的北京書寫為考察中心，探討越南使節北京生活的各種面貌，還原東亞漢文化圈曾發生的歷史交流與互動，並試圖詮釋其中內涵，發掘出幽深隱微的書寫意義，以補充越南漢學和使節文化書寫研究上的一個空白。

　　論文以清代越南使節出使中國所留下的作品為研究材料，2010 年中國復旦大學與越南漢喃研究院合作，影印出版的《越南漢文燕行文獻集成》為主要研究文本，並以其他稀見文本如《范魚堂北槎日記》、《萬里行吟》下冊卷三、卷四本（VHv.849/2）加以補充和校正。

　　全書共分七章，在爬梳中越外交關係和考察越南使節燕行活動的基礎上，就清代越南燕行使作客北京所記之「地景」、「活動」、「人物形象與交遊」、「觀察與感懷」等主題加以探討，並分析每項論題背後的意義與可再思考之面相。

　　清代越南燕行使節的北京書寫可視為一本另類的旅遊指南，不僅記下地理上的山川風景、朝貢儀節的執行細則、北京政壇上的史事人物、異國作客的心情點滴、他鄉知音的同文交流，字裡行間更充滿可供推敲之線索，讓讀者在看似已經逝去的歷史往事中，既尋找私人敘事的日常生活細節，也關注宏大敘事的民族國家認同。

目　次

第十五冊　束胸的歷史與禁革

作者簡介

　　李德生，原籍北京，旅居加拿大，係加拿大文化更新研究中心研究員，致力於東方民俗文化和中國戲劇之研究。有如下著作在國內外出版發行：

　　《煙畫三百六十行》（臺灣漢聲出版公司出版 2001 年）；

　　《煙畫的研究》〔日〕川床邦夫譯（日本經濟研究所出版 2005 年）；

　　《老北京的三百六十行》（中國山西古籍出版社出版 2006 年）；

　　《富連成——中國戲劇的搖籃》（中國山西古籍出版社出版 2009 年）；

　　《禁戲》（中國百花文藝出版社出版 2008 年）；

　　《清宮戲畫》（中國百花文藝出版社出版 2010 年）；

　　《昔日摩登》（中國江西教育出版社出版 2009 年）；

　　《一樹梨花春帶雨一說不盡的旗裝戲》（中國人民日報出版社出版 2015 年）；

《清代禁戲圖存》（中國社科出版社出版 2020 年）。

提　要

　　舊社會，女子束胸與纏足一樣，是自我摧殘的一大陋習。但此陋習起於何因？源於何時？對婦女造成何等的損傷？對國家釀就何等的危害？作者從民俗學的角度出發，以考古、文史、繪畫、言論等大量資料，講述了中國婦女如何從健乳而被迫束胸的歷史成因和衍成習俗的沿革。最終導致「自損而不知，自辱而為榮」的墮落。以致纏足解放之時，而胸仍於桎梏之中。

　　從晚清到民國，無數志士仁人從不同角度呼籲放乳，歷經了數十年不懈的鬥爭努力，終於，在北伐戰爭取得勝利的 1927 年，國民革命政府順應民意，以國家的名義頒布了《束胸禁革公告》，以法律的形式強迫國民改變陋習，要求婦女必須解除束胸。由此，舉國掀起了一場轟轟烈烈的「天乳運動」。這一場驚世駭俗的全民運動，使中國婦女的身體得到徹底的解放，使婦女贏得了新生。同時，解放了婦女勞動生產力，發展了女子體育運動，改變了女子的形體之美。從而，掀起了社會對嬰幼衛生和育兒保健的高度關注，促進了中國社會向現代化的邁進。

目　次

西周金文土田問題考論（上）

唐洪志　著

作者簡介

唐洪志（1978～），四川瀘州人，華南師範大學歷史文化學院講師，從事中國古文字與古代史方面的研究工作。2012 年博士畢業於華南師範大學歷史文化學院中國古代史專業（古文字方向，導師白於藍教授），論文題目為《西周金文土田問題考論》。後在華南師範大學文學院金文研究中心做博士後，合作導師為張桂光教授，參與「商周金文辭類纂」（11CYY048）的研究工作。代表論文有《說〈容成氏〉「民乃賽」及相關問題》（《文物》2013 年第 8 期）、《金文「謀猷不飲」新詁》（《中國文字研究》2015 年第 21 輯）。主持「華僑華人對文物保護作用研究」（GDQW201215，國僑辦僑務理論研究廣東基地）。

提　要

　　本文將西周土田類金文從西周金文資料中分離出來，作為相對獨立的研究領域，探討其中涉及的西周土田問題。本文探討的主要內容屬於西周土地制度研究的範疇。西周土地制度研究在學術史上具有非常重要的地位，但傳世文獻中可供西周土地史研究利用的資料非常單薄，不便於問題的解決。西周金文是研究西周史的第一手資料，對於探索當時的歷史真相具有重要價值。雖然探討金文中的土田問題未必能揭示西周土地制度的全貌，但從材料學的角度看，這項工作確實是必需的。

　　本文分為四大部分：

　　第一部分是緒論。首先是對西周土田類金文的界定。本文利用土、田、場、林等關鍵字勾連、鎖定西周土田類金文，搜集到相關金文六十三篇，為深入研究西周土地制度彙集了一批珍貴的第一手資料。其次是比較詳細地梳理、介紹以往的研究成果，並扼要說明其有待強化之處。最後是本文的研究方法和研究意義。

　　第二部分是對西周土田類金文的斷代。該部份比較詳盡地搜集了土田類金文的器形圖片，匯集了各家的斷代意見，在此基礎上綜合利用銅器斷代要素對土田類金文進行分期斷代，為後文開展專題討論作準備。

　　第三部分是本論文的主體。該部份包括三章，分別從土田封賜、土田轉讓、土田管理三個方面探討西周金文中的土田問題，在吸收前人研究成果的基礎上，對金文土田問題中涉及的人物身份、冊畝制度、土田封賜事件、土田轉讓事件、土田爭訟事件、圖典制度、土田管理職官等問題進行詳細考論，為以後的研究提供參考。土田封賜一章首先考論封賜人物的身份信息，揭示出西周貴族層層封賜土田的事實，其次考論土田封賜的原因、土田的類型、封賜的禮俗，最後考論西周的郊甸區劃、冊畝制度、封賜土田的社會屬性、封賜土田的來源；土田轉讓一章首先考論轉讓主體的身份信息以及土田轉讓發生的地域，揭示出金文土田轉讓均發生在貴族之間而且多發生在今陝西境內的事實，其次考論土田轉讓的類型、數額、轉讓的程序和禮俗，最後將金文中的土田轉讓事件同春秋、戰國時期的土地轉讓進行對比分析；土田管理一章首先考論金文中的土田管理職官，揭示出西周土田管理的職官體系，其次考論金文中管理土地和人口的圖典制度，再次考論金文中的土田爭訟，最後考論金文中的耤田和胥賦問題。

　　第四部分是附錄。該部份是筆者校讀金文的一些成果，如智鼎銘文中郭沫若擬補為「曰汝其」的「汝」字，筆者認為當釋作「虎」，匽侯克器的「𨟭享」當讀為「長享」，師酉鼎銘「表宝」當讀為「懋宝」，等等。

目

次

緒　論

　　據《論語‧八佾》，孔子說：「周監於二代，郁郁乎文哉！吾從周。」讚譽之情，躍然紙上。孔子之後，孟子、荀子、班固等學者對西周制度屢有稱述，土地制度亦在其中。時至今日，有關西周土地制度的著作可謂汗牛充棟，論者如云而歧見迭出，常常令人無所適從。但若窮本返始，[註1]細繹各家觀點，則可發現各家立說根據主要有五個部份：理論[註2]、典籍、[註3]考古發現、[註4]西周金文、[註5]民族學資料[註6]等。其中，西周金文是第一手文字

[註1] 趙儷生認為，要研究中國土地所有制的歷史，需要具備史料、理論、歷史的範例等三項目要件，並對此作了比較詳細的論述（《中國土地制度史》，齊魯書社，1984年，頁14、183～196、202～211）。

[註2] 馬克思著，日知（林志純）譯：《資本主義生產以前各形態》，人民出版社，1956年。《馬克思恩格斯論中國》，人民出版社，1950年。還有一些學者運用物權法理論、制度經濟學理論討論西周土地制度。

[註3] 胡寄窗：《關於井田制的若干問題的探討》，《學術研究》1981年4、5期。金景芳：《論井田制度》，齊魯書社，1982年。上述文章對傳世典籍中西周田制史料的勾稽非常得力，可參。

[註4] 國家文物局：《中國考古60年（1949～2009）》，文物出版社，2009年。中國社科院考古所編：《新中國的考古發現和研究》，文物出版社，1984年。陝西省考古研究院商周考古研究部：《陝西夏商周考古發現與研究》，《考古與文物》2008年6期。

[註5] 考古發掘的銅器銘文資料，因為其文字記錄的特殊性，我們把它從考古發掘資料中獨立出來。此外，「新」的銅器銘文還可能出自文物市場、盜掘物追繳、捐獻等，這些途徑又不能歸於考古發掘。因此，我們將銅器銘文視作獨立的一項信息來源。周原甲骨也是重要的文字材料，但不見涉及田制的內容。近年清華大學收藏了一批戰國竹書，據李學勤（《清華簡九篇綜述》，《文物》2010年5期）介紹，有不少內容涉及西周史，但不見西周田制方面的內容。其他簡帛資料中也未見西周田制方面的內容。

[註6] 馬曜、繆鸞和：《西雙版納份地制與西周井田制比較研究》，該書由雲南人民

資料，且陸續有新的發現，可增益我們對西周社會的認識。隨著古文字研究向前推進，學界對相關金文資料也有新的闡釋。本文致力於吸收這些新材料、新認識，並結合以往的研究成果，探討西周金文中的土田問題。在進入正文之前，首先對「西周金文土田問題考論」這個題目所涉問題略作解釋。

一、解題

1.「西周」的時空範圍

西周的年代上限，一般認為即武王克商之年。對武王克商年份的研究，學界至少有 44 種結論，最早的為公元前 1130 年，最晚的為公元前 1018 年，前後相差 112 年。〔註7〕據《史記·十二諸侯年表》，西周的年代下限為公元前 771 年，這是可以肯定的。因為學者對西周年代上限爭議較大，所以西周的絕對積年數目前仍無法確知；但如果說本文討論的問題，包含在公元前 1130 年至公元前 771 年這個區間裏，則大致不錯。〔註8〕

西周的地域範圍，在整個西周時期當有較大變化。周以西土小邦伐滅大邑商，封建諸侯以拱衛周室，前期國勢處於擴張狀態，地域範圍隨之擴大。到了後期，誠如《詩·大雅·召旻》所言，「昔先王受命，有如召公，日辟國百里；今也日蹙國百里，於乎哀哉」，這時西周的地域範圍當處於收縮狀態。但無論擴張還是收縮，從今陝西西安至河南洛陽一帶為西周核心地區則是可以肯定的。〔註9〕同時，周邊地區交錯雜存著獨立於周政權的異族。〔註10〕《詩·小雅·北山》：「溥天之下，莫非王土；率土之濱，莫非王臣。」〔註11〕這顯然是文學

出版社 1989 年初版，2001 年出修訂版，後收入《馬曜文集》第 1 卷，雲南人民出版社，2008 年。繆鸞和於 1979 年去逝，馬曜負責該書的後期工作。

〔註7〕夏商周斷代工程專家組編著：《夏商周斷代工程 1996～2000 年階段成果報告（簡本）》，世界圖書出版公司 2000 年，頁 38。陳曦《西周有銘銅器斷代專題整合研究》（北京語言大學 2006 年博士學位論文頁 166）認為公元前 1018 年說、公元前 1123 年說、公元前 1117 年說、公元前 1078 年說、公元前 1067 年說等五說不宜算入，所以克商之年的說法最多只宜歸納為 39 種。

〔註8〕朱鳳瀚、張榮明編：《西周諸王年代研究》，貴州人民出版社，1998 年，頁 426、432。

〔註9〕譚其驤主編：《中國歷史地圖集》第 1 冊，中國地圖出版社，1982 年，頁 20。

〔註10〕謝維揚：《中國早期國家》，浙江人民出版社，1995 年，頁 414。春秋時期情形依舊，參〔清〕顧棟高《春秋大事表·春秋列國地形犬牙相錯表》，中華書局，1993 年。

〔註11〕《左傳·昭公七年》芋尹無宇向楚王申訴時說：「封略之內，何非君土？食土之毛，誰非君臣？」以「封略」為限制條件，可能更接近當時的客觀事實。

上的誇張。關於西周的勢力範圍，王玉哲先生曾有論述，其文如下：

> 周克商後，周族便以鎬京、洛邑等王畿地域為中心。王畿之外
> 的東西南北，分散著服屬於周王的半獨立的無數諸侯小國。當時這
> 些小的邦國確如星羅棋佈，錯處其間。在諸侯國與國之間還夾雜著
> 為數不少的完全獨立的戎狄少數族部落。一直到春秋時，還可見到
> 這種痕跡。當時的邦國，面積都不大，其中最大的亦不過相當今天
> 的一縣或數縣之地，而最小者或僅一村落。所以，傳說周封四百餘
> 國，服八百餘國……這些服屬於周的眾多封邦小國，分佈在相當於
> 今天的陝西、河南、山西、山東之全部和甘肅、江蘇、湖北、河北
> 之一部份，這便是周的勢力範圍。〔註12〕

從理論上講，本文所謂的西周僅限於西周王室及其封建諸侯所控制的地區，
亦即周的勢力範圍；周人尚未征服的異族地區，雖與西周同時，卻在討論範
圍之外。

2. 「西周金文中的土田問題」與西周土地制度

西周金文中常見賜土、賜田、賜禾等現象，反映了西周土地制度方面的
某些問題，本文將這些問題統稱作「西周金文中的土田問題」。

本文從廣義上理解西周土地制度，即西周時期，圍繞土地這種生產、生
活資料衍生出來的各種關係和一系列規則，其內容當包括土地權屬、財賦徵
收、土地管理、耕作制度等。袁林《兩周土地制度新論》認為：

> 中國古代土地制度史所研究的「制度」應當從廣義上來理解，
> 即有關土地的各個方面的制度，一是屬於生產力範疇的耕作制度，
> 一是屬於生產關係範疇的土地關係，即社會中不同階層的人通過土
> 地所發生的社會關係，如地主與農民的關係，一是屬於上層建築的
> 國家有關土地的法律規定。〔註13〕

可見，土地制度研究涉及面廣，理論色彩較濃。

本文根據金文本身的內容，參考相關學者的研究成果，分出土田封賜、
土田轉讓、土田爭訟、土田管理等專題，其內容大概都沒有超出土地制度的
範疇。因此，我們把西周金文中的土田問題看作西周土地制度研究的一個子

〔註12〕王玉哲：《中華遠古史》，上海人民出版社，2000年，頁560、561。
〔註13〕袁林：《兩周土地制度新論》，東北師範大學出版社，2000年，頁8。

課題，其討論範圍受金文材料限制，涉及面相對較窄。

3. 金文資料的來源和「土田類金文」的判定

存世金文拓片，絕大多數已經匯總收入 1994 年出齊的《殷周金文集成》（全 18 冊，收器共 11983 件，以下簡稱《集成》）以及 2006 年出版的《新收殷周青銅器銘文暨器影彙編》（全 2 冊，收器截至 2005 年底，共 2005 件。以下簡稱《新收》）當中。〔註 14〕此外，《文物》、《考古》以及《考古與文物》等刊物中 2005 年以來亦公佈了部分新材料。

討論西周金文中的土田問題，首先必須判定涉及土田問題的金文篇目。本文將內含「土」、「田」、「土田」等字樣，或者表面上雖然沒有這些字樣，但銘文內容確實涉及西周土地制度的金文篇目稱作「土田類金文」。

據張亞初統計，《集成》所收含「土」字金文共 53 篇，「土」字出現 58 次；含「田」字金文共 85 篇，「田」字出現 143 次。〔註 15〕逐一排除與土田問題無關的金文，根據關鍵字「土」字可確定的相關西周金文有十篇，分別為：㝬鐘（《集成》1.260）、亳鼎（《集成》5.2654）、中方鼎（《集成》5.2785）、多友鼎（《集成》5.2835）、大盂鼎（《集成》5.2837）、大保簋（《集成》8.4140）、五年琱生簋（《集成》8.4292）、宜侯夨簋（《集成》8.4320）、作冊析觥（《集成》11.6002）、〔註 16〕召圜器（《集成》16.10360）；可能與土田問題相關的金文一篇，即趞盂（《集成》16.10321）。〔註 17〕根據關鍵字「田」字可確定的相關西周金文有二十二篇，分別為：旟鼎（《集成》5.2704）、㝉鼎（《集成》5.2755）、令鼎（《集成》5.2803）、鬲比鼎（《集成》5.2818）、五祀衛鼎（《集成》5.2832）、多友鼎（《集成》5.2835）、大克鼎（《集成》5.2836）、曶鼎（《集成》5.2838）、㦰簋（《集成》8.4255）、格伯簋（《集成》8.4262）、鬲比簋蓋（《集成》8.4278）、五年琱生簋（《集成》8.4292）、揚簋（《集成》8.4294）、敔簋（《集成》8.4323）、

〔註 14〕中國社科院考古所編：《殷周金文集成》，中華書局，1984 年至 1994 年。該書 2007 年出了修訂版，價格昂貴，我們還沒有看到。鍾柏生、陳昭容等編：《新收殷周青銅器銘文暨器影彙編》，臺灣藝文印書館 2006 年。

〔註 15〕張亞初：《殷周金文集成引得》，中華書局，2001 年。「土」字字頻見頁 1513，引文見頁 1026。「田」字字頻見頁 1512，引文見頁 1035、1036。

〔註 16〕該器器主名，唐蘭初釋為「折」，後改釋為「旂」，吳振武認為當是「析」字。今從吳說，參何景成《商周青銅器族氏銘文研究》（吉林大學 2005 年博士學位論文，頁 49）。

〔註 17〕釋「趞」從劉釗《甲骨文字考釋》（《古文字研究》第 19 輯，中華書局，1992 年，頁 463）。

卯簋（《集成》8.4327）、不嬰簋（《集成》8.4328）、善夫克盨（《集成》9.4465）、
鬲比盨（《集成》9.4466）、次卣（《集成》10.5405）、衛盉（《集成》15.9456）、
散氏盤（《集成》16.10176）、師永盂（《集成》16.10322）。據此標準，又從《新
收》、《文物》等書刊中搜出燕侯克罍、〔註18〕季姬方尊、〔註19〕四十二年逨
鼎、〔註20〕五年琱生尊〔註21〕等四篇。去除重複計算的兩篇金文多友鼎、五
年琱生簋以及與鬲比鼎同銘的鬲比簋蓋，可得金文三十三篇，〔註22〕這些是
土田類金文的核心部份。

　　據上述金文可知，西周時期「土田」與「邑」（五祀衛鼎）、「里」（召圜
器）、「采」（中方鼎）、「疆」（師永盂）、「寓」（五祀衛鼎）、「糧」（揚簋）、「禾」
（智鼎）等詞關係密切。據此又可聯繫一批銅器，它們是：九年衛鼎（《集成》
5.2831）、六年琱生簋（《集成》8.4293）、矜簋、〔註23〕靜方鼎、〔註24〕遣卣
（《集成》10.5402）、吳虎鼎、〔註25〕墻盤（《集成》16.10175）、癲鐘（《集成》
1.251、1.252）、中甗（《集成》3.949）、賢簋（《集成》7.4104）、鼙作母辛鬲
（《集成》3.688）、十二年大簋蓋（《集成》8.4298）等十二器。據此又可聯繫
同簋（《集成》8.4271）、免簠（《集成》9.4626）、南宮柳鼎（《集成》5.2805）、
諫簋（《集成》8.4285）等四器。這十六篇銘文雖然沒有出現「土」、「田」等
字樣，但它們可據土田類金文的核心部份輾轉相聯，且內容包含土田問題，
故可視同土田類金文。

　　此外，段簋（《集成》8.4208）、麥方尊（《集成》11.6015）、伯晨鼎（《集
成》5.2816）、恒簋蓋（《集成》8.4199）、沫司徒疑簋（《集成》7.4059）、雍伯

〔註18〕殷瑋璋：《新出土的太保銅器及其相關問題》，《考古》1990 年 1 期。

〔註19〕蔡運章、張應橋：《季姬方尊銘文及其重要價值》，《文物》2003 年 9 期。

〔註20〕陝西省考古研究所、寶雞市考古工作隊等：《陝西眉縣楊家村西周青銅器窖藏
　　　　發掘簡報》，《文物》2003 年 6 期。

〔註21〕寶雞市考古所、扶風縣博物館：《陝西扶風五郡西村西周青銅器窖藏發掘簡
　　　　報》，《文物》2007 年 8 期。

〔註22〕趙盂未算在內。趙盂銘：「君在雍既宮，命趙事於逑土……」黃盛璋《趙盂新
　　　　考》（《金文文獻集成》第 28 冊，線裝書局，2005 年，頁 417。後文引用《金
　　　　文文獻集成》的出版信息同此，不再注明，特此說明）謂「逑土」為「遂土」，
　　　　指郊外。

〔註23〕張光裕：《讀新見西周矜簋銘文札迻》，《古文字研究》第 25 輯，中華書局，
　　　　2004 年，頁 174。

〔註24〕徐天進：《日本出光美術館收藏的靜方鼎》，《文物》1998 年 5 期。

〔註25〕穆曉軍：《陝西長安縣出土西周吳虎鼎》，《考古與文物》1998 年 3 期。

鼎（《集成》5.2531）、楚簋（《集成》8.4246）、救簋蓋（《集成》8.4243）、微
䜌鼎（《集成》5.2790）、旂鼎（《集成》5.2555）、兮甲盤（《集成》16.10174）、
師寰簋（《集成》8.4313）、士山盤、〔註26〕駒父盨（《集成》9.4464）等十四
篇與土田問題關係比較密切，故一併收入。總共得金文六十三篇。〔註27〕

4. 關於「土田類金文」的一點說明

研究者根據不同的研究主題，可以選定不同的標準歸集西周金文，並賦
予它們相應的類名。因此，同一篇金文可能有多種類名，譬如本文歸集的大
克鼎、四十二年逑鼎、㝬簋等，學界一般稱作冊命金文；而多友鼎、不娶簋、
四十二年逑鼎，記載了西周的戰爭情況，又可稱作軍事金文。顯然，這並不
妨礙本文因討論土田問題而將它們稱作「土田類金文」。

本文歸集的六十三篇金文，其構成情況可用下圖表示：

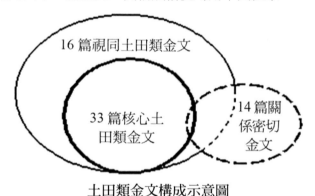

土田類金文構成示意圖

圖中處於核心部份的三十三篇土田類金文可用關鍵詞「土」、「田」或「土田」
定位，是一個封閉的集合，因此外廓用實線表示。十六篇視同土田類金文雖
然不能機械地定位，但是多數可由核心土田類金文及其內含的關鍵詞輾轉聯
繫並定位，是一個封閉性較強的集合，因此外廓大部份用實線，而小部份用
虛線表示。十四篇關係密切金文定位方式較散，其內容與土田問題的密合程
度，學者見仁見智，其數量可能有伸縮，是一個開放性較強的集合，因此外
廓全用虛線表示。

上述三個金文組群，第三組「十四篇關係密切金文」同非土田類金文並
沒有簡明、統一的區分標準，本文是根據銘文內容與土田問題的相關性來決

〔註26〕朱鳳瀚：《士山盤銘文初釋》，《中國歷史文物》2002 年 1 期。
〔註27〕本文所集土田類金文的出處在這裏已經全部交代，後文引用這類銘文不再注
　　　　明出處。

定取捨的。因此，本文對土田問題內涵的把握，以及對銘文內容的理解，都會影響到這部份金文的歸集。取捨的理由，正文會加以討論。眾所周知，同父祖關係、同窖藏關係等也會產生「關係密切」的金文組群；但是，如果它們的內容絕不涉及土田問題，則不歸入「土田類金文」。

5. 西周土田類金文的斷代和分域

西周歷時數百年，利用金文資料研究西周史，首要的工作就是斷代，否則所有材料處於同一時間平面，史料價值就會大打折扣。李濟說：「要肯定一件器物的史料價值，有兩個不可少的條件。第一，當然是它時代的本身。」「第二個不可少的條件，就是它出土的地方。」〔註28〕

金文斷代很繁難，我們只能儘量判明所收金文的王世或時段，排出一個大致的先後順序。目前確知的西周王序為：武王—成王—康王—昭王—穆王—共王—懿王—孝王—夷王—厲王—宣王—幽王，共 12 王。〔註29〕研究金文的學者，一般將西周分為早、中、晚三期，每一期包括若干王世；為銅器銘文斷代時，能分辨出確切王世的，就稱為某王時器；否則，只劃歸某一時期，稱為西周某期器。陳夢家將武、成、康、昭四个王世劃為西周早期，將穆、恭、懿、孝、夷五个王世劃為西周中期，將厲、共和、宣、幽劃為西周晚期。〔註30〕本文從之。至於殷末周初和東西周交接期的金文資料，有一些甚至連確證其為西周遺物都有困難。對於這樣的銘文，本文姑且存錄並加以說明。

金文分域當有兩層含義，第一是按器物的出土地分域，〔註31〕第二是按器物的國屬分域。〔註32〕器物出土地與器物本身的國屬可能不一致。〔註33〕西周金文一般按出土地分域，本文也採用這種辦法。

〔註28〕李濟：《如何研究中國青銅器——青銅器的六個方面》，《李濟文集》第 1 卷，上海人民出版社，2006 年，頁 429。

〔註29〕江林昌：《眉縣新出青銅器與西周王室世系、年代學及相關問題》，《文史哲》2003 年 5 期。張聞玉《曶鼎王年考》（《貴州社會科學》1988 年 2 期）曾主張「共懿孝夷」當為「共孝懿夷」，今據逨盤可釋其疑。

〔註30〕陳夢家：《西周青銅器斷代》（上冊），中華書局，2004 年，頁 354。後文引用該書簡稱《斷代》。

〔註31〕柯昌濟：《金文分域編》及《續編》，中國社科院考古所：《新出金文分域簡目》。以上均據《金文文獻集成》第 42 冊。

〔註32〕郭沫若《兩周金文辭大系圖錄考釋》（科學出版社 1958 年，《金文文獻集成》第 21 冊）東周部份即按國屬分類。

〔註33〕袁豔玲：《周代青銅禮器的生產與流動》，《考古》2009 年 10 期。

二、研究概況

　　研究西周金文中的土田問題，起點是西周金文，其主要內容則屬於土地史的範疇，這決定了研究工作的開展必須二者兼顧。〔註34〕根據本文的提綱，茲將國內外研究概況分為三大部分：第一、西周銅器斷代研究述略；第二、西周土田類金文的考釋和土田問題研究概況；第三、西周土地制度研究簡況。

第一、西周銅器斷代研究述略

　　學界一般認為，郭沫若 1931 年初版的《兩周金文辭大系》是銅器斷代研究的一座分水嶺。在此之前，銅器著錄基本上是按鐘、鼎、簋、鬲等器類相聚，每一類又按字數多寡排列。這種編纂方式便於檢索，卻忽略了器物的時間序列，不便於當作史料運用。郭沫若受德國學者米海里司《美術考古一世紀》啟發，〔註35〕深信通過樣式分析正確地判別各類文物的年代的科學性，遂決定綜合考慮銅器銘文、形制、花紋等因素，重新整理金文資料，建立比較合理的銅器時代序列。郭氏整理銅器的方法，學界稱為「標準器斷代法」，〔註36〕具體操作辦法為：

　　　　我是先選定了彝銘中已經自行把年代表明了的作為標準器或聯絡站，其次就這些彝銘裏面的人名事蹟以為線索，再參證以文辭的體裁，文字的風格，和器物本身的花紋形制，由已知年的標準器便把許多未知年的貫串了起來。其有年月日規定的，就限定範圍內的曆朔考究其合與不合，把這作為副次的消極條件。……即使沒有選入《大系》中的器皿，我們拿著也可以有把握判定它的相對的年代了。因為我們可以按照它的花紋形制乃至有銘時的文體字體，和我們所已經知道的標準器相比較，凡是相近似的，年代便相差不遠。這些是很可靠的尺度，我們是可以安心利用的。〔註37〕

此法比較客觀，科學性較強，難怪有的學者稱郭沫若「是使用科學方法對商

〔註34〕土地史研究一般歸入社會經濟史研究的範疇。李根蟠《二十世紀的中國古代經濟史研究》（《歷史研究》，1999 年 3 期）論述較詳，可參。

〔註35〕王世民：《郭沫若同志與殷周銅器的考古學研究》，《考古》1982 年 6 期。

〔註36〕劉華夏《金文字體與銅器斷代》（《考古學報》2010 年 1 期）認為，吳其昌運用「標準器斷代法」在郭沫若之前。

〔註37〕郭沫若：《青銅時代》，《郭沫若全集·歷史編》第 1 卷，人民出版社，1982 年，頁 604、605。

周青銅器進行系統研究的第一人」。〔註38〕

　　陳夢家又提出銘文繫聯的八種條件：同作器者、同時代人、同父祖關係、同族名、同官名、同一事件、同地名、同一時間等，〔註39〕進一步完善了「標準器斷代法」。綜覽相關著作，銅器斷代可資利用的要素（下文稱為「斷代要素」）大致有：銘文、形制、紋飾、出土信息等。其中，銘文一項又可分出：人物、官制、事蹟、地名、建築名、記時銘文、辭例、字體書風等。銅器斷代即綜合考慮各種斷代要素，繫聯、排比青銅器，標明每一件銅器所屬的時段、王世、王年，甚至標明確切的公元紀年。本文按斷代要素撮述銅器斷代的研究成果。〔註40〕

（一）銘文

1. 人物

　　人物在銘文繫聯、斷代方面是一大項，又可分出王號、王后、其他人名等支項。

（1）王號

　　西周金文中，有的銘文含有王號，如十五年趞曹鼎（《集成》5.2784）銘「唯十又五年五月既生霸壬午，龏（恭）王在周新宮，王射于射廬」、五祀衛鼎（《集成》5.2832）銘「余執龏（恭）王卹工（功）」等。按照一般的思路分析，十五年趞曹鼎為西周恭王標準器無疑，可見王號對金文斷代有重要意義。吳其昌作「王號表」，附有「后號」，可參。〔註41〕

　　至於這些王號是生稱還是死諡，學者間爭議很大。

　　王國維首倡「時王生稱說」，他在《遹敦跋》中指出，周初諸王前的修飾詞如文、武、成、康、昭、穆等，都是美名而非死諡，〔註42〕其說經徐中

〔註38〕彭裕商：《西周青銅器年代綜合研究》，巴蜀書社，2003年，頁2。

〔註39〕《斷代》，頁355、356。

〔註40〕按時間先後介紹西周銅器斷代研究成果的著作很多，如朱鳳瀚《古代中國青銅器》（南開大學出版社1995年）第十一章第一節、趙誠《二十世紀金文研究述要》（書海出版社2003年）、陳曦《西周有銘銅器斷代專題整合研究》（北京語言大學2006年博士論文）等，可參。朱鳳瀚在《古代中國青銅器》的基礎上寫成《中國青銅器綜論》（上海古籍出版社，2009年），體例未變，對銅器斷代的內容有所修訂。

〔註41〕吳其昌：《金文麻朔疏證》第8卷「王號表」，《金文文獻集成》第38冊168。

〔註42〕王國維：《遹敦跋》，《觀堂集林》（外二種），河北教育出版社，2003年，頁423。

舒〔註43〕、郭沫若〔註44〕闡發，在學術界有廣泛影響。

董作賓曾以七年趞曹鼎稱「王」、十五年趞曹鼎稱「恭王」為例，論證生稱王號說不能成立。〔註45〕黃奇逸認為出土銅器中絕大部份對時王都不加美號，但這些銘文卻對時王諛辭頌揚，若「時王生稱說」成立，則頌揚時王的銘文不應該遺漏時王的美號，因而反對時王生稱說。〔註46〕盛冬鈴認為銘文中列王稱號應是諡號，有解釋為生稱可能的王號只有八器。〔註47〕李學勤認為「生稱的說法恐難成立」。〔註48〕

杜勇、沈長雲逐一分析了支持王號生稱說的八篇銅器銘文——利簋、獻侯鼎、宗周鐘、遹簋、長由盉、十五年趞曹鼎、五祀衛鼎、匡卣，認為除宗周鐘外，其餘七篇當中原來認為是死諡的武、成、穆、恭、懿諸王號在行文中確實變成了生時之稱。但是，銘文記事內容所屬時代與作為載體的銅器的製作時代並不完全重合。「時王生稱說僅僅把金文記事時代與銅器製作時代理解為對應的統一的關係，就不一定完全符合事實。」作者將三十多篇有西周王號的銅器銘文，按王號的表現形式分為時王式和先王式兩種。對於時王式的銘文，就銘文內容而言，相應銅器可視作其世標準器，但是該銅器的形制、花紋、書體要移入下一王世。〔註49〕

劉雨《西周金文中的王稱》分析了金文中的王稱，將西周時代金文中的王稱歸納為「時王生稱」、「時王美稱」、「時王別稱」、「在野王稱」等四類，可參。〔註50〕

（2）王后

周王后妃多見於金文，準確判定王后所屬之王，對於金文斷代也有重要

〔註43〕徐中舒：《麪敦考釋》，《中研院歷史語言研究所集刊論文類編·語言文字編·文字卷》，中華書局，2009年，頁172。

〔註44〕郭沫若：《諡法之起源》，參《金文叢考》，人民出版社，1954年，據《金文文獻集成》第25冊，頁374。

〔註45〕董作賓：《中國年曆總譜·凡例》，《董作賓先生全集》甲編第4冊，臺灣藝文印書館，1977年，頁53。

〔註46〕黃奇逸：《甲金文中王號生稱與諡法問題的研究》，《中華文史論叢》1983年第1輯（總第25輯），頁27。

〔註47〕盛冬鈴：《西周銅器銘文中的人名及其對斷代的意義》，《文史》第17輯，中華書局，1983年。

〔註48〕李學勤：《論長安花園村兩墓青銅器》，《文物》1986年1期。

〔註49〕杜勇、沈長雲：《金文斷代方法探微》，人民出版社，2002年，頁6、7、25。

〔註50〕劉雨：《西周金文中的王稱》，《金文論集》，紫禁城出版社，2008年。

意義。王后之中，王姜的身份爭議較大，有武王后、成王后、康王后、昭王后等說。

郭沫若曾定王姜為成王后，反對王姜昭王后說。郭沫若指出，《國語・周語》「昭王娶於房曰房后」，房乃祈姓之國，房后當稱為王祈，不當稱王姜。〔註51〕1972 年，旟鼎出土於陝西眉縣，郭又改訂舊說，斷王姜為武王后。〔註52〕徐中舒說：「此王姜或稱姜，其地位在各器中似與後世之皇太后相當。此或即武王之后邑姜也。」〔註53〕唐蘭先認為王姜是康王后，〔註54〕後來又認為王姜是昭王后。〔註55〕劉啟益定王姜為康王后。〔註56〕李學勤亦有此說。〔註57〕

劉啟益還考證了西周列王之后，她們分別為武王——邑姜，成王——王姒，康王——王姜，昭王——王祈，穆王——王俎姜、王姜（不壽簋），共王——王媯（？），懿王——王白姜，孝王——王京，夷王——王姞，厲王——申姜，宣王——齊姜，幽王——申姜（前）、褒姒（後）。〔註58〕劉啟益未論及西周諸王中的任姓后妃，蔡運章對此作了補充考證，認為 1975 年山西長治市博物館徵集的蟎鼎銘中，任氏可能是康王的后妃；王妊簋銘中的王妊可能是昭王之妃；王作豐妊盉銘中的豐妊可能是宣王的后妃。〔註59〕此外，謝乃和《金文中所見西周王后事蹟考》，亦可參閱。〔註60〕

（3）其他人名

郭沫若、陳夢家、唐蘭等人早就利用金文人名事蹟繫聯青銅器，但未作

〔註51〕郭沫若：《兩周金文辭大系圖錄考釋》，科學出版社 1958 年，《金文文獻集成》第 21 冊，頁 405。

〔註52〕郭沫若：《關於眉縣大鼎銘辭考釋》，《文物》1972 年 7 期。

〔註53〕徐中舒：《遲敦考釋》，《中研院歷史語言研究所集刊論文類編・語言文字編・文字卷》，中華書局，2009 年，頁 166。

〔註54〕唐蘭：《西周銅器斷代中的「康宮問題」》，《考古學報》1962 年 1 期。

〔註55〕唐蘭：《略論西周微史家族窖藏銅器群的重要意義》，《文物》1978 年 3 期。又《論周昭王時代的青銅器銘刻》，《古文字研究》第 2 輯，中華書局，1981 年，頁 115、116。

〔註56〕劉啟益：《微氏家族銅器與西周銅器斷代》，《考古》1978 年 5 期。

〔註57〕李學勤：《西周中期青銅器的重要標尺》，《新出青銅器研究》，文物出版社，1990 年，頁 89。

〔註58〕劉啟益：《西周金文中所見的周王后妃》，《考古與文物》1980 年 4 期。

〔註59〕蔡運章：《西周金文中周王的任姓后妃》，原載 1983 年《考古與文物》編輯部出版的《古文字論集（一）》，後收入其著《甲骨金文與古史研究》，中州古籍出版社，1993 年，頁 164～169。

〔註60〕謝乃和：《金文中所見西周王后事蹟考》，《華夏考古》2008 年 3 期。

專題討論。

盛冬鈴作《西周銅器銘文中的人名及其對斷代的意義》，〔註61〕該文分為三個部份，第一部份從「姓、氏，名、字、行第，官名、爵稱，日名、謚號」等四個方面深入細緻地討論了金文人名情況；第二部份闡述了利用人名為銅器斷代的具體方法、注意事項；第三部份利用前述方法對共、懿、孝、夷時期的部份青銅器進行了分期斷代。該文指出，根據金文人名所提供的線索為銅器斷代主要有兩種方法：一是比照文獻材料，若金文人名確係先秦典籍中的某人，即可據文獻對銅器進行斷代；二是包含同一人名的若干銅器，可以當作一個銅器群，只要確定其中一件銅器的時代，整個銅期群的時代亦可判明。還可以利用銅器群中的其他人名繫聯其他銅器群，推定更多銅器的製作時代。該文還指出，第一種方法運用不當，容易掉入穿鑿附會的陷阱；運用第二種方法，必須注意「異人同名」現象，否則就會把相隔幾個王世的銅器濃縮到一個王世，得出錯誤的結論。該文提出四條標準，用以判定同名亦同人。這四條標準為：官爵和私名都相吻合；不僅私名相同，而且出自同一氏族，或有相同的父名、祖名、其他親屬名；不僅官爵或私名相同，而且參與同一事件或與同樣的當事人發生聯繫；同坑同穴所出之器中有相同的人名。關於「異人同名」現象，李學勤、〔註62〕韓巍〔註63〕亦有討論。張懋鎔指出，周人作鑄銅器不用日名、族徽，這對判定同名是否同人具有一定的參考價值。〔註64〕

吳鎮烽著有《金文人名彙編》（修訂本），所採用的資料係 2004 年 9 月底以前著錄和在省級以上報刊發表的，以及編者所見到而尚未公開發表的商周青銅器銘文資料。該書彙集傳世的和考古發掘出土的商周青銅器銘文中的人名 7600 餘條，每一個人物有簡要的介紹；書中列有筆劃檢索表，方便學人利

〔註61〕 盛冬鈴：《西周銅器銘文中的人名及其對斷代的意義》，《文史》第 17 輯，中華書局，1983 年。

〔註62〕 李學勤：《西周中期青銅器的重要標尺——周原莊白、強家兩處青銅器窖藏的綜合研究》，《新出青銅器研究》，文物出版社，1990 年，頁 83。

〔註63〕 韓巍：《西周金文中的「異人同名」現象及其對斷代研究的影響》，《東南文化》2009 年 6 期。

〔註64〕 張懋鎔：《周人不用日名說》，《歷史研究》1993 年 5 期。又《周人不用族徽說》，《考古》1995 年 9 期。又《再論「周人不用日名說」》，《文博》2009 年 3 期。又《商代日名研究的再檢討》，《古文字與青銅論集》第 1 輯，科學出版社，2002 年。

用。書中設有《金文人名研究》一章，詳細討論了金文人名的種類、金文人名的組成方式、商周時期取名的特點、金文中的同名現象等問題，可參。〔註65〕

楊亞長對金文中益公、穆公與武公進行了討論，認為西周時期應當至少有兩位益公，第一位曾供職於成王時期；第二位益公很可能就是畢益公，其為周公之子畢公高的後裔，主要供職於恭、懿之世。金文中的穆公當為一代邢公，主要供職於穆、恭兩朝。金文中的武公極有可能為又一代召公（伯），名虎，字武公，或諡穆公，主要供職於厲、宣兩世。〔註66〕

劉啟益《西周紀年》下編「西周銅器斷代研究」有不少銅器組即以人名繫聯，如大保一組、大保二組、燕侯一組、畢公組、榮組、榮子組等，論證比較嚴密，可參。〔註67〕

2. 官制

吳其昌作「重見史臣表」，可參。〔註68〕

陳夢家注意到西周官制的階段性特徵，即西周初期史官名乍冊，亦間作內史，共王時器以稱內史為主，共王以後則改稱尹氏。西周恭王以前銅器銘文不見「右者之制」。〔註69〕「官名、爵稱」無疑是官制的重要內容，學者或歸入「人名」類斷代要素，詳前文。

張亞初和劉雨合著的《西周金文官制研究》，〔註70〕是研究西周官制的力作，詳後文。

3. 事蹟

金文中有一些事蹟比較特別，如伐商、伐楚荊、伐玁狁等，是值得參考的斷代要素，這裏略舉數例。

伐楚荊。唐蘭引《左傳·僖公四年》「昭王南征而不復」為據，認為金文中涉及南征的銅器大多應定在昭王時期。唐蘭曾將這條意見函告郭沫若，郭氏採納了唐氏部份觀點。〔註71〕唐蘭晚年著《論周昭王時代的青銅器銘刻》，

〔註65〕吳鎮烽：《金文人名彙編》（修訂本），中華書局，2006年。

〔註66〕楊亞長：《金文所見之益公、穆公與武公考》，《考古與文物》2004年6期。

〔註67〕劉啟益：《西周紀年》，廣東教育出版社，2002年。

〔註68〕吳其昌：《金文曆朔疏證》第8卷「重見史臣表」，《金文文獻集成》第38冊177。

〔註69〕《斷代》，頁165、175。

〔註70〕張亞初、劉雨：《西周金文官制研究》，中華書局，1986年。

〔註71〕郭沫若：《兩周金文辭大系圖錄考釋》，科學出版社，1958年，《金文文獻集成》第21冊，頁425。

該文上編整理出西周昭王時代的銅器銘文五十三篇。〔註72〕陳夢家引太保玉戈銘為證，認為太保召公可能也有南征之事。〔註73〕杜勇認為，既然唐蘭在《論周昭王時代的青銅器銘刻》中也承認成王伐楚見於禽簋和岡劫尊，則「伐楚」並不限於昭王一世，因此「伐楚」不便作為銅器斷代的標尺。〔註74〕李學勤認為：「據《左傳》、《史記》載，楚於成王時受封，成康兩世與周朝沒有矛盾，不可能有征楚的事。史牆盤的發現，對此已有進一步的證明。」「但是昭王只有十九年，從一些昭王標準器出發聯繫的青銅器，有的可能屬康王晚年，有的屬穆王初期，不能都定於一個王世。」〔註75〕李學勤據一件流散的佣口突腹尊銘「王涉漢伐楚」，認為「不管成王時所封熊繹的丹陽是不是在今丹淅一帶，昭王時的楚都只能是在漢南了」。〔註76〕尹弘兵認為昭王南征的對象不是楚國，而是楚蠻，這對於深入考察伐楚金文有參考價值。〔註77〕

伐玁狁。王國維指出，「玁狁之稱，不過在懿、宣數王間，其侵暴中國，亦以屬、宣之間為最甚也」。〔註78〕黃盛璋認為，玁狁發現於西周後期。〔註79〕彭裕商著文指出，周人與玁狁的戰事主要發生在西周晚期，並延續到東周初年。〔註80〕

禴祭。劉雨認為，禴祭行於新王即位元年，這個在魯國實行的制度，西周王室也會實行；因此，凡是銘文中記錄「禴祭」的西周銅器，必作於某王的元年，若綜合其他條件判定該器所在的確切王世，就會得到一批新的標準器。劉雨據此判定了高卣蓋、臣辰盉、麥方尊、呂方鼎等銅器所處的王世。〔註81〕彭裕商認為，「禴鎬京」是流行於昭王時的說法，可參。〔註82〕

〔註72〕唐蘭：《論周昭王時代的青銅器銘刻》，《古文字研究》第 2 輯，中華書局，1981 年。

〔註73〕《斷代》，頁 47、48。

〔註74〕杜勇：《關於令方彝的年代問題》，《中國史研究》2001 年第 2 期。

〔註75〕李學勤：《論長安花園村兩墓青銅器》，《文物》1986 年 1 期。

〔註76〕李學勤：《由新見青銅器看西周早期的鄂、曾、楚》，《文物》2010 年 1 期。

〔註77〕尹弘兵：《周昭王南征對象考》，《人文雜誌》2008 年 2 期。

〔註78〕王國維：《鬼方昆夷玁狁考》，《觀堂集林》（外二種），河北教育出版社，2003 年，頁 306。

〔註79〕黃盛璋：《玁狁新考》，《社會科學戰線》1983 年 2 期。

〔註80〕彭裕商：《周伐玁狁及相關問題》，《歷史研究》2004 年 3 期。

〔註81〕劉雨：《金文斷代法研究》，《金文論集》，紫禁城出版社，2008 年，頁 440、441。

〔註82〕彭裕商：《西周青銅器年代綜合研究》，巴蜀書社，2003 年，頁 284。

4. 地名

吳其昌作《王在王格表》，可參。〔註83〕

陳夢家指出「同地名」是繫聯銅器的重要標準。《斷代》列有「王在」器組，所收遣卣、乍冊睘卣、有尊以「王在庍」繫聯，新邑鼎、士卿尊以「新邑」繫聯。西周初期至穆王時，王常在豐、鎬；共王時的銅器多記「王在周」即洛陽。〔註84〕

當然，利用同地名繫聯銅器必須結合其他斷代要素進行綜合判斷，譬如很多王世的金文中都有「王在周」、「王在宗周」，這些銅器就不能簡單地混編成一組。

5. 建築名

西周金文中有「京宮」、「康宮」、「周公宮」、「師田宮」、「師彔宮」等建築，其中最著名的就是「康宮」。

以王國維、〔註85〕唐蘭〔註86〕為代表的部份學者主張「康宮」即康王之廟，因此凡是記有「康宮」字樣的金文都應該定在康王之後。唐蘭還指出，「康宮」裏有「昭宮」、「穆宮」、「夷宮」、「厲宮」等，分別是昭、穆、夷、厲諸王的宗廟，以康宮例之，凡記有上述宮名的銅器都在上述諸王之後。此說的追隨者稱之為「康宮原則」。夏商周斷代工程採信「康宮原則」，使該說影響更加廣泛，幾乎成為定說。〔註87〕

但是，郭沫若、〔註88〕徐中舒、〔註89〕陳夢家、〔註90〕何幼琦〔註91〕等

〔註83〕吳其昌：《金文厤朔疏證》第 8 卷「王在王格表」，《金文文獻集成》第 38 冊 179。

〔註84〕《斷代》，頁 60～65、147。

〔註85〕王國維：《明堂廟寢通考》，《觀堂集林》(外二種)，河北教育出版社，2003 年，頁 63。

〔註86〕唐蘭：《西周銅器斷代中的「康宮」問題》，《考古學報》1962 年 1 期。又《論周昭王時代的青銅器銘刻》，《古文字研究》第 2 輯，中華書局，1981 年。

〔註87〕劉雨：《一代大師──紀年唐蘭先生誕辰百年》，《金文論集》，紫禁城出版社，2008 年，頁 379。

〔註88〕郭沫若：《兩周金文辭大系圖錄考釋》，科學出版社，1958 年，《金文文獻集成》第 21 冊，頁 402。

〔註89〕徐中舒：《遟敦考釋》，《中研院歷史語言研究所集刊論文類編‧語言文字編‧文字卷》，中華書局 2009，年，頁 171。

〔註90〕《斷代》，頁 35～39。

〔註91〕何幼琦：《論「康宮」》，原載《西北大學學報》(哲社版)，《金文文獻集成》第 39 冊，頁 21～23。

學者反對「康宮即康王廟」說。眾多反對者中，杜勇、沈長雲比較全面地考察了關於康宮問題的爭論。他們仔細分析、批判了贊成和反對「康宮即康王廟」的各種觀點，指出其立說缺陷，最後通過證明關鍵銅器「令方彝」乃成王時器，「康宮」早於康王出現，從而否定「康宮即康王廟」的說法。〔註92〕

針對杜勇的質疑，賈洪波作《論令彝銘文的年代與人物糾葛——兼略申唐蘭先生西周金文「康宮說」》〔註93〕，指出西周時並無「王城」之地與名，遂採陳邦懷、王人聰說，將令彝銘文「咸既用牲於王明公歸自王」斷作「咸既用牲，于王。明公歸自王」，對唐蘭的令彝銘考釋有所修正，可參。韓軍《西周金文研究中的「康宮問題」論爭述評》分兩個階段對有關「康宮」爭論作了比較詳細的梳理，最後指出，試圖單靠一個學科的知識背景去解決康宮問題難以得出令所有人信服的結論。〔註94〕

韓巍在「康宮原則」的基礎上，利用「周康某宮」或者「周康宮某大室」等銘文繫聯了克鐘、大克鼎、成鐘、此鼎、駒父盨等19件青銅器，並徵引部份學者的意見，判定它們都是宣、幽時期的銅器。於是，韓巍得出推論：凡是銘文中出現「周康某宮」（或「周康宮某宮」、「周康宮某大室」）的銅器，其年代均不早於宣王。可參。〔註95〕

除具有明確斷代意義的康宮系列宮名外，其他金文建築名如師田宮、宣榭等，雖然時代特徵不顯著，但比較特殊，可以繫聯部份銅器。這樣的建築名，與前述「同地名」的斷代作用相似。

6. 記時銘文

在西周青銅器中，部份銘文記有時間，如吳虎鼎銘「唯十又八年十又三月既生霸丙戌」。據夏商周斷代工程專家組統計，像吳虎鼎銘這樣年、月、記時詞語與日名干支四要素俱全的西周銅器共約60件，其中有器形圖像的51件。〔註96〕很多學者都希望將這些記時銘文與某種構擬的西周曆譜相互參證，

〔註92〕杜勇、沈長雲：《金文斷代方法探微》，人民出版社，2002年，頁76。

〔註93〕賈洪波：《論令彝銘文的年代與人物糾葛——兼略申唐蘭先生西周金文「康宮說」》，《中國史研究》2003年1期。

〔註94〕韓軍：《西周金文研究中的「康宮問題」論爭述評》，《殷都學刊》2007年4期。

〔註95〕韓巍：《冊命銘文的變化與西周屬、宣銅器分界》，《文物》2009年1期。

〔註96〕夏商周斷代工程專家組編著：《夏商周斷代工程1996～2000年階段成果報告（簡本）》，世界圖書出版公司，2000年，頁19～21。

從而判定銅器的確切王世，是為「金文曆日斷代法」。倡導這種方法的學者認為，只要有一個合乎實際天象的曆譜，任取一篇含有曆日的銘文，都可以在曆譜上對號入座，從而將銅器排入具體的王世，甚至還可以「復原」整個西周的年代。

　　20 世紀早期，王國維認為俞樾《生霸死霸考》所論「與名義不能相符」，另作《生霸死霸考》，首倡「古者蓋分一月之日為四分」，〔註 97〕這就是著名的「月相四分說」。其後，王國維的學生吳其昌感於劉師培《周代吉金年月考》錯謬甚多，其師《生霸死霸考》討論的銅器也「止五六器耳」，遂「自勉以竟先師未竟之業」，據劉歆三統曆，撰《金文麻朔疏證》。〔註 98〕關於其編撰方法，吳氏說：

> 今其昌此表，固以麻為骨幹，然必以器中之人名地名連貫交錯之點，一一抉揚疏理，使之互相經緯；必使之無一器不通，然後敢定。猶以為未足，必將器中所記之史實狀況，博考經典傳記，諸子遺說，與之大致符合，而不致有世代之差誤，然後敢定。以是藉人名地名之經緯以定器，藉器以定麻。

從表面看，這種方法相當嚴密，但若深究其作為骨幹的「麻」，疑點頗多。郭沫若認為，周初曆法還未確知，宗周列王的年代也多有異說，以記時銘文牽合所謂周曆而為銅器斷代，「實大有可議」。〔註 99〕容庚認為，劉歆三統曆後出而粗疏，用以推驗《春秋》尚多謬誤，更不用說推驗西周；且西周積年異說紛紜，長短說相差近百年。如果這兩個問題不解決，則「其所推算之曆朔等於空中樓閣」。〔註 100〕徐中舒指出，「內史吳」同見於師虎敦、吳尊、牧敦三器，因而它們的年代應該比較接近，但《金文麻朔疏證》將牧敦安排在孝王七年，師虎敦安排在宣王元年，吳尊安排在宣王二年，相距七十餘年，不可信。〔註 101〕筆者按，吳其昌在考訂智鼎年代時曾作《智鼎中心繫之人器經緯

〔註 97〕王國維：《生霸死霸考》，《觀堂集林》（外二種），河北教育出版社，2003 年，頁 7。

〔註 98〕吳其昌：《金文麻朔疏證》，1934 年武漢大學叢書本，《金文文獻集成》第 38 冊，頁 8、9、142。

〔註 99〕郭沫若：《毛公鼎之年代》，《金文叢考》，人民出版社，1954 年，《金文文獻集成》第 25 冊 469 頁。

〔註 100〕容庚：《商周彝器通考》，1941 年哈佛燕京學社印本，《金文文獻集成》第 37 冊，頁 16。

〔註 101〕徐中舒：《遏敦考釋》，《中研院歷史語言研究所集刊論文類編·語言文字編·文字卷》，中華書局，2009 年，頁 170。

表》，自云：「曶鼎中之人名……皆與前後數十器，交互綜貫，盤根錯節，其關係之複雜綿密……動一絲，則數十器全盤瓦解也。」〔註102〕但吳氏誤從郭沫若觀點，〔註103〕以為「休王」即「孝王」，云：「郭君擬『休王』為『孝王』，其昌反覆思之，卒無以易其說，不特從之，且為之引申，厚其證焉。」〔註104〕遺憾的是，這張複雜的曶鼎人物經緯表就涉及所謂的「休王」器；「休王」說既不成立，吳氏苦心構造的體系也「全盤瓦解」。總之，很多學者都認為《金文曆朔疏證》依據曆譜安排銅器年代的努力歸於失敗。

與王國維針鋒相對，董作賓認為「月相四分說」「無一是處」，作《「四分一月說」辨正》倡揚傳統的「月相定點說」。〔註105〕董氏綜述了新城新藏、丁山、吳其昌、陳夢家等人對西周年曆的填補工作，認為以往的西周年代研究「至少自昭王以至夷王的年代，都是如此攤派的」，用「攤派」一詞表示了他對以往西周年代研究的不滿。董氏認為，西周王年應該是「考定」的，而不應該是「配給」的，並提出考定王年的「金文組」。他說：

> 「金文組」是一個新造的名詞，所謂組，是根據金文中的年月日相，據曆排比，使兩個以上的金文，自成一個組織的意思。如何排比，和排比在何處？這就需要先有一個合於天行的曆譜了。這種曆譜，在百年以內，完全用古四分術，所以把任何一種用四分術推算的曆譜，在一部七十六年以內，都可以借用他排比金文，如果原來是一個王時期的金文，它們就會很準確的集在一起，成功一個王年的組織。

董作賓為自己的方法設定了三個前提：第一，相信至少從商周以來，我國有類似漢代流傳的「四分術」；第二，相信金文中所載的既死霸，既生霸，初吉，既望，這些所謂「月相」，都有固定的日子，即「定點月相」。第三，相信作銅器和寫銘文的人，所記的年、月、日名、月相，絕大多數是可靠的。

〔註102〕吳其昌：《金文曆朔疏證》，1934 年武漢大學叢書本，《金文文獻集成》第 38 冊，頁 81～83。

〔註103〕郭沫若：《兩周金文辭大系圖錄考釋》，科學出版社 1958 年，《金文文獻集成》第 21 冊，頁 444。郭沫若放棄了「休王」即孝王說。《斷代》，頁 53 對此有全面的討論。

〔註104〕吳其昌：《金文曆朔疏證》，1934 年武漢大學叢書本，《金文文獻集成》第 38 冊，頁 140。

〔註105〕董作賓：《「四分一月說」辨正》，《董作賓先生全集》（甲編第 1 冊），臺灣藝文印書館，1977 年，頁 1～22。

〔註106〕董作賓提出據曆排比「金文組」，基本思路是正確的；他提出「先要有一個合於天行的曆譜」，增加了曆日斷代法的約束條件，至今為學者所遵循；但董氏的局限也很嚴重。張聞玉評價董作賓的西周年代研究時說：

> 但董氏之不足，一是將西周用曆的正月固死在子月上，顯然是受了「三正論」的影響，致使若干銅器曆日的年月日無法縫合；二是月相定點不徹底，既死霸為朔為初一，既生霸為望為十五，皆可取信，唯旁死霸為初二為朏又為初三，有兩天的活動，又「既望包涵十六、十七、十八三日」，有三天的活動。可謂自亂體系，反令人疑於定點。〔註107〕

可見，運用曆法討論金文年代的早期學者，無論持「月相四分說」者，還是持「月相定點說」者，他們的方法都有比較明顯的缺陷。

「月相四分說」、「月相定點說」之爭持續至今，形成了兩大對立的學術陣營，且每個陣營內部亦有分歧。〔註108〕因探討西周年代非本文主旨，這裏僅選述《夏商周斷代工程1996～2000年階段成果報告（簡本）》〔註109〕公佈之後面世部份研究成果。

劉啟益《西周紀年》，〔註110〕該書包括上下兩編，上編討論西周紀年，下編是西周銅器斷代研究。劉氏主張月相定點說，並對西周金文中的月相詞語初吉、既生霸、既望、既死霸等進行了界定，其中認定既生霸是初三、初四乃劉氏首創。在此基礎上，劉氏結合其他斷代要素分銅器組逐一考察了幾乎所

〔註106〕董作賓：《西周年曆譜》，《董作賓先生全集》甲編第1冊，臺灣藝文印書館，1977年，頁259、260。又見《董作賓先生全集》甲編第4冊，頁50、51。

〔註107〕張聞玉：《曶鼎王年考》，《貴州社會科學》1988年2期。

〔註108〕朱鳳瀚、張榮明　編：《西周諸王年代研究》，貴州人民出版社，1998年。葉正渤：《20世紀以來西周金文月相問題研究綜述》，《徐州師範大學學報》（哲社版）2004年5期。陳曦：《西周有銘銅器斷代專題整合研究》，北京語言大學2006年博士學位論文，頁174～186。

〔註109〕筆者之所以選定這個時點作為綜述的又一起點，主要是因為斷代工程彙聚了多方學者聯合攻關，研究的廣度和深度都足以使其成為銅器曆日斷代研究的新起點。即便如此，學界對「工程」仍有不少批評，有的還很尖銳，可見斷代之難，以及持續這項研究的必要性。參何炳棣、劉雨：《「夏商周斷代工程」基本思路質疑》，載入劉雨《金文論集》，紫禁城出版社，2008年。蔣祖棣：《西周年代研究之疑問》，《宿白先生八秩華誕紀念文集》，文物出版社，2002年。

〔註110〕劉啟益：《西周紀年》，廣東教育出版社，2002年。本段簡述劉氏觀點均來自該書，不再出注。

有重要紀年銅器的絕對年代，制定出西周年表，定公元前 1070 年為武王元年。劉氏考訂銅器年代，自稱以考察器物型式、曆日干支、共生關係為主；〔註111〕比較注重考古信息，每一期銅器斷代討論之後都附有許多銅器墓葬資料。對於出土地點相同、形制花紋相近而記日干支有「矛盾」的銅器，則將銘文記日干支與其構擬的西周曆譜進行勘合，以判明銅器王世。譬如 1975 年同出於陝西岐山縣董家村窖藏的三年衛盉、五祀衛鼎、九年衛鼎、二十七年衛簋，劉氏根據自己的曆法推算，將二十七年衛簋排入穆王世，將五祀衛鼎和九年衛鼎排入共王世，將三年衛盉排入懿王世。

杜勇、沈長雲合著《金文斷代方法探微》（以下簡稱《探微》），〔註112〕該書包括上下兩篇共六章，其中下篇就有三章，分月相定點說與金文曆日斷代、月相四分說與金文曆日斷代、月相二系說與西周金文年曆等三個專題討論「曆朔斷代法」。《探微》主張月相四分說，對董作賓、陳夢家、張聞玉、李仲操、劉啟益諸家主張的定點說多有駁議；以靜方鼎、晉侯蘇鐘等器的記時材料證明王國維月相四分說可信；質疑夏商周斷代工程棄月相四分說、月相定點說不用，卻另造月相二系說，認為月相二系說指導下編制的《西周金文曆譜》存在諸多不足；最後嘗試改進金文曆譜，並展望未來的西周金文曆日研究。今按，《探微》對很多問題的分析都細緻入微，令人深受啟發。但西周曆日研究變數極多，分歧實屬難免；即以《探微》制定的西周年表論，該表定穆王在位五十四年，可信度就很成問題。〔註113〕

彭裕商《西周青銅器年代綜合研究》〔註 114〕，該書包括西周銅器年代研究的歷史回顧、關於銅器分期研究的方法與標準、西周時期重要史跡之整理、西周青銅容器的器形分類、西周青銅容器的年代、西周青銅器紋飾等六章。彭氏專設一章討論銅器斷代的方法和標準，其說頗具參考價值，茲移錄如下：

在目前情況下，事實上還不具備搞清楚西周曆法的必要條件。

〔註111〕劉啟益：《西周銅器斷代研究的反思》，《揖芬集——張政烺先生九十華誕紀念文集》，社會科學文獻出版社，2002 年。

〔註112〕杜勇、沈長雲：《金文斷代方法探微》，人民出版社，2002 年。本段簡述《探微》不再出注。

〔註113〕陳曦：《西周有銘銅器斷代專題整合研究》，北京語言大學 2006 年博士學位論文，頁 171。

〔註114〕彭裕商：《西周青銅器年代綜合研究》，巴蜀書社，2003 年。本段簡述彭氏觀點不再出注。

　　　　一般來說，排比曆日的時間越短越可靠，時間長了，就會因我
　　們不瞭解西周曆法的全貌而出現較大的誤差。總之，考古學和古文
　　字學的方法是可靠的，而西周曆法相對來說是不可靠的。

該書立論多依據考古學和古文字學的方法，較少涉及曆日推算。

　　可見，金文月相問題爭論了近百年，局面依然是信者自信，疑者自疑。
西周曆譜因建正、置閏、定朔、大小月安排等變數而難以復原，因此通過勘
合西周曆譜為銅器斷代的「曆日斷代法」，也必須謹慎使用。2003 年陝西眉縣
楊家村出土的單逑諸器反映的曆日難題，再次證明了這一點。

　　單逑諸器出土後不久，李學勤發表《眉縣楊家村器銘曆日的難題》，〔註 115〕
認為宣王四十二年逑鼎和四十三年逑鼎所記曆日與現代推算的曆表不合，如
認為銘文本身有誤，或有關文獻有誤，都有困難；當時頒行的曆日曾出現混
亂，現有資料不足以對該問題做出詳細解釋。常金倉發表《眉縣青銅器和西
周年代學研究的思路調整》，〔註 116〕認為 2003 年陝西眉縣發現的西周晚期青
銅器銘文表明，西周曆法的精確度遠不如現代人想像的那樣高，因而根據目
前所掌握的有限資料還不足以得知西周一代的年曆。常金倉還發表了《西周
青銅器斷代研究的兩個問題》，〔註 117〕探討了「王號生稱」、「合天曆譜」兩個
問題，認為西周置閏方式非一，失朔又難免，因此「不要過分依賴我們的曆
譜」。夏含夷發表《四十二年、四十三年兩件吳逑鼎的年代》，〔註 118〕認為兩
件吳逑鼎所記年曆與公認的周宣王年曆不合，可能是因為周宣王利用了兩個
紀元。黃盛璋發表《眉縣楊家村逑家窖藏銅器解要》，〔註 119〕認為四十二年
鼎不合曆，其干支乙卯必然是誤記。這裏干支誤記說、兩個記元說、曆日混
亂說大相徑庭，而事實只有一個，可見三說之中必有誤說。還有其他意見，
本文不再一一介紹。〔註 120〕

〔註 115〕 李學勤：《眉縣楊家村器銘曆日的難題》，《寶雞文理學院學報》(社科版)2003
　　　　　年 5 期。
〔註 116〕 常金倉：《眉縣青銅器和西周年代學研究的思路調整》，《寶雞文理學院學報》
　　　　　(社科版) 2003 年 5 期。
〔註 117〕 常金倉：《西周青銅器斷代研究的兩個問題》，《考古與文物》2006 年 2 期。
〔註 118〕 夏含夷：《四十二年、四十三年兩件吳逑鼎的年代》，《中國歷史文物》2003
　　　　　年 5 期。
〔註 119〕 黃盛璋：《眉縣楊家村逑家窖藏銅器解要》，《中國歷史文物》2004 年 3 期。
〔註 120〕 其他意見參《文物》編輯部：《陝西眉縣出土窖藏青銅器筆談》，《文物》2003
　　　　　年 6 期。

總之，曆日斷代法的依據並不堅確。楊向奎曾說：「在推算到具體日月上有許多問題，這是因為古曆粗放，沒法解決的。沫若先生很少作周初長曆的推算，這是最明智不過的事。」〔註121〕從單逨諸器反映的曆日難題看，今天對於西周長曆的推算依然困難重重，因此銅器曆日斷代法要慎用。

7. 辭例

金文中部份辭例有明顯的時代特徵，可以用作斷代的參考。

郭沫若指出，「爾」用作第二人稱代名詞，從彝器看來，是春秋中葉才開始的。〔註122〕

徐中舒認為，金文「萬壽」連言者，皆春秋晚出之器；金文言「永命」者，多為西周時器，言「靈命」者，多為春秋時器；凡金文言「靈冬」者，多為西周之器，言「靈命」或「難老」者，多在春秋時期；「保身」所見諸器，大約皆春秋時器；西周曰「匄」，東周曰「旂」、曰「乞」；西周曰「無疆」，東周曰「無期」等。〔註123〕

陳夢家指出，以下辭例可供銅器斷代參考：

（1）「乃子」、「乃孫」。用「乃」指稱對方，行於西周成、康時期。

（2）「世子孫」。凡有「世子孫」之語，多見於共、懿時期器銘。

（3）「之」用作連詞和代詞共見一銘。陳夢家考釋盠駒尊時說，「余其敢對揚天子之休」之「之」是連詞；「其萬年世子孫永寶之」之「之」是指示代詞。此種用法，西周初期金文所未見，西周晚期漸通行。

（4）「拜手稽首」、「拜手稽手」。「拜稽首」之詞自康王至西周之末皆通用，而懿王時始有「拜手稽首」與「拜手稽手」之稱。〔註124〕

張振林曾專門討論西周銅器銘文文辭格式各期的特點。〔註125〕彭裕商指出，「子子孫孫萬年永寶」的說法不見於康王以前器銘，而流行於昭王以

〔註121〕 楊向奎：《西周金文斷代研究中的若干問題》，《楊向奎集》，中國社會科學出版社，2006年，頁211。

〔註122〕 郭沫若：《古代研究的自我批判》，《郭沫若全集·歷史編》第2卷，人民出版社，1982年，頁24。按，西周成王時的何尊（《集成》11.6014）銘文有「爾有唯小子無識」，郭說應修正。

〔註123〕 徐中舒：《金文嘏辭釋例》，《徐中舒歷史論文選輯》，中華書局，1998年，頁525、531、534、538、563。

〔註124〕 分別見《斷代》，頁67、158、173、224。

〔註125〕 張振林：《試論銅器銘文形式上的時代特徵》，《古文字研究》第5輯，中華書局，1981年，頁56～62。

後。〔註126〕唐鈺明〔註127〕分析了古文「其」、「厥」義項的變遷，發現西周早期以前的「其」和「厥」區別很明顯，進入西周中期以後，「其」和「厥」的界限開始模糊，本來只作副詞的「其」字，逐漸侵入「厥」字的領地，出現了作代詞的用例。張懋鎔指出，西周中期之後，「休」取代「宦」，並討論了「蔑曆」、「光」、「眾」等字的時代特徵。〔註128〕

吳振玉對金文中的虛詞進行了系統研究，並介紹了它們的出現頻率和時間分佈情況，這對新出有銘銅器的斷代有一定參考價值。〔註129〕金信周對兩周頌揚銘文詞句的時代演變作過仔細討論，可參。〔註130〕

韓巍通過對銘文習語的分析，將一些無紀年或銘文不易聯繫的銅器如師望鼎、追簋、梁其鐘等器的年代確定在宣幽範圍內。〔註131〕

以上是通過考察用詞習慣或字義的變遷來為銅器斷代，有一定參考價值。

8. 字體書風

西周金文的文字結構、筆劃特點、行款佈局等也會透露出時代信息，可為銅器斷代提供參考。

清末方濬益曾論及銅器銘文「書勢」，分為三種類型：（1）凡是筆劃中肥而首尾出鋒者，為古文體；（2）筆劃首尾如一近乎玉箸，為籀篆體；（3）東遷以後，列國文字仍是籀書而體漸長，儼然小篆。〔註132〕方氏之後，郭沫若、唐蘭、陳夢家、馬承源等學者對西周金文字形書體的演變有過局部討論。

張振林分五個部份系統地探討了銘文字體書風與銅器斷代的關係。（1）概述可以從大的階段看出銘文階段性的時代印記。（2）將相關商周銅器分為九期，每一期又分族氏文字、點畫結構、章法佈局、文辭格式等條目展開論述，其中第三至五期論述西周銘文。第三期從武王到昭王，銘文與商後期相

〔註126〕彭裕商：《西周青銅器年代綜合研究》，巴蜀書社，2003 年，頁 288。

〔註127〕唐鈺明：《其、厥考辨》，《著名中年語言學家自選集·唐鈺明卷》，安徽教育出版社，2002 年，頁 182。

〔註128〕張懋鎔：《試論商周之際字詞的演變——商周文化比較研究之一》，《古文字與青銅器論集》第 3 輯，科學出版社，2010 年，頁 227～244。

〔註129〕吳振玉：《兩周金文詞類研究（虛詞篇）》，吉林大學 2006 年博士學位論文。

〔註130〕金信周：《兩周頌揚銘文及其文化研究》，復旦大學 2006 年博士學位論文。

〔註131〕韓巍：《單述諸器銘文習語的時代特點和斷代意義》，《南開學報》（哲社版）2008 年 6 期。

〔註132〕〔清〕方濬益：《彝器說中·考文》，載《綴遺齋彝器款識考釋》，《金文文獻集成》第 14 冊，頁 22。

似，點畫粗肥程度比商後期略減。銘文字數增多，開始注意章法佈局，字多則分行，通篇的外緣作方形或長方形，但每一行的字數不定，每一個字的大小長短還有明顯差距，文字錯落穿插。卣尊同銘者，多屬這一期。第四期從穆王到懿王，過渡期獨有的風格，大多數字的點畫已成為頭尾均勻的線條，但少數字的點畫存在粗肥現象，如天、正、古等字的上一筆，仍以粗點為多。表現人體的單字或偏旁，如女、母、卪等，基本上不作跪跽狀。單字外緣多作正方形，為章法佈局豎成行、橫成列提供了基礎條件。此期佈局向工整化過渡。第五期從孝王至幽王，單字多呈豎長形，文字筆劃修整不工者，較少見。（3）分族氏文字、點畫、偏旁介紹時代特色較濃的字例，其中偏旁一項列有女、卪、卩、貝、火、酉、心等 17 例。（4）考察了上下、左右、皇、玟珷、于、其、以、黃、齊、召、兄、保等 34 例具有時代特徵的單字、詞，還附帶討論了保、年、老、皇、宀、壺等 15 例時代和地域特徵都比較明顯的單字。（5）總結全文。這篇文章是我們能看到的第一篇系統深入考察銘文形式特徵與斷代關係的專論，具有重要參考價值。〔註 133〕

張懋鎔分列成康昭穆恭厲宣七世標準器中令、公、寶等字的形體，從文字形體特徵入手討論作冊夨令器、御正衛簋、師旂鼎、裘衛四器等爭議較大銅器的時代。〔註 134〕

王帥《西周早期金文字形書體演變研究與銅器斷代》，〔註 135〕分緒論、理論探討與研究方法、西周早期金文字形書體演變研究、西周早期銅器斷代研究、總結等五個部份討論了周初至穆王時期銅器銘文字形書體的演變與銅器斷代。該文介紹了金文字體演變及相關理論的研究成果；提出了金文字形書體演變斷代法和金文字形演變型式分析法。「金文字形書體演變斷代法」主要基於古文字學關於金文字頻、結構、異體、字素的相關理論成果，在繼承傳統的金文字體研究之外，還引入了定量分析法、系統論證法及歷史比較法。「金文字形演變型式分析法」，從 191 篇銅器銘文中按照字頻選取 12 個字形變化較大的高頻字，首先按照不同的字體結構逐個進行詳細的分型；再根據

〔註 133〕張振林：《試論銅器銘文形式上的時代特徵》，《古文字研究》第 5 輯，中華書局，1981 年，頁 49～88。

〔註 134〕張懋鎔：《金文字形書體與二十世紀的西周銅器斷代研究》，《古文字研究》第 26 輯，中華書局 2006 年，頁 188～192。

〔註 135〕王帥：《西周早期金文字形書體演變研究與銅器斷代》，陝西師範大學 2005 年碩士學位論文。

各型形體筆勢的差異進行分式，然後逐式介紹字體結構和形體筆勢的特點並排比其前後次序；參照時代明確的標準器的字形特點，參照器銘書體演變作出的分期對各型式的大體年限進行界定。

劉華夏《金文字體與銅器斷代》，〔註136〕分金文字體演變研究簡史、金文字體演變研究所採用的程序、關鍵字類型確立、字體類型斷代依據、再論「標準器」定義等十二個部份展開論述，選定貝、宀、易、尊、王、首、馬、叔、正、其、公、永等12字為標準器銘文關鍵字，對其分型分式並確定各類型的年代。作者還討論了由澳大利亞學者巴納（N.Barnard）提出的金文同銘同字往往結構不同的「非齊一性」（inconstancy）問題，認為這種情況可能是由於銅器遺失之後補鑄銅器造成。

金文中的同銘同字異構問題，楊樹達認為是避複。〔註137〕徐寶貴《商周青銅器銘文避複研究》對這個問題進行了詳細討論。〔註138〕該文總結出形體避複、偏旁避複、筆劃避複、綜合避複、同音字替代避複等五種避複方式，並以史頌簋的「里」、格伯簋的「保」為例，證明在較早的銅器銘文中，一些被變形處理的重複出現的文字形體，常有跟較晚的文字形體相合的情況。因此，利用字體風格為銘文斷代，必須從整體的文字風格和特點考慮，注意銘文中重出字或重出偏旁有避複求變的現象。

上述八項從銘文中分析出來，是比較常用的金文斷代要素。此外還有一些要素，如賜物種類的變遷、〔註139〕卦號等，也可能用於銅器斷代，但其可操作性不強，這裏不再一一介紹。

（二）形制

中國學者向來重視銅器形制，如北宋呂大臨《考古圖》，詳載銅器尺寸、重量、容量等，並摹附器形，此習延至清末。方濬益說：「所謂器以藏禮也。……此鐘鼎之學，必以考器為首也。」〔註140〕這一時期，學者藉器形研究古禮，對器形本身反映的時代信息未作系統研究。郭沫若受西方考古學影響，強調器形的斷代價值，開始有意識地將器形分析用於銅器斷代。

〔註136〕劉華夏：《金文字體與銅器斷代》，《考古學報》2010年1期。
〔註137〕楊樹達：《積微居金文說·諫簋跋》（增訂本），中華書局，1997年，頁121。
〔註138〕徐寶貴：《商周青銅器銘文避複研究》，《考古學報》2002年3期。
〔註139〕《斷代》，頁147。
〔註140〕〔清〕方濬益：《綴遺齋彝器款識考釋》，《金文文獻集成》第14冊，頁21。

〔註141〕郭氏之後，容庚、唐蘭、陳夢家等人都曾論及器形與時代的關係。

容庚《商周彝器通考》下編分論鼎、簋、爵、盉等，每一器類名下專設「形狀」一項，討論器物形狀及每一器形大致所屬的時代。〔註142〕

唐蘭非常注重通過銘文考釋為銅器斷代，部份銅器的斷代也用到器形分析。譬如令方彝，唐蘭認為：「商周之際的方彝形式，有些像後世的方斗，口大，底小，但比較深；令方彝肚子很肥大，是商周之際所沒有的形式。」〔註143〕唐蘭《論周昭王時代的青銅器銘刻》專設「從造型、裝飾、和圖案來看」一節，討論昭王時銅器的時代特徵。〔註144〕

陳夢家《中國青銅器的形制》概述了以往的器形研究，然後選定卣為例說明他的研究方案。作者從多種渠道共搜集了二百五十多件卣，分出A（早期卣）、B（鐘形卣）、C（鴞形卣）、D（有棱卣）、E（筒形卣）、F（壺形卣）、G（少見的諸型卣）、H（周代卣）、AB型、AD型、BD型等11型，每型之下又分出若干式，分別從提梁、卣蓋、捉手、器腹、高度、橫斷面形狀等方面說明銅卣的器形特徵，並結合銅卣紋飾與白陶紋飾的相似點，綜合判斷銅卣的時代範圍。譬如對A型卣的分析，陳夢家指出：「由銘文可以確定年代的那些器表明，繩索狀提梁幾乎只見於商時期，而有獸頭扁平狀提梁在商時期和周時期都有發現，但是，在周時期，只有有獸頭的扁平狀提梁。無獸頭扁平狀提梁是兩種提梁的過渡形式，但在有獸頭的那種提梁出現之後可能仍繼續使用，而可以確定的年代最晚的器是西周初年的。」〔註145〕像這樣的器形分析，《斷代》當中隨處可見。

朱鳳瀚《古代中國青銅器》，〔註146〕分上下兩編共14章，其中第三、四章討論青銅器的分類與定名，對鼎、簋、爵、卣、罍等器的型式進行了詳細劃分，並指出每一型式所屬的時代範圍。

中國社科院考古所王世民、陳公柔、張長壽等三位研究員合著《西周青

〔註141〕郭沫若：《青銅時代》，《郭沫若全集‧歷史編》第1卷，人民出版社，1982年，頁607。

〔註142〕容庚：《商周彝器通考》，臺灣大通書局，1941年。

〔註143〕唐蘭：《西周銅器斷代中的「康宮問題」》，《考古學報》1962年1期。

〔註144〕唐蘭：《論周昭王時代的青銅器銘刻》，《古文字研究》第2輯，中華書局，1981年，頁123～130。

〔註145〕《斷代》，頁528。

〔註146〕朱鳳瀚：《古代中國青銅器》，南開大學出版社，1995年。

銅器分期斷代研究》，〔註 147〕兼顧典型墓地分期成果和傳世有銘銅器，收集
鼎、鬲、簋、盨、尊、卣、壺、方彝、盉、盤、鐘等 11 類的 352 件標本，仿
照田野考古報告，逐類按器物形制進行詳細分型分式，然後逐件說明器物的
形制、紋飾特點與所屬時代。這種採取考古類型學方法排比出來的器物發展
譜系，結論比較客觀，可以對銘文斷代法得出的結論形成制約，使之更加逼
近客觀事實。李學勤稱該書是運用考古學類型學為銅器分期的成功範例，並
據此書修正了他自己關於某些銅器的時代的看法。〔註 148〕

　　彭裕商《西周青銅器年代綜合研究》第四章討論了鼎、簋、鬲、尊、卣、
爵、觶、壺、盉、盤、盨、豆等 12 種常見西周青銅器器形，《西周青銅器分
期斷代研究》討論的方彝、鐘，彭氏此書未列，但在前書所列器物之外又討
論了爵、觶、豆三類銅器。〔註 149〕

　　張懋鎔對周代方座簋和青銅盨有專門研究。方座簋是周文化的產物，寶
雞是西周方座簋的發源地，方座簋的年代集中在西周早期偏早階段；春秋戰
國雖然有方座簋，但數量較少。〔註 150〕張懋鎔搜集了出土青銅盨 54 件，傳
世青銅盨 96 件，按耳形差別分為兩型。I 型半環耳盨，出現時代早，數量多，
約佔所收銅須的三分之二，依圈足的變化又分出三個亞型。II 型附耳盨，盨
腹較半環耳盨深，數量較少，依圈足（足）的不同，又分出四個亞型。兩周青
銅盨可分為六期。銅盨主要為中層以上貴族使用，從周共王開始到西周晚期
盛行，入春秋即迅速衰落。〔註 151〕

　　張靜《商周青銅甗初論》、〔註 152〕張婷《商周青銅盤的初步研究》、〔註 153〕
張小麗《出土商周青銅尊研究》、〔註 154〕馬軍霞《出土商周青銅卣研究》、
〔註 155〕胡嘉麟《兩周時期青銅簠研究》、〔註 156〕曹斌《商周青銅觶研究》、

〔註 147〕王世民、陳公柔、張長壽：《西周青銅器分期斷代研究》，文物出版社，1999
　　　　　年。
〔註 148〕李學勤：《西周青銅器研究的堅實基礎》，《文物》2000 年 5 期。
〔註 149〕彭裕商：《西周青銅器年代綜合研究》，巴蜀書社，2003 年。本段簡述彭氏觀
　　　　　點不再出注。
〔註 150〕張懋鎔：《西周方座簋研究》，《考古》1999 年 12 期。
〔註 151〕張懋鎔：《兩周青銅盨研究》，《考古學報》2003 年 1 期。
〔註 152〕張靜：《商周青銅甗初論》，西北大學 2002 年碩士論文。
〔註 153〕張婷：《商周青銅盤的初步研究》，西北大學 2004 年碩士論文。
〔註 154〕張小麗：《出土商周青銅尊研究》，西北大學 2004 年碩士論文。
〔註 155〕馬軍霞：《出土商周青銅卣研究》，西北大學 2006 年碩士學位論文。
〔註 156〕胡嘉麟：《兩周時期青銅簠研究》，陝西師範大學 2007 年碩士學位論文。

〔註157〕陰鈴鈴《兩周青銅匜研究》、〔註158〕喬美美《商周青銅鬲研究》、〔註159〕吳偉《銅罍研究》〔註160〕分別討論了銅甌、銅盤、銅尊、銅卣、銅簋、銅觶、銅匜、銅鬲、銅罍的型式，並總結其演變規律。梁彥民《西周時期的四耳青銅簋研究》，〔註161〕對四耳簋進行了類型劃分，認為四耳簋出現於西周初年，主要流行在西周穆王以前。

總之，西周主要銅器器形的演變序列框架已經建立，目前器形研究進入細化、深化階段。

（三）紋飾

商周青銅紋飾繁複多變，造型奇特神秘，具有多方面的研究價值。此處我們只談利用銅器紋飾進行分期斷代的研究概況。

郭沫若強調將紋飾與銅器斷代聯繫起來，他在《兩周金文辭大系圖編序說——彝器形象學試探》中，〔註162〕將中國青銅器時代分為四個時期：濫觴期（商前期）、勃古期（商後期——周穆王）、開放期（周共王——春秋中葉）、新式期（春秋中葉——戰國末年）。郭沫若概述了每一期盛行的青銅器紋飾與風格，然後以鐘鼎為例，闡述了他對銅器形制、紋飾演變的看法。

容庚《商周彝器通考》第六章專論青銅器紋飾，列舉出青銅器紋飾七十七種，圖文並茂，首次系統地對青銅器紋飾作了詳細分類，逐一說明每種紋飾名稱、型式，並說明其大致所屬時代。此後，研究青銅器紋飾的學者雖對於個別紋飾的定名有異說，但整體上還是信從容說。

陳夢家曾師從容庚，又受郭沫若分期方法的影響，也注重銅器紋飾分析，討論過鳥紋、瓦紋、龍紋、獸面紋等主要紋飾的形體特徵及其發展規律。〔註163〕

李濟《殷墟銅器研究》，明確區分文飾、紋飾，討論殷墟的觚形器、爵形器、斝形器、鼎形器等古器物紋飾，在學界有重要影響。雖然該書研究的對

〔註157〕曹斌：《商周青銅觶研究》，陝西師範大學 2007 年碩士論文。

〔註158〕陰鈴鈴：《兩周青銅匜研究》，陝西師範大學 2008 年碩士學位論文。

〔註159〕喬美美：《商周青銅鬲研究》，陝西師範大學 2008 年碩士學位論文。

〔註160〕吳偉：《銅罍研究》，陝西師範大學 2009 年碩士論文。

〔註161〕梁彥民：《西周時期的四耳青銅簋研究》，《江漢考古》2009 年 2 期。

〔註162〕郭沫若：《兩周金文辭大系圖錄考釋》，科學出版社，1958 年，《金文文獻集成》第 21 冊，頁 196～198。

〔註163〕《斷代》，頁 99、134、174、176。

象是商代銅器紋飾，似乎與西周銅器紋飾沒有直接關係；但李濟在書中強調「確知一件器物出土的準確地點」對於紋飾分析的重要性，並指出部份相關著作的不足，值得參看。〔註164〕

李學勤《西周中期青銅器的重要標尺》曾分析過鳥紋中垂冠大鳥、長鳥紋的不同形體的斷代意義。〔註165〕

朱鳳瀚《古代中國青銅器》，第五章專論青銅器紋飾，對青銅器紋飾的分類、定名和型式有系統研究。〔註166〕

陳公柔、張長壽《殷周青銅容器上鳥紋的斷代研究》，〔註167〕從鳥紋的外形入手，將鳥紋中的小鳥紋、大鳥紋、長尾紋進一步細分為三型二十五式，並說明其所屬時代。《殷周青銅容器上獸面紋的斷代研究》是陳公柔、張長壽紋飾研究課題的續篇，〔註168〕該文對商、周時期最主要的紋飾——獸面紋（或稱饕餮紋）的發展、演變序列及各種型式之間的關係，用圖譜和表格作了詳細說明。這兩篇文章的研究方法和研究成果被後來王世民、陳公柔、張長壽合著的《西周青銅器分期斷代研究》所吸收，該書第四章專論紋飾，除鳥紋和獸面紋，還增加了竊曲紋一節。該書在學界影響深遠，見前述。

彭裕商對龍紋、鱗紋、竊曲紋有所討論。〔註169〕周蘇平、張懋鎔曾討論銅器紋飾淵源，認為中國早期銅器紋飾是「借助於同時代或更早一些時候的其它器物上的紋飾」，其風格曾受到江南良渚文化玉器、陶器紋飾和印紋陶紋飾的影響。〔註170〕張懋鎔認為垂冠大鳥紋按年代可分為康王前後、昭穆時期、共懿以後三期，並探討其盛衰原因。〔註171〕湯淑君、〔註172〕張婷、〔註173〕

〔註164〕李濟：《殷墟銅器研究》，《李濟文集》第4卷，上海人民出版社，2006年。

〔註165〕李學勤：《西周中期青銅器的重要標尺》，原載《中國歷史博物館館刊》1979年1期，載入其《新出青銅器研究》，文物出版社，1990年，頁90。

〔註166〕朱鳳瀚：《古代中國青銅器》，南開大學出版社，1995年。

〔註167〕陳公柔、張長壽：《殷周青銅容器上鳥紋的斷代研究》，《考古學報》1984年3期。

〔註168〕陳公柔、張長壽：《殷周青銅容器上獸面紋的斷代研究》，《考古學報》1990年2期。

〔註169〕彭裕商：《西周青銅器年代綜合研究》，巴蜀書社，2003年。

〔註170〕周蘇平、張懋鎔：《中國古代青銅器紋飾淵源試探》，《文博》1986年6期。

〔註171〕張懋鎔：《芮公簋蓋識小——兼論垂冠大鳥紋》，《古文字與青銅器論集》第3輯，科學出版社，2010年，頁80~88。

〔註172〕湯淑君：《河南商周青銅器蟬紋及其相關問題》，《中原文物》2004年6期。

〔註173〕張婷、劉斌：《淺析商周青銅器上的圓渦紋》，《四川文物》2006年5期。

孟婷〔註 174〕等人分別對銅器蟬紋、渦紋進行了單獨考察。曹峻指出，通常所說的「夔紋」或「夔龍紋」，其表現的形象應該是虎，而不是龍。〔註 175〕

資料整理。上海博物館青銅器研究組編纂的《商周青銅器紋飾》，〔註 176〕是國內較大型的青銅器紋飾專書，收集了以上博館藏青銅器紋飾為主的 1006 片青銅器紋飾墨拓善本。該書以馬承源《商周青銅器紋飾綜述》開篇，介紹了紋飾墨拓來源和編輯方法；體例方面，按銅器紋飾特徵分類，再按器物所屬的時代排比同類紋飾，便於讀者核查。此外，《中國青銅器全集》、〔註 177〕《故宮青銅器》、〔註 178〕《夏商周青銅器研究——上海博物館藏品》、〔註 179〕《周原出土青銅器》〔註 180〕等書都有高清彩色圖版或精緻的墨拓，有很高的學術價值。

（四）出土信息

可靠的出土信息對銅器斷代具有重要意義。

正如前述，早期學者已經注意到器物形制紋飾在斷代方面的作用，但苦於缺乏可靠的出土器物作依據，他們的紋飾分析可能存在嚴重問題。譬如吳其昌《駁郭鼎堂先生毛公鼎之年代》，該文第四部份論「形制花紋上之比勘」，其所認為形制花紋與毛公鼎全同的鬲攸從鼎，現在知道肯定是西周晚期器，但吳先生卻據此維護毛公鼎是成王銅器的舊說。〔註 181〕毛公鼎非成王銅器已成定說，可見當時吳先生的分析存在問題。

一般來說，同一窖藏或墓葬所出銅器，如果作器者名相同，則可斷定這是同一個人所作器。〔註 182〕譬如在討論著名的克鎛、克鐘和克鼎、盨的年代

〔註 174〕孟婷：《商周青銅器上的渦紋研究》，吉林大學 2009 年碩士學位論文。

〔註 175〕曹峻：《「夔紋」新識》，《中國文物報》2007 年 3 月 30 日第 7 版。

〔註 176〕上海博物館青銅器研究組編：《商周青銅器紋飾》，文物出版社，1984 年。

〔註 177〕中國青銅器全集編輯委員會編：《中國青銅器全集》（全十六冊），文物出版社，1996 年。

〔註 178〕故宮博物院：《故宮青銅器》，紫禁城出版社，1999 年。

〔註 179〕陳佩芬：《夏商周青銅器研究——上海博物館藏品》，上海古籍出版社，2004 年。

〔註 180〕曹瑋：《周原出土青銅器》（全十冊），巴蜀書社，2005 年。

〔註 181〕吳其昌：《金文厤朔疏證》第 8 卷「重見史臣表」，《金文文獻集成》第 38 冊，頁 181～194。

〔註 182〕盛冬鈴：《西周銅器銘文中的人名及其對斷代的意義》，《文史》第 17 輯，中華書局，1983 年。

時，學者多認為它們是同一個「克」所作之器，理由就是它們同出一窖的說法。但是，克鎛、克鐘之「克」身份比較卑微，而克鼎、克盨之「克」身為膳夫，又得到大量賜田，身份很高貴，且兩個克之間似有很長的時間跨度；所以，李學勤主張這兩個「克」不是同一個人。〔註183〕李先生的論證辦法就是重新檢討克器的出土信息，證明克鐘、克鎛和克鼎、克盨並非同出一窖，因此不能據同出一窖的說法推定兩個「克」是同一個人。可是關於克器的爭論可能永遠無法平息，因為克鐘、克鼎都不是科學考古的發掘品，沒有準確可靠的出土記錄。

　　為改善這種狀況，以李濟、郭寶鈞等為代表的考古學者作出了重大貢獻。與古文字學者偏重於銅器銘文不同，考古學者更強調銅器的出土地點、層位關係、共生關係、組合關係、形制花紋等。

　　李濟主張，把研究對象限定為田野考古發掘品，通過系統分析器物形制、紋飾、及田野考古獲取的其它信息，綜合考察古器物的發展、演變過程。李濟認為，若按形態為古器物分類，就不應該受銅、陶、石等器物材質的限制；只要是屬於容器一門的器物，都可以用同一標準為之分類。李濟採用研究殷墟陶器的辦法研究銅器，以容器最下部形態作第一分類標準，將小屯10墓隨葬的「禮器」分為圜底、平底、圈足、三足、四足等五類，類下再分出斗形器、鍋形器、罍形器等若干細目。然後，按前述分類列表對容器的高度、深度、口徑、最大腹徑等指標進行逐一統計。這種嚴格按器形分類，用統計數值描述古器物的方法，給人以客觀、系統的感覺，比傳統描述銅器形制的術語如「至大」、「絕小」、「侈口」等有更強的解釋力。〔註184〕李濟《殷墟銅器研究》是採用這種方法研究古器物的又一力作，見前述。

　　新中國成立後，長期從事商周考古的郭寶鈞著《商周青銅器群綜合研究》，〔註185〕該書依據出土銅器資料對商周銅器的形制、花紋、銘文書體、鑄造方法進行了研究。其操作方法為：先選出鄭州二里崗器群、安陽小屯器群、西安普渡村器群等六個出土地點、時代明確的銅器群，作為劃定時間的界標，並用這些界標去衡量其他銅器群器物的類型。作者分析了界標器群的鑄造工

〔註183〕李學勤：《論克器的區分》，《夏商周年代學箚記》，遼寧大學出版社，頁151
　　　　　～155。

〔註184〕李濟：《記小屯出土之青銅器》，《李濟文集》第3卷，上海人民出版社，2006
　　　　　年，頁467～546。

〔註185〕郭寶鈞：《商周青銅器群綜合研究》，文物出版社，1981年。

藝、形制、花紋、銘文等要素，將中國青銅器時代分為早商、中商、晚商及西
周前期、西周後期、春秋早期等幾個發展階段，再將各銅器群劃歸相應的發
展階段，逐一說明這些器物的形制、花紋、銘文等要素的特徵。由於客觀條
件限制，該書劃分的銅器發展階段，時間跨度較大，還不能將青銅器劃歸具
體王世。

　　李豐《黃河流域西周墓葬出土青銅禮器的分期與年代》是利用出土銅器
群器物形制對銅器進行分期斷代的又一力作。該文包括緒論、分期、共存陶
器、年代、結語五個部份。〔註186〕據緒論交代，至作者成文時，黃河流域確
屬墓葬一三七墓共出土銅禮器七四五件。除開銅器形制花紋，作者還利用了
以下四個要素分析器物年代，即：（1）所出墓葬的層位關係；（2）不同器類的
共存關係及同類器物不同型、式的共存關係；（3）銅器群的組合關係及各種
器物的數量關係；（4）銅器與其他質地器物的共存關係。作者根據這些要素，
參照灃西考古建立的西周隨葬陶器群分期序列和一些年代比較可靠的有銘銅
器，將九十六座資料比較充分的墓葬分為六期，每一期儘量劃歸具體的王世。
儘管部份學者對其中某些觀點持有異議，〔註187〕但是從方法論的角度看，該
文顯然是無可厚非的。至此，李濟倡導的利用出土資料建立古器物型式序列
並為青銅容器斷代的方法，大概是演繹到了某種極致。

　　施勁松研究長江流域出土的青銅器，考察對象包括江西新干商代銅器群、
湖南出土的商周青銅器、四川廣漢三星堆商代銅器群、安徽屯溪西周銅器群
等，幾乎每一器群下都有陶器、銅器組合、形制、紋飾、與中原青銅器比較、
器群年代和特徵等討論細目；最後一章總結長江流域青銅器的發展序列，收
束全文。〔註188〕

　　此外，學界還有許多類似的著作，如《西周微氏家族青銅器群研究》、
〔註189〕《豐鎬地區出土西周青銅容器的分期斷代研究》〔註190〕等，這些在
正文部份還會涉及。利用出土信息為銅器斷代的著名學者還有陳夢家、陳
公柔、張長壽、彭裕商、張懋鎔等，已見前述。

〔註186〕 李豐：《黃河流域西周墓葬出土青銅禮器的分期與年代》，《考古》1988 年 4 期。
〔註187〕 杜勇、沈長雲：《金文斷代方法探微》，人民出版社，2002 年，頁 136。
〔註188〕 施勁松：《長江流域青銅器研究》，文物出版社，2003 年。
〔註189〕 陝西周原考古隊：《西周微氏家族青銅器群研究》，文物出版社，1992 年。
〔註190〕 梁彥民：《豐鎬地區出土西周青銅容器的分期斷代研究》，西北大學 2002 年
　　　　碩士論文。

　　上列斷代要素，在不同的場合其斷代作用是有變化的。關於這一點，陳夢家指出：

　　　　銅器（與一切古器物）的斷代不可以是刻板的、固定的。器形、
　　　　紋飾、字體、文例和制度雖然都一定的向前發展，他們各自有其發
　　　　展的過程，彼此之間只有平行發展的關係而不一定是等速度發展的
　　　　關係。康世的方鼎已經向前發展為較新於成世的形制、紋飾，但仍
　　　　可能保存成世的字體、文例；或者相反的，字體、文例已經改新了
　　　　而仍保存舊的形制、紋飾。在這些地方，銘文本身所說明的世次與
　　　　年代是決定性的。〔註 191〕

當一件器物或一組器物的各種斷代要素顯得互相「矛盾」時，斷代就顯得異常困難。譬如討論免簋、免簠、守宮盤等器時，陳夢家指出：「這組銅器的形制與花紋，是不能更晚於懿王的，我們很想把它們放在共王時。今仍舊從郭說，安置於懿世。」〔註 192〕張懋鎔搜集了斷代分歧意見在三個王世以上的銅器 160 件，列成《西周青銅器斷代諸說表》，經過統計分析證明：「西周青銅器的發展呈現一種時快時慢的不平衡的態勢。」〔註 193〕

　　在所有斷代要素中，出土信息大概是最令人矚目的；因為新的發現往往意味著新知識的積累，進而引發連鎖反應，迫使我們修改之前不合事實的說解。

第二、西周土田類金文的考釋和土田問題研究概況。

　　這裏分土田封賜、土田轉讓、土田爭訟、土田管理、餘論五個方面對土田類金文的考釋和土田問題研究成果加以介紹。

（一）土田封賜

　　涉及土田封賜的銅器主要有召圜器、宜侯夨簋、季姬方尊、四十二年逨鼎等。

　　土田封賜金文的考釋概況。王國維《克鐘克鼎跋》、《周時天子行幸征伐考》〔註 194〕有重要參考價值。郭沫若對遣尊、中方鼎、中甗、令鼎、大盂鼎

〔註 191〕《斷代》，頁 94。
〔註 192〕《斷代》，頁 186、187。
〔註 193〕張懋鎔：《試論西周青銅器演變的非均衡性問題》，《考古學報》2008 年 3 期。
〔註 194〕王國維：《觀堂集林》（外二種），河北教育出版社，2003 年。下文提到王國維的金文考釋文章均參考此書，不再說明。

等 22 件涉及土田問題的金文進行了比較詳細的考釋，〔註 195〕其中如賢簋的「賄賢百畮糧」，得到了許多學者的認可。楊樹達對敔簋、不嬰簋等器作了考釋。〔註 196〕陳夢家《西周銅器斷代》對召圜器、宜侯夨簋、大克鼎進行了考釋。日本學者白川靜《金文通釋》對大盂鼎銘文亦有研究。〔註 197〕關於永盂，戚桂宴《永盂銘殘字考釋》、〔註 198〕陳邦懷《永盂考略》、〔註 199〕唐蘭《永盂銘文解釋》及《〈永盂銘文解釋〉的一些補充——並答讀者來信》〔註 200〕等具有重要參考價值。此外，還有李零《讀楊家村出土的虞逨諸器》、〔註 201〕高玉平《2003 年眉縣楊家村出土窖藏青銅器銘文考述》、〔註 202〕李學勤《季姬方尊研究》、〔註 203〕蔡運章《季姬方尊銘文及其重要價值》、〔註 204〕涂白奎《〈季姬方尊〉銘文釋讀補正》〔註 205〕等。張經在《賢簋新釋》中指出：「賢簋銘中的賞賜給賢的百畮之畮，實際指的是田，並不是後世所理解的用於計量單位的『畮』」，賢簋「畮賢百畮量」的「量」是地名，而不是郭沫若所說的「糧」，〔註 206〕可備一說。

利用金文研究西周土田封賜的概況。于省吾論述了商代貴族之間，以有限度的禾稼為賞賜，以及西周前期貴族之間，以有限度的土地產物和有限度的土地為賞賜，認為這是統治集團上對下論功酬勞，是其內部有限度的權利的授受。〔註 207〕這篇文章將卜辭和金文聯繫起來考察歷史，證明統治集團對下屬賜予

〔註 195〕郭沫若：《兩周金文辭大系圖錄考釋》，《金文文獻集成》第 21 冊。下文提到郭沫若的金文考釋文章，若無特別說明，都是參考此書。

〔註 196〕楊樹達：《積微居金文說》（增訂本），中華書局，1997 年。下文提到楊樹達的金文考釋文章均參考此書，不再說明。

〔註 197〕曹兆蘭：《金文通釋選譯》，武漢大學出版社，2000 年。

〔註 198〕戚桂宴：《永盂銘殘字考釋》，《金文文獻集成》第 28 冊，頁 381。

〔註 199〕陳邦懷：《永盂考略》，《金文文獻集成》第 28 冊，頁 380。

〔註 200〕唐蘭：《永盂銘文解釋》及《〈永盂銘文解釋〉的一些補充——並答讀者來信》，《金文文獻集成》第 28 冊，頁 378、379。

〔註 201〕李零：《讀楊家村出土的虞逨諸器》，《中國歷史文物》2003 年 3 期。

〔註 202〕高玉平：《2003 年眉縣楊家村出土窖藏青銅器銘文考述》，安徽大學 2007 年碩士學位論文。

〔註 203〕李學勤：《季姬方尊研究》，《中國史研究》2003 年 4 期。

〔註 204〕蔡運章、張應橋：《季姬方尊銘文及其重要價值》，《文物》2003 年 9 期。

〔註 205〕涂白奎：《〈季姬方尊〉銘文釋讀補正》，《考古與文物》2006 年 4 期。

〔註 206〕張經：《賢簋新釋》，《中原文物》2002 年 3 期。

〔註 207〕于省吾：《關於商周時代對於「禾」「積」或土地有限度的賞賜》，中國考古學會編《中國考古學會第一次年會論文集》（1979 年），文物出版社，1980 年。

土地的行為早在商代已經出現。唐蘭對旟鼎、令鼎、召卣、中方鼎、遣尊等進行了考察，指出：「經過武王、成王、康王三次大封建之後，所以分配給奴隸主貴族們的土地剩得不多了，或者已經完了。」〔註208〕這可能代表了不少學者的意見，值得重視。唐蘭《西周青銅器銘文分代史徵》共著錄西周金文二百九十器，考釋到穆王為止，共一百七十六器。〔註209〕此外，故宮博物院編有《唐蘭先生金文論集》，〔註210〕將唐蘭關於金文的單篇論文彙編成冊，收有《懷念毛公鼎、散氏盤和宗周鐘——兼論西周社會性質》、《用青銅器銘文來研究西周史》等重要論文。唐蘭考釋金文自成一家之言，其成果值得參考。

吳澤、李朝遠合著《論西周的卿大夫與采田》，〔註211〕認為「卿大夫不是一級封臣，一級領主，而是官僚。既然是官僚就必須有俸祿。俸祿的形式不外三種，或實物，或祿田，或兩者兼而有之……金文中常見天子賞賜卿大夫以采田的記載。」並將西周采田制與西歐埰地制進行比較，最後得出結論：「西周的采田制和封建制不是前後相繼的兩個階段，他們共存於領主制封建社會之中，是同一社會階段的兩種性質不同的土地佔有制度。采田不構成領主制封建等級土地所有制中的一級，但卿大夫憑著對采田上收穫物的佔有權而成為領主制封建社會政治等級隸屬制上的一級。」值得參考。

李零《西周金文中的土地制度》，〔註212〕該文分八個部分：（1）從「王土天授」說起；（2）外服諸侯的「賜土」；（3）內服王臣的「賜采」；（4）「取田」、「舍田」和「賈田」；（5）土田訴訟和付田儀式；（6）土地計量單位和田價；（7）餘論：也談「田里不粥（鬻）」；（8）附記兩則。該文大約涉及三十一篇青銅器銘文。作者結合典籍記載，聯繫西周時期的都邑分佈、居民組織，第一次比較系統、全面地剖析了西周土田金文，充分挖掘蘊含其中的土地史信息，指出「中國早期的土地結構，據上所述，是一種從上到下的統配形式，土地是一層層『發』下去的。它包括『王有』的外殼、貴族的封土和士庶的授田，一層套著一層。這種結構始終保持著份地從公有地析分的原始形式。」

〔註208〕唐蘭：《論周昭王時代的青銅器銘刻》，《古文字研究》第 2 輯，中華書局，1981 年，頁 106。

〔註209〕唐蘭：《西周青銅器銘文分代史徵》，中華書局，1986 年。

〔註210〕唐蘭：《唐蘭先生金文論集》，紫禁城出版社，1995 年。

〔註211〕唐嘉弘編：《先秦史論集（徐中舒教授九十誕辰紀念論文集）》，中州古籍出版社出版，1989 年，頁 237～255。

〔註212〕李零：《李零自選集》，廣西師範大學出版社，1998 年，頁 85～111。

該文在西周土地史研究領域具有重要的意義，其中列出的很多專題，如土田訴訟、付田儀式、土地計量和地價等，為後來很多學者所沿用。

劉雨《西周金文中的大封小封和賜田里》，〔註213〕該文分析了二十二篇青銅器銘文所涉及的西周土田封賜問題，最後指出：「王分封賞賜給大貴族的土地田邑，一經成為固有領地，就具有相當程度的獨立性，大貴族可以闕出小塊土地或耕地賞賜給下一級小貴族。不過，從金文看，這些地塊都相當小，不足以動搖『普天之下，莫非王土』的土地所有制。但可以想見，隨著王權的衰落，正是這些蟻穴終於導致王有土地所有制大堤的崩坍，引發出土地私有化的革命，使社會大步向前邁進一步。」值得參考。

西周金文土田封賜與金文錫命禮研究關係密切。齊思和搜集了與錫命禮有關的75篇銅器銘文，分門別類，探討了錫命禮之儀式、錫命之內容、錫命王臣之典禮等問題，該文指出了大克鼎、召圜器、不娶簋、敔簋、卯簋等器當中的賜土田現象。〔註214〕陳漢平指出，「西周冊命金文土田之賜僅見於大克鼎、宜侯夨簋二器。」「西周冊命金文所記周王對受命者土田臣民之賜，說明西周王室對當時各地土田人口之數目，有圖籍戶簿之掌握。」〔註215〕王暉據文獻記載指出，西周天子分封諸侯，有兩種賜土的形式。〔註216〕

張經對西周金文中的土田問題進行了綜合考察，值得參考。〔註217〕景紅豔以傳統文獻為主，兼及西周金文，對整個西周賞賜制度作了長時段的考察，根據金文資料指出：「西周中晚期周王室軍功賞賜的力度加強」。〔註218〕吳紅松對金文資料中的賞賜物品進行了詳細分類，分別考察了土地和人口的賞賜，並作了相關金文資料輯錄，利於學者檢索。〔註219〕吳紅松《西周金文土地賞賜述論》涉及金文賜禾、賜糧等問題的討論，可參。〔註220〕

〔註213〕劉雨：《西周金文中的大封小封和賜田里》，《中國考古學論叢——中國社會科學院考古研究所建所40週年紀念》，科學出版社，1993年。

〔註214〕齊思和：《周代錫命禮考》，原載《燕京學報》1947年第32期，今據《金文文獻集成》第40冊，頁183。

〔註215〕陳漢平：《西周冊命制度研究》，學林出版社，1986年，頁259、260。

〔註216〕王暉：《作冊旂器銘與西周分封賜土禮儀考》，《中國歷史文物》2005年1期。

〔註217〕張經：《西周金文中的土與田》，《農業考古》2006年4期。

〔註218〕景紅豔：《西周賞賜制度研究》，陝西師範大學2006年博士學位論文。

〔註219〕吳紅松：《西周金文賞賜物品及其相關問題研究》，安徽大學2006年博士學位論文。

〔註220〕吳紅松：《西周金文土地賞賜述論》，《安徽農業大學學報》（社科版）2009年6期。

以上為西周土田封賜金文資料的研究概況，其中一部分成果可能與土田封賜無直接關係，而與本文的其他章節有關，因為是同一人作品，所以順帶在這裏提前作了交代。

（二）土田轉讓

涉及土田轉讓的銅器主要有格伯簋、曶鼎、十二年大簋蓋、𠡗比鼎、散氏盤、衛盉、五祀衛鼎、九年衛鼎、吳（虞）虎鼎等，學界曾圍繞以上諸器展開熱烈討論，產生了一批金文考釋和探討西周土地制度的文章。

金文考釋概況。王國維《散氏盤跋》、《𠭯從簋跋》有重要的參考價值。郭沫若、楊樹達對曶鼎、格伯簋等器銘也有考釋，高鴻縉《散盤集釋》對散氏盤進行了綜合研究，文章討論了該器的流傳概況、銘文考釋的諸家說法、土田轉讓中的地界圖等。〔註 221〕張振林《先秦「要」、「婁」二字及相關字辨析——兼議散氏盤之主人與定名》，可參。〔註 222〕關於裘衛諸器，主要有龐懷清《陝西省岐山縣董家村西周銅器窖穴發掘簡報》、〔註 223〕唐蘭《陝西省岐山縣董家村新出西周重要銅器銘辭的譯文和注釋》、〔註 224〕李學勤《試論董家村青銅器群》、〔註 225〕曹瑋《九年衛鼎銘文匯釋》〔註 226〕等。關於吳虎鼎，主要有王輝《吳虎鼎銘座談紀要》、〔註 227〕張培瑜、周曉陸《吳虎鼎銘紀時討論》、〔註 228〕李學勤《吳虎鼎考釋——夏商周斷代工程考古學筆記》〔註 229〕等。

以上器物中，對關鍵字「履」、「貯」、「受」的考釋，對銘文內容的解讀影響比較大，這方面的文章有章炳麟《論散氏盤書二筍》、〔註 230〕李平心《卜辭

〔註 221〕高鴻縉：《散盤集釋》，《臺灣師範大學學報》1957 年 2 期。

〔註 222〕張振林：《先秦「要」、「婁」二字及相關字辨析——兼議散氏盤之主人與定名》，《第三屆國際中國古文字學研討會論文集》，香港中文大學中國文化研究所，1997 年。

〔註 223〕龐懷清：《陝西省岐山縣董家村西周銅器窖穴發掘簡報》，《文物》1976 年 5 期。

〔註 224〕唐蘭：《陝西省岐山縣董家村新出西周重要銅器銘辭的譯文和注釋》，《文物》1976 年 5 期。

〔註 225〕李學勤：《試論董家村青銅器群》，《文物》1976 年 6 期。

〔註 226〕曹瑋：《九年衛鼎銘文匯釋》，《周原遺址與西周銅器研究》，科學出版社，2004 年，頁 74。

〔註 227〕王輝：《吳虎鼎銘座談紀要》，《考古與文物》1998 年 3 期。

〔註 228〕張培瑜、周曉陸：《吳虎鼎銘紀時討論》，《考古與文物》1998 年 3 期。

〔註 229〕李學勤：《吳虎鼎考釋——夏商周斷代工程考古學筆記》，《考古與文物》1998 年 3 期。

〔註 230〕章炳麟：《論散氏盤書二筍》，《金文文獻集成》第 29 冊，頁 23。

金文中所見社會經濟史實考釋》、〔註231〕裘錫圭《西周銅器銘文中的「履」》
及《釋「受」》、〔註232〕連劭名《〈佣生簋〉銘文新釋》、〔註233〕沙宗元《試說
「受」及相關的幾個字》、〔註234〕李學勤《魯方彝與西周商賈》、〔註235〕彭裕
商《西周金文中的「賈」》、〔註236〕李憣《「貪」為賈證》、〔註237〕陳絜《亢鼎
銘文與西周土地所有制》等。〔註238〕

　　利用銅器銘文討論西周土地制度的研究概況。李學勤《西周金文中的土
地轉讓》利用衛盉、五祀衛鼎、九年衛鼎、師永盂、大簋、格伯簋和散氏盤等
七篇青銅器銘文，對西周時期的土地轉讓問題進行了探討。〔註239〕李學勤根
據對關鍵字「賈」字的考釋成果，指出土地轉讓有賞賜、賠償、交易等三種
情形。該文還指出，土地轉讓中，「地界度量勘定以後，要記錄下來，裘衛
的幾件器銘稱之為『書其鄉（向）』，即寫下疆界的方向。」這對於研究西周
土地轉讓的程序具有重要意義。白於藍《師永盂新釋》、〔註240〕對師永盂中
出現的七個「厥」字進行了通盤考察，認為師永盂銘前六個「厥」字均指代
周王，第七個「厥」字指代周王所賜之田地；證明師永盂銘「宋句」當讀為
「睦溝」，並對整篇銘文重新斷讀；最後，討論土地轉讓的程序問題。相關
文章還有周瑗《矩伯、裘衛兩家族的消長與周禮的崩壞——試論董家村青銅
器群》、〔註241〕林甘泉《對西周土地關係的幾點新認識——讀岐山董家村出

〔註231〕 李平心：《卜辭金文中所見社會經濟史實考釋》，《甲骨文獻集成》第26冊，
　　　　 四川大學出版社，2001年，頁265。後文引用《甲骨文獻集成》的出版信息
　　　　 同此，不再注明。
〔註232〕 裘錫圭：《西周銅器銘文中的「履」》，《古文字論集》，中華書局，1992年，
　　　　 頁368。裘錫圭：《釋「受」》，《容庚先生百年誕辰紀念文集》，廣東人民出版
　　　　 社，1998年，頁148～155。
〔註233〕 連劭名：《〈佣生簋〉銘文新釋》，《人文雜誌》1986年3期。
〔註234〕 沙宗元：《試說「受」及相關的幾個字》，《古文字研究》第25輯，中華書局，
　　　　 2004年，頁301～304。
〔註235〕 李學勤：《魯方彝與西周商賈》，《金文文獻集成》第40冊，頁364。
〔註236〕 彭裕商：《西周金文中的「賈」》，《考古》2003年2期。
〔註237〕 李憣：《「貪」為賈證》，《考古》2007年11期。
〔註238〕 陳絜、祖雙喜：《亢鼎銘文與西周土地所有制》，《中國歷史文物》2005年1
　　　　 期。
〔註239〕 李學勤：《西周金文中的土地轉讓》，原載《光明日報》1983年11月30日，
　　　　 收入《李學勤學術文化隨筆》，中國青年出版社，1999年，頁266。
〔註240〕 白於藍：《師永盂新釋》，《考古與文物》2010年5期。
〔註241〕 周瑗：《矩伯、裘衛兩家族的消長與周禮的崩壞——試論董家村青銅器群》，
　　　　 《文物》1976年6期。

土銅器銘文〉、〔註242〕趙光賢〈從裘衛諸器銘看西周的土地交易〉、〔註243〕黃
盛璋〈衛盉、鼎中「貯」與「貯田」及其牽涉的西周田制問題〉、〔註244〕王輝
〈幾件銅器銘文中反映的西周中葉的土地交易〉、〔註245〕王人聰〈談衛盉、
衛鼎銘文所反映的西周田制〉、〔註246〕李朝遠〈論西周土地交換的程式〉及
〈西周金文中所見土地交換關係的再探討〉、〔註247〕黃天樹〈鬲比盨銘文簡
釋〉、〔註248〕曹瑋〈衛盉銘文與西周土地制度的變化〉、〔註249〕何樹環〈西周
貴族土地的取得與轉讓〉、〔註250〕劉傳賓〈西周青銅器銘文土地轉讓研究〉
〔註251〕等。其中李朝遠利用物權法理論，分土地的原始取得和繼受取得討論
西周土地關係，其行文思路為本文所採用。何樹環的文章也是從所有權展開
論述，搜集了《集成》裏面相關的銅器銘文二十多篇，論證平實有力。劉傳賓
以「土地轉讓」為題，對涉及土地轉讓的十一篇銅器銘文進行了比較可靠的
隸釋，考證銘文拓片來源，然後分專題討論西周土地史的相關問題。

　　日本伊藤道治〈裘衛諸器考──關於西周土地所有制形態的我見〉、〔註252〕
臺灣馬希仁〈西周的土地買賣〉〔註253〕也論及西周土地轉讓問題，可參。

〔註242〕 林甘泉：〈對西周土地關係的幾點新認識──讀岐山董家村出土銅器銘文〉，
　　　　　《文物》1976 年 5 期。
〔註243〕 趙光賢：〈從裘衛諸器銘看西周的土地交易〉，《北京師範大學學報》（社科版）
　　　　　1979 年 6 期。
〔註244〕 黃盛璋：〈衛盉、鼎中「貯」與「貯田」及其牽涉的西周田制問題〉，《文物》
　　　　　1981 年 9 期。
〔註245〕 王輝：〈幾件銅器銘文中反映的西周中葉的土地交易〉，《一槃集──王輝學
　　　　　術文存》，臺灣藝文印書館，2002 年，頁 113～134。
〔註246〕 王人聰：〈談衛盉、衛鼎銘文所反映的西周田制〉，原載《香港中文大學中國
　　　　　文化研究所學報》第 16 卷，1985 年，載《古璽印與古文字論集》，香港中文
　　　　　大學文物館，2000 年，頁 297。
〔註247〕 李朝遠：〈論西周土地交換的程序〉，《金文文獻集成》第 40 冊，頁 367；李
　　　　　朝遠〈西周金文中所見土地交換關係的再探討〉，《上海博物館集刊──建館
　　　　　四十週年特輯》第 6 期，1992 年。
〔註248〕 黃天樹：〈鬲比盨銘文簡釋〉，《黃天樹古文字論集》，學苑出版社，2006 年。
〔註249〕 曹瑋：〈衛盉銘文與西周土地制度的變化〉，《周原遺址與西周銅器研究》，科
　　　　　學出版社，2004 年，頁 67。
〔註250〕 何樹環：〈西周貴族土地的取得與轉讓〉，《新史學》第 15 卷第 1 期，2004 年
　　　　　3 月。
〔註251〕 劉傳賓：《西周青銅器銘文土地轉讓研究》，吉林大學 2007 年碩士學位論文。
〔註252〕 〔日〕伊藤道治：〈裘衛諸器考──關於西周土地所有制形態的我見〉，《考古學
　　　　　參考資料》（5），文物出版社，1982 年，據《金文文獻集成》第 40 冊，頁 349。
〔註253〕 〔台〕馬希仁：〈西周的土地買賣〉，《中國文字》新 9 期，1984 年。

裘錫圭《從幾件周代銅器銘文看宗法制度下的所有制》認為,〔註254〕對於一族的主要財產掌握在世代相傳的宗子手裏這一點,周代的銅器銘文在某些方面比古代典籍更能使我們獲得切實的理解;「宗子對宗族財產的權力,不但表現在田地、奴隸等主要財富上,而且也表現在生活資料方面」。裘錫圭立論審慎,結合卜辭、銅器以及傳世文獻立論,兼及相關研究成果,其結論比較可靠。裘錫圭還著有《關於商代的宗族組織與貴族和平民兩個階級的初步研究》,〔註255〕《甲骨卜辭中所見的「田」「牧」「衛」等職官的研究——兼論「侯」「甸」「男」「衛」等幾種諸侯的起源》,〔註256〕《說殷墟卜辭的「奠」——試論商人處置服屬者的一種方法》,〔註257〕《西周糧田考》〔註258〕等,都是立足古文字材料討論殷周社會歷史的名篇,為進一步討論西周土田問題提供了堅實的「基點」。

此外,王培真《金文中所見西周世族的產生和世襲》、〔註259〕張懋鎔《金文所見西周世族政治》、〔註260〕朱鳳瀚《商周家族形態研究》〔註261〕亦有重要參考價值。

(三)土田爭訟

涉及土田爭訟的金文,主要有曶鼎、䶂比簋、䶂比鼎、琱生三器等。

土田爭訟銘文研究概況。郭沫若、楊樹達等對曶鼎的研究已見前述。孫常敘《曶鼎銘文通釋》分敘言(曶鼎的名稱、形制和銘文拓本等)、前篇(曶

〔註254〕裘錫圭:《從幾件周代銅器銘文看宗法制度下的所有制》,《裘錫圭學術文化隨筆》,中國青年出版社,1999年,頁202。

〔註255〕裘錫圭:《關於商代的宗族組織與貴族和平民兩個階級的初步研究》,《文史》第17輯,中華書局,1983年。

〔註256〕裘錫圭:《甲骨卜辭中所見的「田」「牧」「衛」等職官的研究——兼論「侯」「甸」「男」「衛」等幾種諸侯的起源》,《文史》第19輯,中華書局,1983年。

〔註257〕裘錫圭:《說殷墟卜辭的「奠」——試論商人處置服屬者的一種方法》,原載《中央研究院歷史語言研究所集刊》第64本第3分冊,1993年。修訂版轉載於復旦大學出土文獻研究中心網站。

〔註258〕裘錫圭:《西周糧田考》,原載張永山主編《胡厚宣先生紀念文集》,科學出版社,1999年。修訂版轉載於復旦大學出土文獻研究中心網站。

〔註259〕王培真:《金文中所見西周世族的產生和世襲》,《金文文獻集成》第40冊,頁268。

〔註260〕張懋鎔:《金文所見西周世族政治》,《古文字與青銅器論集》第1輯,科學出版社,2002年。

〔註261〕朱鳳瀚:《商周家族形態研究》(增訂本),天津古籍出版社,2004年。

鼎釋文簡注）、後篇（曶鼎銘文疑難詞句試解）三個部分研究曶鼎，值得參考。
〔註262〕張經《曶鼎新釋》對曶鼎涉及的「王人」、「眾」、「臣」的身份進行了討
論，認為「眾」有人身自由，不能被用來賞賜、贈予、買賣，是自由民身份；而
臣的社會地位要低於眾。〔註263〕該文文末列有研究曶鼎的文章十篇，可備學者
參考。此外，還有張聞玉《曶鼎王年考》，逐一考辯了諸家對曶鼎年代的研究成
果，最後指出曶鼎製作於懿王元年，其絕對年代在西元前916年。〔註264〕該文
引證資料豐富，可參。鬲比諸器的研究見前述。關於琱生三器，劉德浩《琱生
三器研究》、〔註265〕金東雪《琱生三器銘文集釋》〔註266〕對其研究成果進行匯
總整理，值得參考。2009年之前的相關研究成果大多已經羅列其中，茲不贅述。
此外，馮時認為琱生器涉及西周時期的鄉飲酒禮，立論比較新穎。〔註267〕

　　利用金文爭訟資料研究西周法制概況。胡留元、馮卓慧、〔註268〕程武、
〔註269〕劉海年、〔註270〕張伯元、〔註271〕陳絜〔註272〕等利用出土文獻資料研
究先秦法律制度，取得了比較重要的成果。胡留元、馮卓慧所著《西周法律
制度》分九章展開討論，其中「周公的土地立法」、「科刑制度」、「民事訴訟」
等章節具有重要的參考價值。

　　此外，張全民對《周禮》中的刑法問題進行了細緻的整理，其中第二章
所論「身體刑」、「財產刑」亦見於西周金文。〔註273〕

（四）土田管理

　　除前述散氏盤、衛盉、永盂等器銘之外，還有令鼎、哉簋、揚簋、次卣、
同簋、宁鼎、克盨等，反映了西周土田管理的某些側面。

〔註262〕孫常敘：《曶鼎銘文通釋》，《金文文獻集成》第28冊，頁437～461。
〔註263〕張經：《曶鼎新釋》，《故宮博物院院刊》2002年4期。
〔註264〕張聞玉：《曶鼎王年考》，《貴州社會科學》1988年2期。
〔註265〕劉德浩：《琱生三器研究》，華南師範大學2009年碩士論文。
〔註266〕金東雪：《琱生三器銘文集釋》，吉林大學2009年碩士論文。
〔註267〕馮時：《琱生三器銘文研究》，《考古》2010年1期。
〔註268〕胡留元、馮卓慧：《夏商西周法制史》，商務印書館，2006年。
〔註269〕程武：《一篇重要的法律史文獻——讀牆匜銘文箚記》，《金文文獻集成》第
　　　　40冊，頁262。
〔註270〕劉海年：《戰國秦代法制管窺》，法律出版社，2006年。
〔註271〕張伯元：《出土法律文獻研究》，商務印書館，2005年。
〔註272〕陳絜、李晶：《燊季鼎、揚簋與西周法制、官制研究中的相關問題》，《南開
　　　　學報》（哲社版）2007年2期。
〔註273〕張全民：《〈周禮〉所見法制研究（刑法篇）》，法律出版社，2004年。

土田管理銘文研究概況。郭沫若《大系》對令鼎、同簋、散簋等進行了考釋。陳夢家《斷代》對令鼎、次卣、散簋、揚簋、克盨等進行了考釋。唐蘭《論周昭王時代的青銅器銘刻》對令鼎進行了考釋。王蘊智《「典」「冊」考源》、〔註274〕朱鳳瀚《西周金文中的「取徵」與相關諸問題》，〔註275〕可參。

農業職官是土田管理的重要內容，相關的成果有楊筠如《周代官名略考》、〔註276〕郭沫若《周官質疑》、〔註277〕徐宗元《金文中所見官名考》、〔註278〕張亞初和劉雨合著《西周金文官制研究》、〔註279〕左言東《西周官制概述》、〔註280〕李零《西周金文中的職官系統》、〔註281〕王彥飛《西周春秋農官考》、〔註282〕吳佳琳《〈周禮〉中農業管理制度探討》、〔註283〕史紅慶《從金文資料看西周土地管理的多重性》〔註284〕等。郭沫若《周官質疑》云：「僅就彝銘中所見之周代官制揭櫫於次而加以考核，則其真偽純駁與其時代之早晚可以了然矣。」張亞初、劉雨沿用這一方法，吸收了前人的研究成果，從金文中輯出職官材料近九百條，歸納出職官二百一十三種，發現前人未討論過的職官達五十七種。王彥飛、吳佳琳、史紅慶三人的論文，搜集了較多資料，可備參考。

耤田不僅見於西周金文，還見於商代卜辭，因此，研究西周時期的耤田，有必要追述商代耤田的研究概況。顧音海《從卜辭地名看商代的耕田規模》，〔註285〕從卜辭地名入手，通過各種限制條件推測商代農田的規模——耕地的連續分佈範圍的大致數值。顧音海認為，商代農業點的範圍，因人口、地勢不均而各自不同；可大到二、三十平方公里，小至三平方公里以下。在農

〔註274〕王蘊智：《「典」「冊」考源》，《殷都學刊》1994 年 4 期。

〔註275〕朱鳳瀚：《西周金文中的「取徵」與相關諸問題》，載《古文字與古代史》第 1 輯，〔臺灣〕中央研究院歷史語言研究所，2007 年。

〔註276〕楊筠如：《周代官名略考》，《金文文獻集成》第 40 冊，頁 199。

〔註277〕郭沫若：《周官質疑》，《金文叢考》，人民出版社，1954 年，頁 49～81。

〔註278〕徐宗元：《金文中所見官名考》，《福建師範學院學報》（社科版）1957 年 2 期。

〔註279〕張亞初、劉雨：《西周金文官制研究》，中華書局，1986 年。

〔註280〕左言東：《西周官制概述》，《金文文獻集成》第 40 冊，頁 210。

〔註281〕李零：《西周金文中的職官系統》，《李零自選集》，廣西師範大學出版社，1998 年，頁 112～123。

〔註282〕王彥飛：《西周春秋農官考》，吉林大學 2006 年碩士學位論文。

〔註283〕吳佳琳：《〈周禮〉中農業管理制度探討》，吉林大學 2009 年碩士學位論文。

〔註284〕史紅慶：《從金文資料看西周土地管理的多重性》，陝西師範大學 2009 年碩士學位論文。

〔註285〕顧音海：《從卜辭地名看商代的耕田規模》，原載《農業考古》1988 年 2 期，又《甲骨文獻集成》第 26 冊，頁 433。

業據點範圍內，並非純一色的耕地，而是耕地與撮撮叢林雜處。此外，還有裴錫圭《甲骨文中所見的商代農業》、〔註286〕大島隆《耤田考》、〔註287〕連劭名《商代禮制論叢》、〔註288〕王貴民《就甲骨文所見試說商代的王室田莊》，〔註289〕可參。

關於西周時期的耤田，可參于省吾《略論西周金文中的「六師」和「八師」以及其屯田制》、〔註290〕沈文倬《反與耤》、〔註291〕樊志民《周金文中所見之關中農業》、〔註292〕楊寬《籍禮新探》〔註293〕等。窺測西周金文土田分佈概況，主要依據金文地名研究。相關成果有余永梁《金文地名考》，〔註294〕謝彥華《古代地理研究・金文地名表》，〔註295〕孫海波《周金地名小記》、〔註296〕日本小川琢治《散氏盤地名考》、〔註297〕曲英傑《散盤圖說》、〔註298〕盧連成《古夨國遺址、墓地調查記》、〔註299〕黃盛璋《多友鼎的歷史與地理問題》、〔註300〕徐世權《出土商周時期青銅器銘文中的國名考察》〔註301〕等。

從西周時期的糧食單位可以窺見其糧食保管辦法和賦納特點，這方面的成

〔註286〕裴錫圭：《甲骨文中所見的商代農業》，《古文字論集》，中華書局，1992 年，頁 154。

〔註287〕〔日〕大島隆：《耤田考》，《甲骨文獻集成》第 26 冊，頁 251。

〔註288〕連劭名：《商代禮制論叢》，《華學》第 2 輯，中山大學出版社 1996 年，頁 28。

〔註289〕王貴民：《就甲骨文所見試說商代的王室田莊》，《甲骨文獻集成》第 26 冊，頁 365。

〔註290〕于省吾：《略論西周金文中的「六師」和「八師」以及其屯田制》，《考古》1964 年 3 期。

〔註291〕沈文倬：《反與耤》，《金文文獻集成》第 36 冊，頁 380。

〔註292〕樊志民：《周金文中所見之關中農業》，《金文文獻集成》第 40 冊，頁 369。

〔註293〕楊寬：《「籍禮」新探》，《西周史》，上海人民出版社，1999 年，頁 268。

〔註294〕余永梁：《金文地名考》，《金文文獻集成》第 40 冊，頁 387。

〔註295〕謝彥華：《古代地理研究・金文地名表》，《金文文獻集成》第 40 冊，頁 395。

〔註296〕孫海波：《周金地名小記》，《金文文獻集成》第 40 冊，頁 398。

〔註297〕〔日〕小川琢治著，汪馥泉譯：《散氏盤地名考》，《金文文獻集成》第 29 冊，頁 29。

〔註298〕曲英傑：《散盤圖說》，《西周史研究——人文雜誌叢刊第二輯》，1984 年。

〔註299〕盧連成、尹盛平：《古夨國遺址、墓地調查記》，《金文文獻集成》第 22 冊，頁 445。

〔註300〕黃盛璋：《多友鼎的歷史與地理問題》，《金文文獻集成》第 28 冊，頁 526。

〔註301〕徐世權：《出土商周時期青銅器銘文中的國名考察》，吉林大學 2009 年碩士學位論文。

果有趙鵬《西周金文量詞析論》、〔註302〕林宛容《金文的物量表示法》、〔註303〕董珊《楚簡簿記與楚國量制研究》〔註304〕等。

西周時期的糧食產量和剩餘率因為資料缺乏而難以判明，只能利用戰國時期的資料進行推測，這方面的成果主要有于琨奇《秦漢糧食畝產量考辨》、〔註305〕李根蟠《從銀雀山竹書〈田法〉看戰國畝產和生產率》、〔註306〕龐卓恒《關於西周的勞動生產方式、生產率和人口估測》。〔註307〕關於先秦稅制的探討，可參《中國古代財政史研究》。〔註308〕

（五）餘論

金文中賜臣僕的記載屢見不鮮，土田類金文中也有不少這樣的材料。郭沫若《中國古代社會研究》，專闢「周代彝銘中的奴隸制度」一節，討論金文中的臣僕問題。〔註309〕王祥《說虎臣與庸》認為：「虎臣與庸是由夷族和降人服夷所構成的。」「在西周金文上，似乎表現奴隸階級是有階層的，這些階層之所以形成，種姓族類是其原因之一。」〔註310〕于省吾《釋臣》、《釋庸》、《釋鬲隸》、《關於〈釋臣和鬲〉一文的幾點意見》、《釋奴、婢》，認為「臣字的造字本義，起源於以被俘虜的縱目人為家內奴隸，後來既引申為奴隸的泛稱，又引申為臣僚之臣的泛稱。」〔註311〕此外，還有方詩銘《金文中所見的「僕」不是家內奴

〔註302〕趙鵬：《西周金文量詞析論》，《北方論叢》2006 年 2 期。

〔註303〕林宛容：《金文的物量表示法》，《中國文字》，新 32 期，臺灣藝文印書館，2006 年。

〔註304〕董珊：《楚簡簿記與楚國量制研究》，《考古學報》2010 年 2 期。

〔註305〕于琨奇：《秦漢糧食畝產量考辨》，《中國農史》1990 年 1 期。

〔註306〕李根蟠：《從銀雀山竹書〈田法〉看戰國畝產和生產率》，《中國史研究》1999 年 4 期。

〔註307〕龐卓恒：《關於西周的勞動生產方式、生產率和人口估測》，《天津師大學報》（社科版）1998 年 5 期。

〔註308〕吳才麟、文明主編：《中國古代財政史研究》，中國財政經濟出版社，1990 年。

〔註309〕郭沫若：《中國古代社會研究》，《郭沫若全集·歷史編》第 1 卷，人民出版社，1982 年，頁 252。《蜥蜴的殘夢——〈十批判書〉改版書後》，《郭沫若全集·歷史編》第 3 卷，人民出版社 1984 年，頁 76、77。

〔註310〕王祥：《說虎臣與庸》，《考古》1960 年 5 期，又見《金文文獻集成》第 28 冊，頁 474。

〔註311〕于省吾：《釋臣》、《釋庸》，《甲骨文字釋林》，中華書局，1979 年。《釋鬲隸》，《史學集刊》1981 年 00 期。《關於〈釋臣和鬲〉一文的幾點意見》、《釋奴、婢》，《金文文獻集成》第 40 冊，頁 241、243。引文據《甲骨文字釋林》頁 316。

隸》、〔註312〕尚志儒《試論西周金文中的人鬲問題》、〔註313〕陳夢家《西周金文中的殷人身份》、〔註314〕楊寬《釋「臣」和「鬲」》、〔註315〕王人聰《瑚生簋銘「僕墉土田」辨析》、〔註316〕彭裕商《周初的殷代遺民》、〔註317〕殷偉仁《「錫……人鬲，自馭至於庶人」解》〔註318〕等。

部份學者從農學、人口學的角度探討先秦的人口問題，包括羅西章《從周原考古論西周農業》、〔註319〕羅琨《試論商代殷都人口的自然構成──兼談如何利用考古資料研究歷史》、〔註320〕沈長雲《西周人口蠡測》、〔註321〕王育民《先秦時期人口芻議》、〔註322〕蔣剛《東周時期主要列國都城人口問題研究》、〔註323〕焦培民《先秦人口研究》〔註324〕等。焦培民匯總了殷商時期人口平均死亡年齡的研究成果，認為「根據上述統計，不考慮14歲以下死亡者，商代50歲以上的老年人，在成年人口中的比例在10%以下，成年人中有80%以上的人口死亡於青少年和青年、壯年時期。」這對於探討西周勞動人口的生存狀況具有參照意義。

西周人口流失對土田權利的實現無疑有重要影響，這方面可參考林沄《關於中國早期國家形式的幾個問題》、〔註325〕趙世超《周代國野制度研究》、〔註326〕周自強主編《中國經濟通史‧先秦（下）》〔註327〕等。

〔註312〕　方詩銘：《金文中所見的「僕」不是家內奴隸》，《金文文獻集成》第40冊，頁244。

〔註313〕　尚志儒：《試論西周金文中的人鬲問題》，《金文文獻集成》第40冊，頁241。

〔註314〕　陳夢家：《西周金文中的殷人身份》，《金文文獻集成》第40冊，頁234。

〔註315〕　楊寬：《釋「臣」和「鬲」》，《金文文獻集成》第40冊，頁240。

〔註316〕　王人聰：《瑚生簋銘「僕墉土田」辨析》，《考古》1994年5期。

〔註317〕　彭裕商：《周初的殷代遺民》，《四川大學學報》（哲社版）2002年6年。

〔註318〕　殷偉仁：《「錫……人鬲，自馭至於庶人」解》，《人文雜誌》1988年1期。

〔註319〕　羅西章：《從周原考古論西周農業》，《農業考古》，1995年1期。

〔註320〕　羅琨：《試論商代殷都人口的自然構成──兼談如何利用考古資料研究歷史》，《考古》1995年4期。

〔註321〕　沈長雲：《西周人口蠡測》，《中國社會經濟史研究》1987年1期。

〔註322〕　王育民：《先秦時期人口芻議》，《上海師範大學學報》（哲社版）1990年2期。

〔註323〕　蔣剛：《東周時期主要列國都城人口問題研究》，《文物春秋》2002年6期。

〔註324〕　焦培民：《先秦人口研究》，鄭州大學2007年博士學位論文。

〔註325〕　林沄：《關於中國早期國家形式的幾個問題》，《吉林大學社會科學學報》1986年6期。

〔註326〕　趙世超：《周代國野制度研究》，陝西人民出版社，1991年。

〔註327〕　周自強主編：《中國經濟通史‧先秦》（下），經濟日報出版社，2007年。

關於西周之前的殷代和之後的東周，也有一部份反映其土地關係的古文字材料，如卜辭中的貢納、包山楚簡中的土地買賣等，潘建華、〔註328〕李學勤〔註329〕等學者曾撰文討論。

《荀子‧王制》記錄了荀子在土地財稅制度方面的主張。楊向奎《中國古代社會與古代思想研究》對荀子的思想有系統介紹。〔註330〕

第三、西周土地制度研究簡況

西周土地制度研究與井田論、〔註331〕中國古史分期等問題糾纏在一起，〔註332〕爭論的局面非常複雜，這裏只能擇要介紹幾本專著和幾篇專題論文。

（一）20世紀早期至八十年代西周土地制度研究簡況

1. **胡適的研究**。胡適以前的學者，大都承認歷史上存在井田制度，只是在井田制度的具體內容方面有爭議。胡適則根本否認歷史上曾經存在井田制，認為孟子所說的井田制是憑空杜撰，「井田的均產制乃是戰國時代的烏托邦」，倒是井田論的沿革史值得研究。胡適考訂文獻源流，判定古代學者用《王制》、《周禮》註《孟子》，又用《孟子》註《王制》、《周禮》，於是以訛傳訛，集訛成真；主張稅法是稅法，田制是田制，二者應該分別討論。〔註333〕

2. **周耘暉的研究**。周耘暉首先討論井田制學說的沿革、學者對於井田學說的態度、井田論者的理由與駁論、井田論的新證據與估定等問題，認為《詩‧小雅‧大田》「雨我公田，遂及我私」之「公田」非公共之田，而是貴族之田、領主之田；《詩‧小雅‧信南山》「中田有廬，疆場有瓜」之「中田」不能解釋為「在中間的田」，而是泛指在田中間；虞彝銘不能作為西周存在井田制的證據；周代不存在孟子所謂的井田制。

其次，討論周族的階級組織、周代的封建制度、農奴的來源、農奴的義務、農奴的生活狀況，據金文賜田現象指出，西周時期貴族土地可以零星分割，賜

〔註328〕沈建華：《卜辭所見商代的封疆與納貢》，《中國史研究》2004年4期。

〔註329〕李學勤：《包山楚簡中的土地買賣》，《綴古集》，上海古籍出版社，1998年。

〔註330〕楊向奎：《中國古代社會與古代思想研究》（上冊），上海人民出版社，1962年。

〔註331〕陳力：《七十年關於井田制的討論及評議》，《內江師範學院學報》1989年1期。周新芳：《本世紀以來井田制有無之爭述略》，《江海學刊》1997年5期。李慶東：《建國以來井田制研究述評》，《史學集刊》1989年1期。

〔註332〕田居儉：《中國奴隸社會與封建社會分期討論三十年》，《歷史研究》編輯部編《建國以來史學理論問題討論舉要》，齊魯書社，1983年，頁39～60。

〔註333〕胡適：《井田辨》，《胡適文集》（2），北京大學出版社，1998年，頁305～326。

給下屬，隨土田同賜的人口是農奴；農奴制度在西周初年業已完成。〔註334〕

3. 齊思和的研究。齊思和認為，研究井田制的學者大多停留在爭論井田有無的層面，沒有詳細考證各種說法的來源，這樣的爭論「殆如爭年鄭市，以後息者為勝耳」。於是作者主張「以《孟子》之說還之於《孟子》」，並參照西洋、日本封建時代的田制，詳考井田說演變的情況，最後推測西周田制的真相。該文包括論貢助徹、論井田、論井田制度之有無三個部份，通過對否定、肯定井田的兩派學者的觀點進行深入分析，提出四點理由證明孟子稱述的井田制度是孟子的個人理想，最後以英國莊園制度為參照，指出「孟子此種理想，自亦有所依據，而非完全『憑空杜撰』者，蓋井田制度固屬理想，而助法則為封建時期之通制」。〔註335〕該文細繹各家觀點，文獻徵引宏富，有較高的參考價值。

4. 胡寄窗的研究。胡寄窗從井田問題爭論不休的原因、井田概念基本模式及其演變、孟軻的井田原始模式的內在矛盾、《周禮》的井田派生模式不可能是井田制、「井田」一詞出現於何時、商鞅曾否廢井田、其他與井田有關的一些問題等七個方面展開論述，認為井田論歧見迭出的原因之一，就是「人們把『井田』這一術語的內涵作了極為鬆弛的理解，忽視了它的嚴格的傳統涵義」。人們對「井田」的理解包括《孟子》所記的原始模式和《周禮》之後形成的派生模式，《孟子》模式有公田而不附溝洫系統，《周禮》模式有溝洫系統而無公田，兩者的基本結構至少必須是九塊等積的方田組成「井」字形。孟子不稱「井田」而稱「井地」，到戰國末期可能才有人偶爾使用「井田」一詞，直到漢初「井田」一詞才廣泛出現。鄭玄註《周禮》第一次把「九夫為井」解釋為井田，並同《考工記・匠人》的溝洫制度結合起來，形成了帶有整套溝洫系統的「九夫為井」的井田制度。孟子的井田原始模式是我國古代的一種最混亂的空想。《周禮・小司徒》的丘甸劃分可能是徵課軍賦的單位，其中夫、井、邑、丘、甸等不過是擔負和保養馬匹車乘的組織。《史記》、《戰國策》只談商鞅「開」或「決裂」阡陌而未涉及井田問題，董仲舒第一次提出商鞅「除井田」，而《漢書・食貨志》第一次將商鞅「壞井田」和「開阡陌」聯繫起來談。如果商鞅變法的措施中確實有廢井田一項，那麼秦國井田制度的

〔註334〕周耘暉：《周代的土地制度與井田》，《食貨》第 1 卷，1935 年，第 7、12 期。
〔註335〕齊思和：《孟子井田說辨》，原載《燕京學報》1948 年 35 期，載入其《中國史探研》，中華書局，1981 年，頁 169～183。

廢除下距孟子到魏國大梁不過二十多年，孟子應該知道不久前秦國還在實行的井田制度。當時秦國地廣人稀，許多小鄉邑散居各地，農民被固定在領主的土地上不能自由行動，商鞅開阡陌所改變的就是這種封建領主土地制度，而不是所謂「八家共井」的井田制。井田思想在政治經濟學意義上的觀點，如地租形態、財政徵課方式及稅率、小土地平均分配理想以及由此推演出來的人們之間的相互關係等內容，才是井田制作為一種經濟制度最值得考慮之處。〔註336〕

5. 趙世超、李曦的研究。趙世超、李曦認為，孟子井田說賴以建立的前提是個體勞動普遍化；殷及西周時期是家族公社公有共耕，春秋時期是父系小家族公有共耕，戰國時期是個體私耕並輔以臨時性的合耦。因此，在公有共耕的西周不可能存在孟子所說的井田制。古代中國幅員遼闊，部族林立，處於征服者地位的姬周貴族很難超越異族族團，直接對個體勞動者施行人身強制，因而需要利用被征服者的血緣組織及其首領，作為施行統治的現成工具。西周土地王有制或國有制尚不足以將原始的部落所有制趕出歷史舞臺。〔註337〕

6. 葉達雄的研究。葉達雄主張傳世文獻與金文資料配合，從西周的歷史發展著手，分期討論西周土地制度。葉達雄仔細梳理了傳世文獻和銅器銘文中的西周土地史料，用了大量篇幅集釋宜侯夨簋、召圜器、賢簋、三年衛簋、五年衛鼎和九年衛鼎等銅器銘文。通過對文王時代以前、西周早期（文武成康時代）、西周中期（昭穆恭懿孝夷時代）、西周晚期（厲宣幽時代）等四個時期的考察，指出西周的土地制度並非一成不變；王室、諸侯、大夫等貴族擁有土地，一般的人民沒有自己的土地；西周時代並沒有像孟子所說的「方里而井，井九百畝，其中為公田，八家皆私百畝」的所謂「井田制度」。〔註338〕

上述各家均對孟子所謂的井田制持否定態度，甚至完全否認井田制的存在。相反地，下列學者均肯定西周存在井田制度。

7. 郭沫若的研究。郭沫若對西周田制的研究，前後觀點截然不同。他先是否定井田制，後來又肯定井田制，其說散見於《大系》，集中見於《中國古代社會研究》、《古代研究的自我批判》、《奴隸制時代》等論著。

〔註336〕胡寄窗：《關於井田制的若干問題的探討》，《學術研究》1981年4、5期。
〔註337〕趙世超、李曦：《西周不存在井田制》，《人文雜誌》1989年5期。
〔註338〕葉達雄：《西周土地制度探研》，《臺灣大學歷史系學報》1988年14期。

否定井田制的理由。郭沫若認為:「『方里而井,井九百畝,其中為公田,八家皆私百畝』的辦法,要施諸實際是不可能的。」金文中土田與臣僕、人民都是可以賜予的物品,充分證明了周代已經實行了土地的分割,這和井田制根本不相容。金文中也沒有井田制的痕跡。〔註339〕

肯定井田制的理由。郭沫若宣稱,經過十五年的探討,他要肯定井田制,「而且認為這是解決殷、周社會組織的一個極重要的關鍵了」。《周禮·考工記》是春秋年間的齊國的官書,其中記載的井田制大率在齊國是實行過的。《管子·侈靡篇》言「斷方井田之數,乘馬甸之眾〔而〕制之,陵溪立鬼神而謹祭」,雖不必是管子時事,然足見齊國實曾施行過井田。金文中賜予的土田,受賜者只能「享有」,而非「所有」;因此,西周存在土田分割的事實並不能否定井田制的存在。〔註340〕

1952年初寫成的《奴隸制時代》重申了這一觀點,認為周代的特徵是一切生產資料均為王室所有,周天子雖然把土地和勞力分賜給諸侯和臣下,但也只讓他們有享有權而無私有權;春秋時期,已經式微的周王室還能奪取臣下的田土人民而更易其主就是土地王室所有的明證。〔註341〕

8. **徐中舒的研究。**徐中舒注意挖掘古文字蘊含的歷史信息,同時參照後世周邊少數民族如匈奴、鮮卑、吐蕃、彝族等民族的社會狀況,證明歷史上確實存在過井田制。他認為「田」的初義為田獵、戰陣,古代田獵必起圍防,這些圍防逐漸演變為經界封疆。劃分井田,是結合人為的經界和自然的脈理而成,其地域範圍「僅限於黃河下游殷代田男二服之地」;那些主張井田為古代通制或古代烏托邦的看法,都有失偏頗。〔註342〕

周王朝的田制,在時間和地域上,發展並不一致。西周田有公私之分,徹法就是取農業公社土地十分之一作為公田,借助民力耕種,而不是直接徵收什一稅。籍田以千畝為單位,比私田一百畝大。農夫在籍田上的無償勞動並不包括為籍田施肥,因為施肥需要資本和技術。籍田地力消耗而無法補償,

〔註339〕郭沫若:《中國古代社會研究》1930年初版,上海聯合書店印行;今據《郭沫若全集·歷史編》第1卷,人民出版社,1982年,頁255、256。

〔註340〕郭沫若:《古代研究的自我批判》1945年初版,重慶聯合書店印行,今據《郭沫若全集·歷史編》第2卷,人民出版社,1982年,頁25、31、38。

〔註341〕郭沫若:《奴隸制時代》,《郭沫若全集·歷史編》第3卷,人民出版社,1984年,頁27。

〔註342〕徐中舒:《井田制度探原》,原載《中國文化研究彙刊》1944年第4卷上冊,《徐中舒歷史論文選輯》,中華書局,1998年,頁733。

因此不能長久維持下去。籍田廢止，周室向人民徵收生產稅，這是繼徹取公田之後，又在公社成員的份田上確立所有權。公田、私田的界限逐漸消失，公社成員由原來隸屬於公社而逐漸轉隸於周王朝，公社結構逐漸削弱。最終，授田制得到公社成員承認。〔註343〕

西周畿內的采邑不但有土有民，而且還是采邑主的世襲財產。西周的士是小土地所有者。「士不世官」，因此，士田不是世襲財產。在開國一傳再傳之後，所有的土田，都被卿大夫以上的統治階級分割乾淨了。士也只能食祿，不能食田了。〔註344〕

9. 金景芳的研究。金景芳從井田的名稱、井田制的基本內容、井田制發生發展和滅亡的過程、井田制的所有制問題等四個方面展開論述，認為井田制實際上是馬、恩所論述的農村公社在中國的具體表現形式。井田因形似井字而得名。依據《春秋公羊傳》、《孟子》、《周禮》立說，認為井田制的本質特點在於把土地分給單個家庭並定期實行重新分配。私田是分給農戶的田，公田是一井九百畝中，除去八家所分八百畝之外的那一百畝。籍田只是一種禮節，意在勸農、教敬，不能將宣王即位不籍千畝理解為井田制崩潰的標誌。中國的井田制從夏初開始，歷經夏、商、西周發展；進入春秋以後，井田制由全盛而走向瓦解；戰國時期，井田制出現全面崩潰的趨勢；秦統一中國，井田制完全為封建土地所有制所代替。井田制下，土地分別為天子、諸侯及卿大夫各種「有地者」所有；國家的主權者和國家的土地所有者是兩個不同的概念，郭沫若把土地國有制解釋為天子一人所有，不符合實際情況。〔註345〕

10. 徐喜辰的研究。徐喜辰《井田制度研究》論述了井田制的研究概況和史料問題，認為井田制就是古代公社所有制；井田起於夏代，歷經夏、商、西周，戰國時期逐漸被土地私有制取代。西周奴隸主貴族依照宗法關係佔有數量不等的土地，形成了土地等級榨取關係，這些土地一般不能買賣，也不能私相授受；此外，各級奴隸主貴族可能還有獨自所佔有的一種私有性質的土

〔註343〕徐中舒：《試論周代田制及其社會性質——並批判胡適井田辨觀點和方法的錯誤》，原載《四川大學學報》（哲社版）1955年2期，載入《徐中舒歷史論文選輯》，中華書局，1998年，頁830、848～854。

〔註344〕徐中舒：《論西周是封建制社會——兼論殷代社會性質》，原載《歷史研究》1957年5期，《徐中舒歷史論文選輯》，中華書局，1998年，頁955、956、962。

〔註345〕金景芳：《論井田制度》，齊魯書社，1982年。

地，這是我國古代土地私有化過程中的另外一個來源。格伯簋和裘衛諸器銘文中的土地交易，有其他貴族參與和監督，這說明貴族對於土地的私有權還處於萌芽狀態，還沒有完全擺脫當時土地共有制的束縛。西周時期的奴隸主貴族通過「籍」剝削「野」中的公社農民；「國」中的「公田」即「籍田」，「國」中施行徹法。該書利用了不少考古資料和金文資料，文末還附有六篇重要金文釋文，可參。〔註346〕

　　11. 趙儷生的研究。趙儷生圍繞土地私有制逐步排除公有制因素的阻礙由淺化到深化發展的線索，對中國古代土地制度的演變作了長時段的考察。關於井田時期的所有制，趙儷生通過討論「公社」、「公田」、「私田」、助法、農業勞動者的身份等問題，斷定井田制只可能是不完整的公社所有制和不完整的「王」有和貴族所有制的混合體，是一種比較標準的「亞細亞」式的古代土地所有制。〔註347〕

　　12. 吳慧的研究。吳慧從井田制形制區劃、井田制反映的生產關係、井田制的學說思想等三個方面展開論述。她根據河南龍山文化（後岡第二期文化）發現水渠、水井、穀子等遺跡，判定在原始社會末期已經存在「井疆溝洫之制」。井田地塊呈矩形，易於區劃、分配，合乎原始公社的平等原則，也方便耦耕和開溝排水。井田制一般只能實行於平原地區（關中平原和太行山以東的華北平原等），不同地區不同時期的井田有不同的形制。西周時期，井田已由公社公有制下的土地變為奴隸制國有制的土地，即土地王有，受土者對土地無所有權，只有享有權，土地轉授要通過王命；原來依靠血緣關係組成的家族公社被改造為「宗法性公社」或「隸屬性公社」；原為自由民身份的公社成員，或受剝削，或淪為被征服、被奴役的集體奴隸。藉田就是周王的公田。西周後期的社會處於由奴隸制向封建制轉化的過程之中。到春秋時期，封建制的生產關係已經佔據統治地位；井邑主由奴隸主變為據有事實上的土地所有權的封建領主。中國的井田制容納了多種不同的生產關係，把它與西歐中世紀的莊園制類比的作法不妥。孟子對井田形制的論述包括五層意思：八家同井，公田在中；經界必正，井地必均；一夫所耕，三代各異；勞力有餘，土地再辟；國野分制，國無井田。孟子有關井田制的生產關係方面的論述也有五層意思：先公後私，同井相助；「九一而助」，剝削較輕；享有地權，似租非

〔註346〕徐喜辰：《井田制度研究》，吉林人民出版社，1982年。
〔註347〕趙儷生：《中國土地制度史》，齊魯書社，1984年，頁35。

租；三種方式，助法為善；仕者世祿，不有領邑。孟子井田論的要點在於「分田制祿」四個字，「平谷祿」與「均井田」並重。〔註348〕

13. 馬曜、繆鸞和的研究。1954年，中共雲南省委邊疆工作委員會、西雙版納邊工委等單位組建了七十餘人的聯合調查組，調查西雙版納的社會情況，馬曜是聯合調查組的具體負責人。經過長期的親身調查和比較研究，馬曜、繆鸞和在《學術研究》1963年第1～3期發表《從西雙版納看西周》，引起了學界的廣泛關注。後來馬曜又廣泛徵求意見，不斷修改補充，寫成《西雙版納份地制與西周井田制比較研究》，以馬曜、繆鸞和二人的名義發表。該書包括雲南傣族史略、民主改革前西雙版納傣族土地制度和政治組織、從西雙版納看西周、從西雙版納看西周井田制的幾個問題、從西雙版納看西周井田制的三個歷史前提等五個部份。作者用西雙版納傣族社會資料闡釋西周歷史，認為西周井田制是變了質的村社土地制度，是原始農村公社平分土地的遺留；《易·井卦》中「改邑不改井」，「井」也作典型的「型」，即農村公社分配土地的成規。該書利用翔實的少數民族資料研究古史，令人耳目一新。徐中舒在該書初版序言中寫道：「本書的研究和寫作方法，我們認為值得大力提倡。」〔註349〕

當然，西周與雲南傣族社會所處時空相去甚遠，將兩個社會進行比較，涉及的問題很多，爭議在所難免。李根蟠、盧勳曾就國野、士庶、農村公社等問題撰文同馬曜、繆鸞和商榷，認為西周不存在農村公社；貴族領主在其世襲領地內，對土地的所有權和對勞動者不完全的人身佔有權結合在一起；把民族學的有關材料運用到古史研究，方向是正確的，但是對比不等於比附，更不能代替各別研究。該文可同馬曜、繆鸞和的著作合觀。〔註350〕

上述研究當中，郭沫若、吳慧主張西周土地王有制，金景芳則主張西周土地貴族分級所有制，雙方各有信徒，爭論很激烈。因為和更高層次的史學理論，乃至和現實的社會問題存在交點，西周土地問題一度是史學界的熱門話題，很多知名學者參與討論，產生了一大批論著。20世紀90年代以後，關於西周土地問題的討論漸趨沉寂。最近二十多年，相關研究主要體現在幾本博士學位論文當中。

〔註348〕吳慧：《井田制考索》，農業出版社，1985年。

〔註349〕馬曜、繆鸞和：《西雙版納份地制與西周井田制比較研究》，載入《馬曜文集》第1卷，雲南人民出版社，2008年，頁318、427。

〔註350〕李根蟠、盧勳：《略論西周與西雙版納傣族封建經濟制度的差異》，《民族研究》1980年6期。

（二）西周土地制度研究方面的四本博士論文

就筆者所見，從 20 世紀 80 年代後期至今，中國大陸有四本博士論文研究周代土地制度，分別是：

陳力《夏商西周土地制度概論》。〔註 351〕該文包括「夏商社會及其土地制度」、「西周社會及其土地制度」、「井田制探索」、「亞細亞生產方式與夏商西周社會」等四章，其中西周部分包括「周代的親屬組織與地域組織」、「西周時代的分封制與貴族的土地等級佔有制」、「西周時代的領主授田制和村社授田制」。作者認為，周代的宗族組織有兩種，一種是統治階級的宗族組織，另一種則是被統治階級中的宗族組織，二者在結構和性質上都有著本質上的差別。分封制使得貴族宗族不能成為一種經濟共同體。城市裏的地域組織，基本上是純地緣性的；土著居民聚居的村落，與商代的地域組織相似，是一種地緣與血緣結合的組織，是一種以核心家庭為生產和生活單位的、以土地共有制為基礎的性質有所改變的農村公社。該文參考了雲南傣族民主改革以前的社會資料，認為西周時期「野」中土地村社共有，土地分配是在自然形成的村社內部進行的。該書偏重於探討社會結構和土地分配的關係，理論色彩較濃，史事考訂涉及較少。

李朝遠《西周土地關係論》。〔註 352〕該文主要包括「殷商奴隸制社會土地關係概說」、「西周領主制封建等級土地所有制的形成」、「領主制封建土地所有制的等級層次」、「等級土地所有制的內在構成：農村公社與井田制」、「等級土地所有制的潤滑劑：土地交換」等五個部分。該書導論宣稱：研究西周時期各個階層與土地的關係，以觀照西周土地所有制的等級結構；研究所有、佔有、使用和支配諸關係，以昭示西周土地所有制的疊合關係；研究所有權關係的發生發展，以說明西周土地所有制的法律形式；研究不同所有權之間經濟實現的級差，以透視西周時代所有制主體之間的複雜關係；研究亞細亞式的奴隸制生產方式及其餘存的影響，以揭示西周土地所有制的特點，最後達到對西周領主制封建社會性質的辨識。可見，該書以辨識西周的社會性質為己任，有較高的理論期望。該書有兩個突出的優點：第一，依據考古材料，推測農村公社的分佈概況（頁 209），測算西周人口的平均壽命（頁 261），並推論西周私田授受法中可能沒有歸田的年齡規定，也許根本就不存在「歸田」

〔註 351〕陳力：《夏商西周土地制度概論》，四川大學 1987 年博士學位論文。
〔註 352〕李朝遠：《西周土地關係論》，上海人民出版社，1997 年。

的規定和習俗（頁 263）。第二，大量選用金文資料，較早對金文中的土地交換原因、土地交換程式進行了討論。正如吳澤在序言中所言，該書未涉及西周宗法制度與等級土地所有制的關係問題，「不能不說是一大缺憾」。

袁林《兩周土地制度新論》。〔註 353〕該文主要包括「所有制理論問題」、「西周土地制度研究」、「春秋戰國時期的土地制度變革」、「戰國土地制度研究」、「『井田』論研究」、「國家授田制的演化與最後消亡」等六個部分。該書有四個突出的優點：第一，清算「所有制理論問題」，認為「私有財產以至於階級，不是剩餘產品產生的結果，而是其原因。」（頁 38）第二，以少數民族西雙版納傣族與西周的土地剝削情況互相印證，得出西周的剝削關係的特點是「集團整體剝削關係」（按，類似的觀點還見於陳力論文，大概因陳文未公開出版，所以其觀點外界知之甚少）。第三，對金文中的「田」進行了詳細討論，認為「『田』是專門用於實現剩餘勞動、生產剩餘產品的耕地」。第四，對兩周土地制度的變遷進行長時段考察，討論的時代下限到宋朝，給人以宏觀、開闊的印象。至於缺憾，王玉哲為該書寫的序言中說：「作者把孟子說的西周的井田制幾乎全部否定了，我就覺得是否說得有些過分。」

張經《西周土地關係研究》。〔註 354〕該文分上下兩編，上編主要包括「商代後期土地關係概述」、「西周封建製造就的土地分割」、「西周社會各階層土地權屬分析」、「貴族間的土地交換」、「井田與井田制」、「西周土地關係的歷史演變」等，下編對《宜侯夨簋》、《賢簋》、《琱生簋》等十六篇青銅器銘文進行了考釋，搜集了不少金文考釋方面的文章。該書的特點是大量使用金文資料並附錄銘文拓片，結合傳統文獻，構建了一個龐大的權屬分析體系。該書第 125 頁附有「西周金文中土地賞賜分類表」，利於學者檢索。該書涉及的部份金文釋讀，譬如「叏」、「履」、「賈」等（分別見該書頁 114、193、216），還可繼續商討。

此外，還有一些單篇論文和綜合性著作也論及西周土地問題，〔註 355〕限於篇幅，這裏就不一一介紹了。綜覽過去的研究，我們獲得以下三點初步的認識：

1. 學界對傳世典籍中的西周田制史料已經作了系統梳理，若再單純依靠

〔註 353〕 袁林：《兩周土地制度新論》，東北師範大學出版社，2000 年。

〔註 354〕 張經：《西周土地關係研究》，中國大百科全書出版社，2006 年。

〔註 355〕 相關著作譬如趙光賢《周代社會辨析》（人民出版社，1980 年）、岑仲勉《兩周文史論叢（外一種）》（中華書局，2004 年）、李學勤《中國古代文明研究》（華東師範大學出版社，2005 年）等，均論及西周土地制度，可參。

傳世典籍討論西周田制，很難取得突破性進展。

2. 過去的研究大多致力於分析西周土地權屬關係，〔註356〕以求證成或證偽某種現存的理論，從而奪取理論的制高點；但可供立說的原材料比較零碎，且有部份晚近材料竄入；推測、比附之辭較多，爭辯非常激烈。在這樣的學術背景下，很有必要加強原材料的整理工作。

3. 過去的研究對「土田類金文」的整理不夠全面、系統。首先，沒有確立明確的標準將這類金文劃為相對獨立的研究領域。其次，在討論這類金文時，往往忽略了通過人名、地名、事蹟等要素繫聯其它相關金文，其實那些看似無關主題的材料中，還有不少值得我們重視的信息。

三、研究方法

本文主要用到以下三種方法：

1. 文獻整理的方法。對金文資料進行辨偽、斷代、分域，保證材料真實可靠，時空關係明確，秩序井然，是為文獻整理的方法。本文所錄金文，絕大多數來源明確，極少數有爭議的，會出注說明，因此不專門討論辨偽問題。金文斷代、分域見前述。

2. 語言學的方法。分析字形，推求字音，因聲定義，並結合傳世典籍儘量準確地理解銘文的含義，是為語言學的方法。在整理資料過程中，筆者會儘量搜集每一篇土田類銘文的考釋文章，排比分析，通求文義；再按同窖藏、同器主等關係旁求相關銘文，擴充背景知識，以求加深對所選金文的理解；最後分專題匯纂成文。

3. 考據學的方法。〔註357〕從古文字材料留下的線索入手，結合傳世文獻和考古資料，探求西周的圖典制度、訴訟制度等。〔註358〕

〔註356〕侯旭東：《走馬樓竹簡的限米與田畝記錄》，武漢大學簡帛網，2010 年 9 月 27 日。

〔註357〕梁啟超《清代學術概論》（朱維錚校註《梁啟超論清史學二種》，復旦大學出版社，1985 年，頁 10）評顧炎武的治學方法時說：「《四庫全書》『日知錄提要』云：『炎武學有本原，博贍而能貫通。每一事必詳其始末，參以證佐，而後筆之於書，故引據浩繁，而抵牾者少。』此語最能傳炎武治學法門。」

〔註358〕陳長琦《制度史研究應具整體觀》（《史學月刊》2007 年 7 期）指出，做制度史研究須「從森林看樹木，由樹木看森林」、「前瞻後顧，左顧右盼」；既要有整體的意識，也要有整體的視野。這種認識無疑是非常精闢的。本文在考訂西周制度時，即遵循整體觀的指示，儘量從多個角度去討論問題。

當然，普通邏輯所謂的歸納法、演繹法，大概每一篇學術論文都會用到，茲不贅述。

四、研究意義

西周土地制度研究在學術史上具有非常重要的地位，但傳世文獻中可供西周土地史研究利用的資料非常單薄，不便於問題的解決。西周金文是研究西周史的第一手資料，對於探索當時的歷史真相無疑具有重要價值，正如郭沫若所云：「這兒沒有經過後人的竄改，也還沒有什麼牽強附會的疏注的麻煩。我們可以短刀直入地便看定一個社會的真實相，而且還可藉以判明以前的舊史料一多半都是虛偽。」〔註359〕利用金文對西周土田問題加以研究，雖未必一定就能看定一個全面的「真實相」，但從材料學的角度來說，這項工作確實是必需的。

利用金文資料來研究西周歷史，王國維、郭沫若、唐蘭、于省吾、陳夢家、張政烺、李學勤、裘錫圭、李零等學者都曾做過大量工作，成績斐然。但就金文土田史料的全面系統整理研究來說，由於種種原因，尚未深入。1994年，大型金文資料彙編《殷周金文集成》出齊，2006年《新收殷周青銅器銘文暨器影彙編》出版，為全面系統利用金文資料對西周史進行研究提供了便利，新的研究成果不斷出現，相關專題研究如「金文賞賜物品研究」、「金文族氏研究」以及「金文國名研究」等都取得了豐碩的成果，但就筆者閱讀所及，似不見有同前述專題研究相當的「金文土田研究」。「把簡單的事情考慮得很複雜，可以發現新領域；把複雜的現象看得很簡單，可以發現新規律。」（牛頓語）本文雖然談不上發現了新領域，但是主張將西周金文中包含土田問題的篇章劃為相對獨立的研究領域，並將之與傳世文獻相結合，對相關問題進行全面探討，或許能對西周土地制度研究的進一步深入展開有所裨益。

此外，本文論列的土田轉讓、土田爭訟等問題，歷史上曾長期存在；雖然世事變遷，但古人在特定條件下作出有效制度安排的努力，或許能超越時空的限制，給後人以某種智慧的啟迪。

〔註359〕郭沫若：《中國古代社會研究》，《郭沫若全集·歷史編》第 1 卷，人民出版社，1982 年，頁 251。

第一章　西周土田類金文斷代

　　本文所集金文的年代，學者都研究過。本章先簡述諸家觀點，再以按語表明筆者的觀點。器物儘量配圖，圖片號與器（組）號一致；部份器物缺圖，所以有些圖片號是斷開的。緒論已介紹金文的斷代要素和斷代方法，這裏再就三個斷代問題集中表明我們的觀點：

　　其一，採信「康宮原則」；

　　其二，早期金文中的「王姜」當為康王后；

　　其三，西周金文中「穆王」、「恭王」等王號當為周王死諡。部份銘文記「某王在做某事」，如十五年趞曹鼎銘文記「龏（恭）王在周新宮」，確實是「某王」活著時發生的事情。這種情形應當屬於追記，即史事發生在「某王」世，而鑄器時間須推後一世甚至若干王世。這類銘文，本文一般表述為「事當某王世」。

　　此外，本章還附帶討論部份銘文的真偽問題。

第一節　西周早期——武、成、康、昭

　　據夏商周斷代工程的研究成果，武王世（從克商起算）當公元前 1046～1043 年，在位 4 年；成王世當公元前 1042～1021 年，在位 22 年；康王世當公元前 1020～996 年，在位 25 年；昭王世當公元前 995～977 年，在位 19 年；西周前期積年共 70 年。〔註 1〕

〔註 1〕夏商周斷代工程專家組編著：《夏商周斷代工程 1996～2000 年階段成果報告（簡本）》，世界圖書出版公司 2000 年，頁 88。

據劉啟益研究，武王世當公元前 1070、1069 年，在位 2 年；周公攝政 7 年，當公元前 1068～1062 年；成王世當公元前 1061～1045 年，在位 17 年；康王世當公元前 1044～1019 年，在位 26 年；昭王世當公元前 1018～1000 年，在位 19 年；西周前期積年共 71 年。〔註 2〕

以下是本文訂在西周早期的土田類金文，共十六篇（組）。

1. 大保簋

見著於《攈古錄金文》，〔註 3〕傳晚清時期出於山東省壽張縣梁山下，梁山七器之一。器藏美國華盛頓弗里爾美術博物館。

郭沫若、〔註 4〕陳夢家、〔註 5〕王世民〔註 6〕等均訂在成王世。

【按】今從諸家訂在成王世。

1. 大保簋〔註 7〕

2. 沫司徒疑簋〔註 8〕

〔註 2〕劉啟益：《西周紀年》，廣東教育出版社 2002 年，頁 5～7。
〔註 3〕〔清〕吳式芬：《攈古錄金文》，《金文文獻集成》第 11 冊，頁 304。
〔註 4〕郭沫若：《兩周金文辭大系圖錄考釋》，《金文文獻集成》第 21 冊，頁 411。
〔註 5〕《斷代》，頁 57。
〔註 6〕王世民、陳公柔、張長壽：《西周青銅器分期斷代研究》，文物出版社，1999 年，頁 57。
〔註 7〕《斷代》，下冊，頁 597。
〔註 8〕《斷代》，下冊，頁 574。

2. 沫司徒疑簋

據傳 1931 年同一批帶「康侯」和「疑」等字樣的銅器出土於河南北部；出土地點有汲縣、濬縣、輝縣固圍村等三種說法，其地當在先秦衛國範圍之內；現藏英國倫敦不列顛博物館。〔註9〕

容庚訂在武王世。〔註10〕陳夢家、王世民、陳公柔〔註11〕等訂在成王世。

【按】今從成王說。

3. 亳鼎

見著於《貞松堂集古遺文》，羅振玉說：「此鼎往歲見之都肆。」〔註12〕河南省開封縣出土。〔註13〕器物下落不明，未見圖像。

于省吾認為是商器。〔註14〕陳夢家訂在成王世。〔註15〕

【按】暫從成王說。

4. 匽侯克器

1986 年秋北京琉璃河墓葬遺址考古發掘所得，銅罍、銅盉各一件，異器同銘。器藏北京市文物研究所。銅罍有蓋，小口、短頸、圓肩，矮圈足，飾有弦紋、圓渦紋。銅盉有蓋，盉體圓鼓，四足，分襠不是很明顯，飾有長尾鳥紋。同出銅戈有銘文「成周」二字，發掘簡報據此認為此墓葬的年代上限不得早於成王時期。綜合考量，墓葬年代在西周早期或成康時期。〔註16〕

銅罍、銅盉銘文有「王曰大保」，這個王究竟是哪個王，學者分歧很大。據周寶宏歸納，張亞初、方述鑫、劉啟益等主張王為武王；陳公柔、孫華、任偉、朱鳳瀚等主張王為成王；周寶宏在分析諸家觀點之後，認為是成王。〔註17〕沈長雲認為是康王，並在附記中說琉璃河 1193 大墓木槨經碳十四測

〔註9〕《斷代》，頁 11。

〔註10〕容庚：《商周彝器通考》，《金文文獻集成》第 37 冊，頁 16。

〔註11〕王世民、陳公柔、張長壽：《西周青銅器分期斷代研究》，文物出版社，1999年，頁 58。

〔註12〕羅振玉：《貞松堂集古遺文》，《金文文獻集成》第 24 冊，頁 58。

〔註13〕柯昌濟：《金文分域續編》，《金文文獻集成》第 42 冊，頁 438。

〔註14〕于省吾：《關於商周時代對於「禾」「積」或土地有限度的賞賜》，中國考古學會編《中國考古學會第一次年會論文集》（1979 年），文物出版社，1980 年。

〔註15〕《斷代》，頁 70。

〔註16〕中國社會科學院考古研究所、北京市文物研究所琉璃河考古隊：《北京琉璃河1193 號大墓發掘簡報》，《考古》1990 年 1 期。

〔註17〕周寶宏：《近出西周金文集釋·克罍、克盉》，天津古籍出版社，2005 年，頁17。

定的年代為公元前 1000±15 年，若以武王克商之年為前 1046 年計，則 1193 大墓主人下葬的時代在康王後期。〔註18〕

【按】據墓葬信息、銘文「大保」等要素，可以肯定克罍、盉在西周早期，下限為康王。

4. 匽侯克罍 　　　　　　　克盉〔註19〕

5. 龏作又母辛鬲

見著於《攈古錄金文》，名「母辛鬲」，〔註20〕未見圖像。

柯昌濟認為是商器或西周初葉器。〔註21〕《釋文》定為西周早期。〔註22〕

【按】鬲銘「母辛」以日名，器主當非周人。該鬲銘文筆劃比較勻稱，「又」捺畫微肥，暫定為西周早期。

6. 旂鼎

見著於《愙齋集古錄》，名「父戊鼎」，〔註23〕未見圖像。

〔註18〕沈長雲：《說燕國的分封在康王之世——兼說銘有「匽侯」的周初青銅器》，《中國歷史博物館館刊》1999 年 2 期。

〔註19〕周寶宏：《近出西周金文集釋·克罍、克盉》，天津古籍出版社，2005 年，頁17。

〔註20〕〔清〕吳式芬：《攈古錄金文》，《金文文獻集成》第 11 冊，頁 235。

〔註21〕柯昌濟：《韡華閣集古錄跋尾》，《金文文獻集成》第 25 冊，頁 136。

〔註22〕中國社科院考古所：《殷周金文集成釋文》第 1 冊，香港中文大學中國文化研究所，2001 年，頁 529。

〔註23〕〔清〕吳大澂：《愙齋集古錄》，《金文文獻集成》第 12 冊，頁 196。

柯昌濟認為是商器。〔註24〕《釋文》定為西周早期。〔註25〕

【按】鼎銘「父戊」以日名，器主當非周人。「父」字粗肥，乃殷末周初風格，暫定為西周早期。

7. 召圜器

見著於《澂秋館吉金圖》，名「召尊」。王國維跋文認為是周初器，並懷疑是盛彝的「銂」，丁佛言篆書跋文云：「陳占齋定為成王時物。此字近盂鼎而失險，絕非周初。」〔註26〕器藏中國歷史博物館。

郭沫若定為成王時器。〔註27〕陳夢家從郭說，並云：「此器形制極小，僅可用作飲器或食器，舊以為尊或卣，均不切合。王國維跋文以為是銂，今暫名之為圜器。」〔註28〕劉啟益訂在康王世。〔註29〕吳其昌認為此器字體與矢彝、矢簋相似，其中「敢」字皆從「甘」，訂在昭王世。〔註30〕

【按】此器造型獨特，目前未見同類器，難以從形制推測其年代。器銘中「王」字底橫肥直而兩邊微微上翹，與大盂鼎的「王」字寫法相似；「皇」、「敢」字與作冊矢令簋的寫法相似。作冊矢令簋銘有「王姜」，劉啟益認為是康王后。〔註31〕今訂召圜器在康王世。

7. 召圜器〔註32〕

〔註24〕柯昌濟：《韡華閣集古錄跋尾》，《金文文獻集成》第 25 冊，頁 113。
〔註25〕中國社科院考古所：《殷周金文集成釋文》第 1 冊，香港中文大學中國文化研究所，2001 年，頁 267。
〔註26〕孫壯：《澂秋館吉金圖》，《金文文獻集成》第 19 冊，頁 334、335。
〔註27〕郭沫若：《兩周金文辭大系圖錄考釋》，《金文文獻集成》第 21 冊，頁 444。
〔註28〕《斷代》下冊，頁 53。
〔註29〕劉啟益：《西周紀年》，廣東教育出版社，2002 年，頁 126。
〔註30〕吳其昌：《金文厤朔疏證》，《金文文獻集成》第 38 冊，頁 55。
〔註31〕劉啟益：《西周金文中所見的周王后妃》，《考古與文物》1980 年 4 期。
〔註32〕《斷代》下冊，頁 599。

8. 宜侯夨簋

1954 年江蘇丹徒縣煙墩山出土，〔註33〕器藏中國歷史博物館。

唐蘭定在康王世，〔註34〕劉啟益、〔註35〕王世民、陳公柔〔註36〕等從之。何幼琦訂在周公攝政稱王時期。〔註37〕陳夢家初訂在成王世，後改訂在康王世。〔註38〕張懋鎔也主康王說，但認為此說也有缺憾。〔註39〕

【按】今從康王說。

8. 宜侯夨簋〔註40〕

9. 大盂鼎

見著於《恒軒所見所藏吉金錄》，名「盂鼎」。〔註41〕器藏中國歷史博物館。

吳大澂說：「道光初年出郿縣禮村溝岸中」，訂為成王時器。〔註42〕郭沫

〔註33〕張敏：《宜侯夨簋軼事》，《東南文化》2000 年 4 期。

〔註34〕唐蘭：《宜侯夨簋考釋》，《考古學報》1952 年 2 期，此據《金文文獻集成》第 28 冊，頁 229。

〔註35〕劉啟益：《西周紀年》，廣東教育出版社，2002 年，頁 132。

〔註36〕王世民、陳公柔、張長壽：《西周青銅器分期斷代研究》，文物出版社，1999 年，頁 57。

〔註37〕何幼琦：《〈宜侯夨簋〉的年代問題》，《金文文獻集成》第 28 冊，頁 239。

〔註38〕《斷代》，頁 14。

〔註39〕張懋鎔：《談談半個世紀以來圍繞宜侯夨簋論爭給我們的啟示》，《古文字與青銅器論集》第 3 輯，科學出版社，2010 年，頁 190～193。

〔註40〕周寶宏：《西周青銅重器銘文集釋·宜侯夨簋》圖版，天津古籍出版社，2007 年。

〔註41〕吳大澂：《恒軒所見所藏吉金錄》，《金文文獻集成》第 8 冊，頁 147。

〔註42〕吳大澂：《愙齋集古錄》，《金文文獻集成》第 12 冊，頁 204。

若、〔註43〕容庚、〔註44〕陳夢家〔註45〕、劉啟益〔註46〕、王世民等〔註47〕訂在康王世。

【按】「盂」又見小盂鼎（《集成》5.2839），其銘有「用牲禘周王，武王、成王」等語，可見其年代在成王之後。大盂鼎當在康王世。

10. 旗鼎

1972 年陝西郿縣楊村西周窖藏出土，器藏陝西省博物館。

史言訂在成王世，〔註48〕郭沫若認為史言說正確。〔註49〕吳鎮烽、〔註50〕杜勇〔註51〕、劉啟益〔註52〕訂在康王世。

【按】器銘「王姜」為康王后，今從康王說。

9. 大盂鼎〔註53〕　　　　　10. 旗鼎〔註54〕

〔註43〕郭沫若：《兩周金文辭大系圖錄考釋》，《金文文獻集成》第 21 冊，頁 414。
〔註44〕容庚：《商周彝器通考》，《金文文獻集成》第 37 冊，頁 18。
〔註45〕《斷代》下冊，頁 102。
〔註46〕劉啟益：《西周紀年》，廣東教育出版社，2002 年，頁 112。
〔註47〕王世民、陳公柔、張長壽：《西周青銅器分期斷代研究》，文物出版社，1999年，頁 27。
〔註48〕史言：《眉縣楊家村大鼎》，《文物》1972 年 7 期。
〔註49〕郭沫若：《關於眉縣大鼎銘辭考釋》，《文物》1972 年 7 期。
〔註50〕吳鎮烽：《陝西金文彙編》，三秦出版社，1989 年，頁 850。
〔註51〕杜勇、沈長雲：《金文斷代方法探微》，人民出版社，2002 年，頁 160。
〔註52〕史言：《眉縣楊家村大鼎》，《文物》1972 年 7 期。
〔註53〕上海博物館編：《盂鼎克鼎》，上海博物館，1959 年，頁 5。
〔註54〕杜迺松主編：《中國青銅器定級圖典》，上海辭書出版社，2008 年，頁 24。

11. 雍伯鼎

柯昌濟以為西周初葉器。〔註55〕唐蘭對「雍」字的字形演變作了簡要說明，以為「雍」在今河南修武縣西北，並訂該器在康王世。〔註56〕彭裕商從之。〔註57〕

【按】今從康王說。

12. 作冊析三器

作冊析觥、析尊、析方彝，異器同銘，1976 年陝西扶風縣法門公社莊白大隊白家村窖藏與墻盤同出，器藏周原博物館。〔註58〕

唐蘭、〔註59〕李學勤〔註60〕、王世民、張長壽〔註61〕等訂在昭王世。吳鎮烽、〔註62〕劉啟益〔註63〕定在康王世，黃盛璋定在康王世或更靠前。〔註64〕

【按】析活動在康、昭時期，在康王後期開始任「作冊」。〔註65〕作冊析三器當在康王世。

12. 析觥　　　　　析尊　　　　析方彝〔註66〕

〔註55〕柯昌濟：《韡華閣集古錄跋尾》，《金文文獻集成》第 25 冊，頁 124。
〔註56〕唐蘭：《西周青銅器銘文分代史徵》，中華書局，1986 年，頁 167。
〔註57〕彭裕商：《西周青銅器年代綜合研究》，巴蜀書社，2003 年，頁 295、296。
〔註58〕陝西周原考古隊：《陝西扶風莊白一號西周青銅器窖藏發掘簡報》，《文物》1978 年 3 期。
〔註59〕唐蘭：《略論西周微史家族窖藏銅器群的重要意義》，《文物》1978 年 3 期。
〔註60〕李學勤：《西周中期青銅器的重要標尺》，《中國歷史博物館館刊》1979 年第 1 期；此據《新出青銅器研究》頁 88，文物出版社 1990 年。
〔註61〕王世民、陳公柔、張長壽：《西周青銅器分期斷代研究》，文物出版社，1999 年，頁 112。
〔註62〕吳鎮烽：《陝西金文彙編》，三秦出版社，1989 年，頁 850。
〔註63〕劉啟益：《西周紀年》，廣東教育出版社，2002 年，頁 122。
〔註64〕黃盛璋：《西周微家族窖藏銅器群初步研究》，《社會科學戰線》1978 年 3 期；此據尹盛平編《西周微氏家族青銅器群研究》，文物出版社，1992 年，頁 148。
〔註65〕尹盛平編：《西周微氏家族青銅器群研究》，文物出版社，1992 年，頁 89、90。
〔註66〕尹盛平編：《西周微氏家族青銅器群研究》，文物出版社，1992 年，頁 385～387。

13. 中方鼎、中甗

中器缺器形圖。

中方鼎。郭沫若、[註67]陳夢家、[註68]劉啟益[註69]訂在成王世，唐蘭、[註70]李學勤、[註71]伍士謙[註72]訂在昭王世。

中甗。郭沫若訂在成王世，[註73]唐蘭訂在昭王世。[註74]

【按】此銘為摹本，可靠的斷代要素較少，今暫從昭王說。

14. 靜方鼎

徐天進、[註75]張懋鎔、[註76]王占奎、[註77]劉啟益[註78]訂在昭王世。王長豐訂在穆王世。[註79]李仲操認為靜方鼎曆日有明顯錯誤，靜方鼎是後人的偽作。[註80]

【按】西周觀象授時，曆法比較粗疏。若將月既望定在每月 16 日，則「既望丁丑」的月首干支應為壬戌，與銘文「八月初吉庚申」相差兩日。用今天的眼光看，這是明顯的錯誤；但是這個「錯誤」非但不能證明靜方鼎是偽作，反倒說明靜方鼎是真品；因為若要作偽，從「既望丁丑」推算出月首干支為「壬戌」並不困難。徐天進目驗過原器，認為「銘文之書體及鑄作均無疑問，是值

[註67] 郭沫若：《兩周金文辭大系圖錄考釋》，《金文文獻集成》第 21 冊，頁 406。

[註68] 《斷代》，頁 41。

[註69] 劉啟益：《西周紀年》，廣東教育出版社，2002 年，頁 78。

[註70] 唐蘭：《論周昭王時代的青銅器銘刻》，《古文字研究》第 2 輯，中華書局，1981 年，頁 89。

[註71] 李學勤：《西周中期青銅器的重要標尺》，原載《中國歷史博物館館刊》1979 年第 1 期，據《新出青銅器研究》，文物出版社 1990 年，頁 92。

[註72] 伍仕謙：《微氏家族銅器群年代初探》，原載《古文字研究》第 5 輯，中華書局，1981 年，據尹盛平編《西周微氏家族青銅器群研究》，文物出版社 1992 年，頁 194。

[註73] 郭沫若：《兩周金文辭大系圖錄考釋》，《金文文獻集成》第 21 冊，頁 407。

[註74] 唐蘭：《西周青銅器銘文分代史徵》，中華書局，1986 年，頁 285。

[註75] 徐天進：《日本出光美術館收藏的靜方鼎》，《文物》1998 年 5 期。

[註76] 張懋鎔：《靜方鼎小考》，《文物》1998 年 5 期。

[註77] 王占奎：《關於靜方鼎的幾點看法》，《文物》1998 年 5 期。

[註78] 劉啟益：《靜方鼎等三器是西周昭王十六年銅器》，《中國歷史文物》2009 年 4 期。

[註79] 王長豐：《〈靜方鼎〉的時代、銘文書寫者及其相關聯的地理、歷史》，《華夏考古》2006 年 1 期。

[註80] 李仲操：《也談靜方鼎銘文》，《文博》2001 年 3 期。

得今後進一步研究的資料」。〔註81〕因此，筆者以為靜方鼎是真器真銘。

至於靜方鼎的形制、紋樣具有商末特徵，而銘文書風有西周早期後段特徵，這是銅器各因素發展不平衡的表現。參考銘文「成周」、「省南國」、「曾鄂師」等，可能與昭王南征有關，今訂在昭王世。

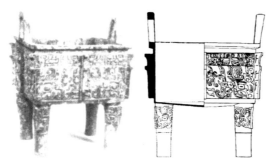

14. 靜方鼎〔註82〕　　　　　　　　　15. 遣卣〔註83〕

15. 遣卣

器藏美國華盛頓弗里爾美術館。

郭沫若、〔註84〕陳夢家〔註85〕訂在成王世，劉啟益訂在康王世，〔註86〕吳其昌、〔註87〕唐蘭、〔註88〕彭裕商〔註89〕訂在昭王世，柯昌濟訂在西周中葉。〔註90〕王世民、陳公柔等訂在昭王前後。〔註91〕

【按】寵鼎銘：「王令遣捷東反夷，寵肇從遣征。」郭沫若認為寵鼎的「遣」與遣卣的「遣」是同一人，因戰勝有功而受賞采地。〔註92〕遣卣年代從昭王說。

〔註81〕徐天進：《日本出光美術館收藏的靜方鼎》，《文物》1998 年 5 期。
〔註82〕王世民、陳公柔等：《西周青銅器分期斷代研究》，文物出版社，1999 年，頁16。及徐天進：《日本出光美術館收藏的靜方鼎》。
〔註83〕《斷代》下冊，頁 604。
〔註84〕郭沫若：《兩周金文辭大系圖錄考釋》，《金文文獻集成》第 21 冊，頁 405。
〔註85〕《斷代》下冊，頁 60。
〔註86〕劉啟益：《西周紀年》，廣東教育出版社，2002 年，頁 123。
〔註87〕吳其昌：《金文曆朔疏證》，《金文文獻集成》第 38 冊，頁 65。
〔註88〕唐蘭：《論周昭王時代的青銅器銘刻》，《古文字研究》第 2 輯，中華書局，1981 年，頁 90。
〔註89〕彭裕商：《西周青銅器年代綜合研究》，巴蜀書社，2003 年，頁 264、265。
〔註90〕柯昌濟：《韡華閣集古錄跋尾》，《金文文獻集成》第 25 冊，頁 147。
〔註91〕王世民、陳公柔等：《西周青銅器分期斷代研究》，文物出版社，1999 年，頁125。
〔註92〕郭沫若：《殷周青銅器銘文研究》，《金文文獻集成》第 25 冊，頁 282。

16. 麥方尊

見著於《西清古鑑》，名周邢侯尊。〔註93〕

郭沫若、〔註94〕劉啟益〔註95〕訂在康王世。劉雨認為器作於昭王元年〔註96〕。唐蘭、〔註97〕彭裕商〔註98〕訂在昭王世。

【按】麥方尊銘「饗鎬京」、「王在厈（庈）」等語，學者多以為具有昭王時代的特徵，訂在昭王世當可信。

16. 麥方尊〔註99〕

第二節　西周中期——穆、共、懿、孝、夷

據夏商周斷代工程的研究成果，穆王世當公元前 976～922 年，在位 55 年（恭王當年改元）；恭王世當公元前 922～900 年，在位 23 年；懿王世當公元前 899～892 年，在位 8 年；孝王世當公元前 891～886 年，在位 6 年；夷王世當公元前 885～878 年，在位 8 年；西周中期積年共 100 年。〔註100〕

〔註93〕〔清〕梁詩正等：《西清古鑑》，《金文文獻集成》第 3 冊，頁 253。
〔註94〕郭沫若：《兩周金文辭大系圖錄考釋》，《金文文獻集成》第 21 冊，頁 418。
〔註95〕劉啟益：《西周紀年》，廣東教育出版社，2002 年，頁 115。
〔註96〕劉雨：《金文斷代法研究》，載入其《金文論集》，紫禁城出版社，2008 年，頁 441。
〔註97〕唐蘭：《西周銅器斷代中的「康宮問題」》，《考古學報》1962 年 1 期。
〔註98〕彭裕商：《西周青銅器年代綜合研究》，巴蜀書社，2003 年，頁 282。
〔註99〕〔清〕梁詩正等：《西清古鑑》，《金文文獻集成》第 3 冊，頁 253。
〔註100〕夏商周斷代工程專家組：《夏商周斷代工程 1996～2000 年階段成果報告（簡本）》，世界圖書出版公司，2000 年，頁 88。

　　據劉啟益研究，穆王世當公元前 999～964 年，在位 36 年；恭王世當公元前 963～945 年，在位 19 年；懿王世當公元前 944～921 年，在位 24 年；孝王世當公元前 920～908 年，在位 13 年；夷王世當公元前 907～879 年，在位 29 年；西周中期積年共 121 年。〔註 101〕

　　李學勤指出，就器形、紋飾分析，西周中期青銅器的下限應劃在孝、夷之間。〔註 102〕可參。

17. 季姬方尊〔註 103〕

17. 季姬方尊

　　蔡運章、張應橋以為穆王前期器。〔註 104〕李學勤以為季姬方尊有兩耳，與 1955 年眉縣李村出土的盠方尊相似；盠方尊的年代可由 2003 年初眉縣楊家村發現的佐盤世系確定為穆王時器，季姬方尊當為穆王後期器。〔註 105〕嚴志斌以為西周中期晚段器。〔註 106〕

　　【按】暫從穆王說。

18. 截簋

　　據摹本，該器為子母口，圈足，飾瓦紋。摹本可能失真，不足據。

　　陳夢家、〔註 107〕唐蘭、〔註 108〕劉啟益〔註 109〕訂在恭王世。李學勤認為不

〔註 101〕劉啟益：《西周紀年》，廣東教育出版社，2002 年，頁 7～10。

〔註 102〕李學勤：《西周中期青銅器的重要標尺》，《新出青銅器研究》，文物出版社，1990 年，頁 92。

〔註 103〕蔡運章、張應橋：《季姬方尊銘文及其重要價值》，《文物》2003 年 9 期。

〔註 104〕蔡運章、張應橋：《季姬方尊銘文及其重要價值》，《文物》2003 年 9 期。

〔註 105〕李學勤：《季姬方尊研究》，《中國史研究》2003 年 4 期。

〔註 106〕嚴志斌：《季姬方尊補釋》，《中國歷史文物》2005 年 6 期。

〔註 107〕《斷代》，頁 176。

〔註 108〕唐蘭：《西周青銅器銘文分代史徵》，中華書局，1986 年，頁 448。

〔註 109〕劉啟益：《西周紀年》，廣東教育出版社 2002 年，頁 267。

晚於懿王世。〔註110〕彭裕商訂在孝夷時期。〔註111〕郭沫若訂在宣王世。〔註112〕

　　【按】此器斷代依據主要是銘文中「穆公」這個人物。根據楊亞長考證，「穆公」見於穆公簋蓋、盉方彝、井叔采鐘等六器，應當是穆恭時期王室重臣，為井氏，是周公的後裔。〔註113〕盉方彝的年代，據王世民等考證，訂在懿孝前後。〔註114〕李學勤將穆公簋蓋訂在穆王晚期，認為穆公可能是私名。〔註115〕2003 年出土的逨盤有銘作「雩朕皇高祖惠仲盉父，戁和於政，有成於獻，用會昭王、穆王」，「惠仲盉父」即盉方彝的「盉」，則盉方彝當提前至昭、穆時期。〔註116〕盉方彝中，穆公佑盉，則穆公當比盉年長。綜合考慮，「穆公」的活動年代當訂在昭穆時期，而裁簋又飾瓦紋，故訂在穆王世。

18. 裁簋摹本〔註117〕

19. 令鼎

　　缺圖。山西芮城縣出土。「《居易錄》芮城陰氏得古鼎於冢墓中。高兩尺餘。腹可容兩斗許。頭有夔紋。」〔註118〕

　　郭沫若定為成王時器。〔註119〕吳其昌認為鼎銘有「康宮」，於是定為昭

〔註110〕李學勤：《郿縣李家村銅器考》，原載《文物參考資料》1957 年 7 期，據《金文文獻集成》第 28 冊，頁 424。

〔註111〕彭裕商：《西周青銅器年代綜合研究》，巴蜀書社，2003 年，頁 346。

〔註112〕郭沫若：《兩周金文辭大系圖錄考釋》，《金文文獻集成》第 21 冊，頁 473。

〔註113〕楊亞長：《金文所見之益公、穆公與武公考》，《考古與文物》2004 年 6 期。

〔註114〕王世民、陳公柔、張長壽：《西周青銅器分期斷代研究》，文物出版社，1999 年，頁 144。

〔註115〕李學勤：《穆公簋蓋在青銅器分期上的意義》，《新出青銅器研究》，文物出版社，1990 年，頁 71。

〔註116〕這是北大考古文博學院高明教授的觀點，參《陝西眉縣出土窖藏青銅器筆談》，《文物》2003 年 6 期。

〔註117〕〔北宋〕呂大臨：《考古圖》，《金文文獻集成》第 1 冊，頁 47。

〔註118〕柯昌濟：《金文分域編》，《金文文獻集成》第 42 冊，頁 392。

〔註119〕郭沫若：《兩周金文辭大系圖錄考釋》，《金文文獻集成》第 21 冊，頁 223。

王時器；並說郭沫若自欺，故意將「康宮」釋為「溓宮」，以成其「成王」說。〔註 120〕柯昌濟從文字分析，認為當在康、昭二代。〔註 121〕唐蘭定為昭王時器。〔註 122〕彭裕商認為，本器不見圖像，無法詳考；該鼎銘文字體具有昭穆時期的風格，暫定在昭王時期。〔註 123〕

【按】鼎銘「宮」前一字略殘，舊或釋「溓」、「雪」、「康」。〔註 124〕銘文「溓仲」的「溓」，前引柯昌濟以為是今姓氏之「廉」；陳劍以為釋「溓」實不足據；〔註 125〕但該字當作何解，目前似無更好的解釋，故暫從舊釋「溓」。令鼎「溓」、「王」、「揚」、「休」等字與約當恭王世的矜簋銘相仿。今訂在恭王世。

20. 同簋

劉啟益訂在共王世，〔註 126〕郭沫若訂在懿王世，〔註 127〕吳其昌、〔註 128〕陳夢家〔註 129〕訂在孝王世。

【按】同簋與段簋、二十七年衛簋器形狀相近。今從共王說。

20. 同簋〔註 130〕

〔註 120〕吳其昌：《金文厤朔疏證》，《金文文獻集成》第 38 冊，頁 68。
〔註 121〕柯昌濟：《韡華閣集古錄跋尾》，《金文文獻集成》第 25 冊，頁 129。
〔註 122〕唐蘭：《西周青銅器銘文分代史徵》，中華書局，1986 年，頁 231。
〔註 123〕彭裕商：《西周青銅器年代綜合研究》，巴蜀書社，2003 年，頁 291。
〔註 124〕吳榮光：《筠清館金文》(《金文文獻集成》第 12 冊，頁 91)說此字舊釋「溓」。
　　　　　吳大澂：《愙齋集古錄》(《金文文獻集成》第 12 冊，頁 219)釋「雪」。吳式芬《攟古錄金文》(《金文文獻集成》第 11 冊，頁 340)釋「康」。
〔註 125〕陳劍：《甲骨文舊釋「督」和「䚅」的兩個字及金文「䚅」字新釋》，復旦大學出土文獻與古文字研究中心編《出土文獻與古文字研究》第 1 輯，復旦大學出版社，2006 年，頁 146。
〔註 126〕劉啟益：《西周紀年》，廣東教育出版社，2002 年，頁 275、276。
〔註 127〕郭沫若：《兩周金文辭大系圖錄考釋》，《金文文獻集成》第 21 冊，頁 441。
〔註 128〕吳其昌：《金文厤朔疏證》，《金文文獻集成》第 38 冊，頁 79。
〔註 129〕《斷代》，頁 222。
〔註 130〕《斷代》，下冊，頁 773。

21. 次卣〔註131〕

21. 次卣

該器見著於《積古齋鐘鼎彝器款識》，名「邑尊」。〔註132〕1958 年購得，現藏故宮博物院。

楊樹達釋出「次」字，並將此器改名為「次卣」。〔註133〕陳夢家訂在昭王世。〔註134〕唐蘭、〔註135〕劉啟益訂在恭王世。〔註136〕

【按】次卣器、蓋均飾鉤喙長尾鳥紋，這種鳥紋在西周中晚期較常見。銘行款整齊，橫成排，豎成列，筆劃纖細勻稱，這些都是西周中後期的書風。今從恭王說。

22. 守鼎

器藏上海博物館。

劉啟益據銘文「遣仲」見於師永盂，訂守鼎在穆恭時期。〔註137〕陳佩芬訂在恭王世。〔註138〕柯昌濟訂在西週末葉。〔註139〕彭裕商訂在孝夷二世。〔註140〕

〔註131〕故宮博物院：《故宮青銅器》，紫禁城出版社，1999 年，第 171 器。

〔註132〕〔清〕阮元：《積古齋鐘鼎彝器款識》，《金文文獻集成》第 10 冊，頁 128。

〔註133〕楊樹達：《積微居金文說》，《金文文獻集成》第 25 冊，頁 234。

〔註134〕陳夢家：《西周銅器斷代》，《考古學報》9～14 冊，1955～56 年，據《金文文獻集成》第 38 冊，頁 294。

〔註135〕唐蘭：《西周青銅器銘文分代史徵》，中華書局，1986 年，頁 439。

〔註136〕劉啟益：《西周紀年》，廣東教育出版社，2002 年，頁 269、270。

〔註137〕劉啟益：《西周紀年》，廣東教育出版社，2002 年，頁 278。

〔註138〕陳佩芬：《夏商周青銅器研究——上海博物館藏品·西周篇》，上海古籍出版社，2004 年，頁 239。

〔註139〕柯昌濟：《韡華閣集古錄跋尾》，《金文文獻集成》第 25 冊，頁 128。

〔註140〕彭裕商：《西周青銅器年代綜合研究》，巴蜀書社，2003 年，頁 347。

【按】宂鼎兩耳，垂腹，柱足，口下一週圈卷鼻龍紋帶，器身其餘部份光素無紋。銘文鑄在腹內側。宂鼎器形與西周早期偏晚的霰鼎相似，〔註141〕鼎口下的卷鼻龍紋與浚縣辛村 M60：7（卣）龍紋有相似之處，朱鳳瀚以為這種紋飾見於西周早期偏晚。〔註142〕今從恭王說。

22. 宂鼎　　　　　　　　　　　　　　23. 賢簋〔註143〕

23. 賢簋

器藏上海博物館。

郭沫若認為當在周初，分列衛國器。〔註144〕彭裕商認為「約屬恭王」。〔註145〕王世民、陳公柔等訂在西周中期偏早。〔註146〕陳佩芬訂在西周中期。〔註147〕楊樹達據《世本》之說，訂為春秋襄公以後器。〔註148〕

【按】賢簋雙耳，鼓腹垂弛，圈足外撇，器、蓋飾瓦棱紋。瓦棱紋殷代晚期已經出現，但是直到西周中期以後才流行，盛行於西周晚期和春秋早期。賢簋銘「公」字所從「八」上部開張作喇叭形，與康王時期亢鼎銘的「公」字

〔註141〕王世民、張長壽等：《西周青銅器分期斷代研究》，文物出版社，1999 年，頁 29、31。

〔註142〕朱鳳瀚：《中國青銅器綜論》，上海古籍出版社，2009 年，頁 548、551。

〔註143〕陳佩芬：《夏商周青銅器研究——上海博物館藏品・西周篇》，上海古籍出版社，2004 年，宂鼎頁 238，賢簋頁 326。

〔註144〕郭沫若：《兩周金文辭大系圖錄考釋》，《金文文獻集成》第 21 冊，頁 512。

〔註145〕彭裕商：《西周青銅器年代綜合研究》，巴蜀書社，2003 年，頁 375。

〔註146〕王世民、張長壽等：《西周青銅器分期斷代研究》，文物出版社，1999 年，頁 65、67。

〔註147〕陳佩芬：《夏商周青銅器研究——上海博物館藏品・西周篇》，上海古籍出版社，2004 年，頁 326、327。

〔註148〕楊樹達：《積微居金文說》，《金文文獻集成》第 25 冊，頁 211。

相同，﹝註149﹞其年代當不會太晚。賢簋器形與穆、恭時期的豆閉簋、即簋相
似，其年代亦當在穆、恭時期。

24. 恒簋蓋

吳鎮烽、雒忠如從形制、銘文字體、語例等分析，訂在恭、懿時期。﹝註150﹞
彭裕商訂在孝、夷二世。﹝註151﹞

【按】恒簋蓋有圈狀捉手，飾瓦棱紋。器主恒的父親公叔，與賢簋的公
叔可能為同一人。恒簋的年代當在賢簋之後。

24. 恒簋蓋﹝註152﹞　　　　　　　25. 救簋蓋﹝註153﹞

25. 救簋蓋

1966 年，天津市文物管理處在天津電解銅廠雜銅中揀出，飾瓦棱紋，初
定名「殺簋蓋」，﹝註154﹞今從吳鎮烽改釋為「救簋蓋」。﹝註155﹞現藏天津市文
物管理處。

原報告將銘文中的「井伯」與長由盉、趞曹鼎相聯繫，認為其時代相近。
劉啟益指出，救簋蓋銘中「王所在宮室及右者均與師𫑛簋蓋相同」，訂在懿王
世。﹝註156﹞

﹝註149﹞陳佩芬：《夏商周青銅器研究——上海博物館藏品・西周篇》，上海古籍出版
　　　　社，2004 年，頁 10。

﹝註150﹞吳鎮烽、雒忠如：《陝西省扶風縣強家村出土的西周銅器》，《文物》1975 年
　　　　8 期。

﹝註151﹞彭裕商：《西周青銅器年代綜合研究》，巴蜀書社，2003 年，頁 375。

﹝註152﹞吳鎮烽、雒忠如：《陝西省扶風縣強家村出土的西周銅器》，《文物》1975 年
　　　　8 期。

﹝註153﹞天津市文物管理處：《天津市發現西周殺簋蓋》，《文物》1979 年 2 期。

﹝註154﹞天津市文物管理處：《天津市發現西周殺簋蓋》，《文物》1979 年 2 期。

﹝註155﹞吳鎮烽：《金文研究箚記》，《金文文獻集成》第 38 冊，頁 353。

﹝註156﹞劉啟益：《西周紀年》，廣東教育出版社，2002 年，頁 307。

【按】師瘨簋蓋（《集成》8.4284）銘：「唯二月初吉戊寅，王在周師司馬宮，各大室，即立，司馬井伯親佑師瘨。」與救簋蓋銘文的時間、地點、佑者相同。師瘨簋蓋的年代，王世民等訂在恭王前後。〔註157〕長由盉記穆王饗醴，井伯參與其中，七年趞曹鼎是恭王標準器，則井伯活動年代肯定在穆恭時期。因此，訂救簋蓋在恭王世。

26. 士山盤

士山盤侈口，方唇，深腹，圈足，附耳已殘。腹飾 S 形回首龍紋。現藏中國歷史博物館。

朱鳳瀚訂在恭王世，〔註158〕李學勤、〔註159〕黃錫全、〔註160〕董珊〔註161〕從之。

【按】據陳英傑詳細考證，士山盤銘中的「周新宮」，主要出現在穆王至孝王時期。〔註162〕回首龍紋流行於恭王世。今從恭王說。

26. 士山盤及其腹外壁紋飾拓片〔註163〕

〔註157〕王世民、陳公柔、張長壽：《西周青銅器分期斷代研究》，文物出版社，1999年，頁100。

〔註158〕朱鳳瀚：《士山盤銘文初釋》，《中國歷史文物》2002年1期。

〔註159〕李學勤：《對「夏商周斷代工程」西周曆譜的兩次考驗》，《中國古代文明研究》，華東師範大學出版社，2005年，頁336。

〔註160〕黃錫全：《士山盤銘文別議》，《中國歷史文物》2003年2期。

〔註161〕董珊：《談士山盤銘文的「服」字義》，《故宮博物院院刊》2004年1期。

〔註162〕陳英傑：《士山盤銘文再考》，《中國歷史文物》2004年6期，〔註〕三。

〔註163〕鍾柏生、陳昭容等編：《新收殷周青銅器銘文暨器影彙編》，臺灣藝文印書館2006年，頁1065。

27. 牆盤

1976 年陝西扶風縣莊白村一號窖藏出土，[註 164]器藏扶風縣周原文管所。

牆盤的年代，據麻愛民統計，唐蘭、李學勤、于省吾、裘錫圭、黃盛璋、尹盛平等訂在恭王世，徐中舒、李仲操訂在穆王世，晁福林訂在夷王世。[註165]劉啟益、[註166]彭裕商[註167]亦訂在恭王世。

【按】按王號死稱說，牆盤銘文頌揚西周列王至於穆王，穆王之後稱「天子」，顯然「天子」當為恭王，不可能是穆王另外一子孝王。牆盤可與逨盤類比，逨盤是公認的宣王銅器。逨盤稱述西周列王至厲王，厲王之後則稱「天子」，此「天子」即宣王。今訂牆盤在恭王世。

27. 墻盤〔註168〕

28. 格伯簋

格伯簋又名格伯敦、周格伯敦、倗生簋、周癸子彝、甬生敦等，傳世有數器，分藏故宮博物院、中國歷史博物館、上海博物館。上海博物館藏器存蓋，品相較好。各器器銘大致相同而有誤奪，對照各器拓片，知完整的銘文當有八十三字。

上博館藏格伯簋，蓋有圈狀捉手，器折口，腹微鼓，一雙龍形環耳，珥部向上外卷，圈足下設方座。主飾直棱紋，間飾顧龍紋、圓渦紋、四瓣目紋等。

〔註164〕陝西周原考古隊：《陝西扶風莊白一號西周青銅器窖藏發掘簡報》，《文物》1978 年 3 期。
〔註165〕麻愛民：《牆盤銘文集釋與考證》，東北師範大學2002年碩士論文，頁3。
〔註166〕劉啟益：《西周紀年》，廣東教育出版社，2002年，頁263。
〔註167〕彭裕商：《西周青銅器年代綜合研究》，巴蜀書社，2003年，頁340。
〔註168〕尹盛平編：《西周微氏家族青銅器群研究》，文物出版社，1992年，頁395。

　　該器郭沫若、〔註169〕陳佩芬〔註170〕訂在恭王世，王世民、陳公柔等訂在恭王前後。〔註171〕張懋鎔將格伯簋列入 A 型 V 式，認為這類方座簋流行於西周中期晚段至西周晚期，並將格伯簋訂在西周中期。〔註172〕彭裕商訂在夷王前後。〔註173〕

　　【按】「倗生」又見於異仲觶（《集成》6511），銘文為「異仲作倗生飲壺，匂三壽懿德萬年」。異仲觶所飾成對的鉤喙長尾鳥紋，亦見於次卣，屬於陳公柔、張長壽等所謂的Ⅲ6式鳥紋，時代在西周中晚期。〔註174〕2004 年，考古工作者在山西絳縣橫水鎮發現倗國墓葬，發掘簡報將墓葬年代訂在西周中期的穆王時期或略晚。其中 M1：199 標本也是環耳圈足方座簋，簋銘「倗伯作畢姬寶旅簋」。〔註175〕倗生為倗國之甥，〔註176〕不知與此「倗伯」是否有緊密聯繫。格伯簋暫訂在恭王世。

28. 格伯簋〔註177〕

〔註169〕郭沫若：《兩周金文辭大系圖錄考釋》，《金文文獻集成》第 21 冊，頁 438。
〔註170〕陳佩芬：《夏商周青銅器研究——上海博物館藏品·西周篇》，上海古籍出版社，2004 年，頁 274。
〔註171〕王世民、陳公柔、張長壽：《西周青銅器分期斷代研究》，文物出版社 1999 年，頁 82。
〔註172〕張懋鎔：《西周方座簋研究》，《考古》1999 年 12 期。
〔註173〕彭裕商：《西周青銅器年代綜合研究》，巴蜀書社，2003 年，頁 360。
〔註174〕陳公柔、張長壽：《殷周青銅容器上鳥紋的斷代研究》，《考古學報》1984 年 3 期。
〔註175〕山西省考古研究所、運城市文物工作站等：《山西絳縣橫北西周墓發掘簡報》，《文物》2006 年 8 期。
〔註176〕林澐：《琱生簋新釋》，《古文字研究》第 3 輯，中華書局，1980 年，頁 124。張亞初：《兩周銘文所見某生考》，《金文文獻集成》第 40 冊，頁 256、257。
〔註177〕陳佩芬：《夏商周青銅器研究——上海博物館藏品·西周篇》，上海古籍出版社，2004 年，頁 273。

29. 卯簋蓋

阮元訂在周初。〔註178〕唐蘭訂在恭王世。〔註179〕劉啟益訂在恭懿時期。
〔註180〕容庚、〔註181〕郭沫若〔註182〕訂在懿王世。吳其昌、〔註183〕陳夢家
〔註184〕訂在孝王世。吳鎮烽訂在西周中期前段。〔註185〕

　　【按】此器下落不明，據摹本，蓋頂有圈狀捉手，蓋腹飾瓦棱紋，蓋沿
飾成對回首長尾鳥紋，肯定是西周中後期的風格。簋銘中的「榮伯」、「榮季」
可以為斷代提供線索，榮伯又見於師永盂、衛盉等。今暫訂在恭懿時期。

29. 卯簋蓋摹本〔註186〕

30. 段簋〔註187〕

30. 段簋

器藏上海博物館。該器侈口，束頸，器腹垂弛，圈足外撇，雙環耳上有尖
耳獸頭，方垂珥。口沿下飾顧首夔紋和一道弦紋，簋腹素地，圈足飾兩道弦紋。
　　吳其昌訂在康王世。〔註188〕郭沫若訂在昭王世。〔註189〕唐蘭訂在穆王
世。〔註190〕劉啟益訂在穆王或恭王時期。〔註191〕陳佩芬訂在懿王世。〔註192〕

〔註178〕〔清〕阮元：《積古齋鐘鼎彝器款識》，《金文文獻集成》第 10 冊，頁 155。
〔註179〕唐蘭：《西周青銅器銘文分代史徵》，中華書局，1986 年，頁 433、434。
〔註180〕劉啟益：《西周紀年》，廣東教育出版社，2002 年，頁 275、276。
〔註181〕容庚：《商周彝器通考》，《金文文獻集成》第 37 冊，頁 19。
〔註182〕郭沫若：《兩周金文辭大系圖錄考釋》，《金文文獻集成》第 21 冊，頁 440。
〔註183〕吳其昌：《金文歷朔疏證》，《金文文獻集成》第 38 冊，頁 86。
〔註184〕《斷代》，頁 223。
〔註185〕吳鎮烽：《金文人名彙編》（修訂本），中華書局，2006 年，頁 361、362。
〔註186〕〔清〕曹載奎：《懷米山房吉金圖》，《金文文獻集成》第 7 冊，頁 443。
〔註187〕陳佩芬：《夏商周青銅器研究——上海博物館藏品・西周篇》，上海古籍出版
　　　　社，2004 年，頁 287。
〔註188〕吳其昌：《金文歷朔疏證》，《金文文獻集成》第 38 冊，頁 46。
〔註189〕《斷代》，頁 423。
〔註190〕唐蘭：《西周青銅器銘文分代史徵》，中華書局，1986 年，頁 389。
〔註191〕郭沫若：《兩周金文辭大系圖錄考釋》，《金文文獻集成》第 21 冊，頁 267。
〔註192〕《斷代》，頁 288。

王世民、陳公柔等以為西周中期前段器。〔註193〕

【按】段簋器形與二十七年衛簋（《集成》8.4256）相似，唐蘭認為衛簋記裘衛初受冊命，訂在穆王世；〔註194〕段簋銘筆劃纖細、勻稱，絕非周初風格。因此，段簋訂在西周中期前段比較可信。

31. 五祀衛鼎

九年衛鼎

三年衛盉〔註195〕

31. 裘衛諸器

1975 年 2 月，三年衛盉與五祀衛鼎、九年衛鼎、二十七年衛簋同出於陝西岐山縣董家村一號窖藏。衛盉藏岐山縣博物館。

龐懷清、〔註196〕唐蘭、〔註197〕李學勤〔註198〕訂衛盉、衛鼎在恭王世。劉啟益據曆日推算，訂衛鼎在恭王世、衛盉在懿王世。〔註199〕彭裕商認為衛盉、衛鼎不出孝夷王二世，衛簋所記為夷王二十七年之事。〔註200〕

【按】裘衛四器，學者多訂在恭王世，理由是同一窖藏所出、同人所作器五祀衛鼎有「恭王」，從五祀衛鼎銘文分析，所記事情當涉恭王世。今訂裘衛器記事在恭、懿之間。

〔註193〕王世民、陳公柔、張長壽：《西周青銅器分期斷代研究》，文物出版社，1999年，頁 62。

〔註194〕唐蘭：《陝西省岐山縣董家村新出西周重要銅器銘辭的譯文和注釋》，《文物》1976 年 5 期。

〔註195〕王世民、陳公柔、張長壽：《西周青銅器分期斷代研究》，文物出版社，1999年，五年鼎頁 33，九年鼎頁 34，三年衛盉見頁 148。

〔註196〕龐懷清：《陝西省岐山縣董家村西周銅器窖穴發掘簡報》，《文物》1976 年 5 期。

〔註197〕唐蘭：《陝西省岐山縣董家村新出西周重要銅器銘辭的譯文和注釋》，《文物》1976 年 5 期。

〔註198〕李學勤：《對彭裕商教授意見的處理建議》，《夏商周年代學簡記》，遼寧大學出版社，1999 年，頁 258。

〔註199〕劉啟益：《西周紀年》，廣東教育出版社，2002 年，頁 294。

〔註200〕彭裕商：《西周青銅器年代綜合研究》，巴蜀書社，2003 年，頁 352。

32. 師永盂〔註201〕　　　附參：威簋〔註202〕　　　附參：孟簋〔註203〕

32. 師永盂

1969 年出土於陝西藍田縣湖濱鎮，器藏西安市文物管理委員會。

唐蘭、〔註204〕黃盛璋、〔註205〕劉啟益〔註206〕訂在恭王世。彭裕商訂在夷王世。〔註207〕

【按】永盂的「師俗父」，可能是五祀衛鼎的「伯俗父」，史密簋的「師俗」。〔註208〕永盂的「遣仲」見於守鼎、孟簋（《集成》8.4162～4164）。

孟簋的年代，郭沫若訂在成王世。〔註209〕王世民等訂在恭王前後，與師永盂、三年衛盉、五年衛鼎年代相當。〔註210〕孟簋飾成對大鳥紋，與穆王時期的威簋（《集成》8.4322）相似，但孟簋的鳥尾已同鳥身分離，時代晚於威簋，訂在恭王前後應當可信。因此，與孟簋相連的永盂亦當在恭王前後。今訂在恭、懿時期。

33. 伯晨鼎

見著於《筠清館金文》，名周韓侯伯晨鼎。〔註211〕

〔註201〕唐蘭：《永盂銘文解釋》，《文物》1972 年 1 期，圖二。
〔註202〕王世民、陳公柔、張長壽：《西周青銅器分期斷代研究》，文物出版社，1999年，頁 62。
〔註203〕中國科學院考古研究所編：《長安張家坡西周銅器群》，文物出版社，1965 年，圖版三。
〔註204〕唐蘭：《永盂銘文解釋》，《文物》1972 年 1 期。
〔註205〕黃盛璋：《趞盂新考》，《金文文獻集成》第 28 冊，頁 418。
〔註206〕劉啟益：《西周紀年》，廣東教育出版社，2002 年，頁 260。
〔註207〕彭裕商：《西周青銅器年代綜合研究》，巴蜀書社，2003 年，頁 357、363、364、368。
〔註208〕吳鎮烽：《史密簋銘文考釋》，《考古與文物》1989 年 3 期。
〔註209〕郭沫若：《長安縣張家坡銅器群銘文匯釋》，《考古學報》1962 年 1 期。
〔註210〕王世民、陳公柔、張長壽：《西周青銅器分期斷代研究》，文物出版社，1999年，頁 77。
〔註211〕吳榮光：《筠清館金文》，《金文文獻集成》第 12 冊，頁 96。

　　與伯晨鼎器主同名的「晨」，還見於師晨鼎（《集成》5.2817）、晨盤（《集成》16.10092），吳鎮烽以為是同一個人，皆訂在懿王世。〔註212〕劉雨訂在西周中期。〔註213〕郭沫若認為伯晨即師晨，訂在厲王世。〔註214〕柯昌濟訂在西周末葉。〔註215〕彭裕商訂在西周晚期，約當宣王世。〔註216〕

　　【按】師晨鼎的年代，陳夢家、〔註217〕唐蘭、〔註218〕劉啟益〔註219〕訂在懿王世，彭裕商訂在夷王世。〔註220〕師晨鼎行款整齊，筆劃勻稱；但「王」字末橫肥厚，兩端上翹，書風還殘留西周早期特徵，因此其年代當在西周中期偏早階段。師晨鼎記師晨佐助師俗管理邑人，師俗又見於師永盂，後者為恭、懿時器。師晨還見於大師虘簋（《集成》8.4251～4252），是大師虘的佑者，可見其地位比較高。大師虘簋中有宰智，當即智鼎的「智」，智鼎在懿王世。總之，師晨鼎當在恭、懿之世。

　　郭沫若謂伯晨與師晨是同一人，當可信。這類似於師晨鼎的「師俗」，永盂稱作「師俗父」，五祀衛鼎又稱作「伯俗父」。因此，伯晨鼎的年代，亦當訂在恭、懿之世。

33. 伯晨鼎〔註221〕　　　　附參：大師虘簋〔註222〕

〔註212〕吳鎮烽：《金文人名彙編》（修訂本），中華書局，2006年，頁357。
〔註213〕劉雨：《西周金文中的大封小封和賜田里》，原載《中國考古學論叢——中國社會科學院考古研究所建所40週年紀念》，科學出版社，1993年，載入其《金文論集》，紫禁城出版社，2008年，頁76。
〔註214〕郭沫若：《兩周金文辭大系圖錄考釋》，《金文文獻集成》第21冊，頁455。
〔註215〕柯昌濟：《韡華閣集古錄跋尾》，《金文文獻集成》第25冊，頁131。
〔註216〕彭裕商：《西周青銅器年代綜合研究》，巴蜀書社，2003年，頁485、486。
〔註217〕《斷代》，頁187、188。
〔註218〕唐蘭：《西周青銅器銘文分代史徵》，中華書局，1986年，頁469。
〔註219〕劉啟益：《西周紀年》，廣東教育出版社2002年，頁301。
〔註220〕彭裕商：《西周青銅器年代綜合研究》，巴蜀書社，2003年，頁354。
〔註221〕〔清〕曹載奎：《懷米山房吉金圖》，《金文文獻集成》第7冊，頁435。
〔註222〕陳佩芬：《夏商周青銅器研究——上海博物館藏品·西周篇》，上海古籍出版社，2004年，頁442。

34. 矜簋

張光裕訂在西周中、晚期。〔註223〕朱鳳瀚認為大致在恭王世。〔註224〕

【按】銘文中的「作冊尹」又見於師晨鼎（《集成》5.2817）、免簋（《集成》8.4240）、南宮柳鼎等器。吳鎮烽分列了兩個作冊尹，將師晨鼎的作冊尹訂在恭、懿時期，將南宮柳鼎的作冊尹訂在夷王時期。〔註225〕矜簋銘所記冊命儀式比較完整，有佑者、宣命者，這是恭王以後的特徵。銘末嘏詞「世孫子」也是中期以後的辭例。但是，銘文中「王」、「昧爽」、「在」等字的寫法還殘留早期金文的特徵。綜上，矜簋當不出恭、懿時期。

35. 免簋底〔註226〕

35. 免簋、免簠

免簋器殘，僅存一底，現藏上海博物館。免簠下落不明，只有拓片。學界一般認為此器與免簠乃同人所作。

郭沫若、〔註227〕陳夢家〔註228〕、劉啟益、〔註229〕陳佩芬〔註230〕訂在懿王世。吳其昌訂在孝王世。〔註231〕彭裕商訂在西周中期。〔註232〕

〔註223〕張光裕：《讀新見西周矜簋銘文箚迻》，《古文字研究》第 25 輯，中華書局，2004 年，頁 174。

〔註224〕朱鳳瀚：《西周金文中的「取徵」與相關諸問題》，載《古文字與古代史》第 1 輯，〔臺灣〕中央研究院歷史語言研究所，2007 年，頁 211。

〔註225〕吳鎮烽：《金文人名彙編》（修訂本），中華書局，2006 年，頁 150、357。

〔註226〕陳佩芬：《夏商周青銅器研究——上海博物館藏品·西周篇》，上海古籍出版社，2004 年，頁 285。

〔註227〕郭沫若：《兩周金文辭大系圖錄考釋》，《金文文獻集成》第 21 冊，頁 442。

〔註228〕《斷代》，頁 178。

〔註229〕劉啟益：《西周紀年》，廣東教育出版社，2002 年，頁 304。

〔註230〕陳佩芬：《夏商周青銅器研究——上海博物館藏品·西周篇》，上海古籍出版社，2004 年，頁 286。

〔註231〕吳其昌：《金文曆朔疏證》，《金文文獻集成》第 38 冊，頁 92。

〔註232〕彭裕商：《西周青銅器年代綜合研究》，巴蜀書社，2003 年，頁 382。

【按】免簋中的「周師」又見於守宮盤（《集成》16.10168），「井叔」見於智鼎。二器當在懿王世。

36. 智鼎

智鼎下落不明，只有拓片傳世。

容庚、〔註233〕陳夢家〔註234〕、孫常敘、〔註235〕張聞玉〔註236〕訂在懿王世。郭沫若、〔註237〕譚戒甫、〔註238〕劉啟益〔註239〕訂在孝王世。王世民、陳公柔等訂在懿王前後。〔註240〕

【按】智鼎銘有「唯王元年六月既望乙亥，王在周穆王太室」，知智鼎肯定在恭王以後。論者或以為「周穆王太室」不大可能在前王去逝後之新王「元年」立即建成，故後推至懿王世；智鼎的「匡」與匡卣的「匡」可能為同一人，匡卣（《集成》2524）銘有「懿王在射廬」。今從懿王說。

36. 附參：仿智鼎〔註241〕

〔註233〕容庚：《商周彝器通考》，《金文文獻集成》第 37 冊，頁 19。

〔註234〕《斷代》，頁 199。

〔註235〕孫常敘：《智鼎銘文通釋》，《金文文獻集成》第 28 冊，頁 439。

〔註236〕張聞玉：《智鼎王年考》，《貴州社會科學》1988 年 2 期。

〔註237〕郭沫若：《兩周金文辭大系圖錄考釋》，《金文文獻集成》第 21 冊，頁 446。

〔註238〕譚戒甫：《西周「昏」器銘文綜合研究》，原載《中華文史論叢》第 3 輯 1963 年，據《金文文獻集成》第 28 冊，頁 432。

〔註239〕劉啟益：《西周紀年》，廣東教育出版社，2002 年，頁 331、332。

〔註240〕王世民、陳公柔、張長壽：《西周青銅器分期斷代研究》，文物出版社，1999 年，頁 67。

〔註241〕李朝遠：《智鼎諸銘文拓片之比勘》，《上海文博論叢》2009 年 1 期。

37. 楚簋

1978 年，出於陝西武功縣任北村窖藏，器藏武功縣文化館。

盧連成、羅英傑訂在懿、孝之際，[註242] 吳鎮烽訂在懿王世。[註243] 彭裕商訂在厲王世。[註244]

【按】張亞初認為，「內史」為西周新設官職，在西周昭王以後才出現。[註245] 西周史官在恭王時以稱內史為主，恭王以後則改稱尹氏。楚簋銘中宣命者為「內史尹氏」，似可理解為官制過渡階段的稱謂。楚簋「尹氏」還見於永盂，二者可能是同一人。今從懿王說。

37. 楚簋 [註246]　　　　　　38. 揚簋 [註247]

38. 揚簋

陳夢家、[註248] 黃盛璋、[註249] 劉啟益 [註250] 訂在懿王世。李學勤認為，墻盤器主「墻」活到了孝王世；瘨是墻的兒子，所作瘨盨祭祀「文考」，當在孝王世；揚簋銘的「內史年」見於瘨盨，故訂揚簋在孝王世。[註251] 郭沫若、[註252] 容庚 [註253] 訂在厲王世。

【按】李學勤認為墻活到了孝王世的觀點可從。今訂揚簋在孝王世。

〔註242〕盧連成、羅英傑：《陝西武功縣出土楚簋諸器》，《考古》1981 年 2 期。
〔註243〕吳鎮烽：《陝西金文彙編》，三秦出版社，1989 年，頁 296。
〔註244〕彭裕商：《西周青銅器年代綜合研究》，巴蜀書社，2003 年，頁 427、428。
〔註245〕張亞初、劉雨：《西周金文官制研究》，中華書局，1986 年，頁 29。
〔註246〕盧連成、羅英傑：《陝西武功縣出土楚簋諸器》，《考古》1981 年 2 期。
〔註247〕故宮博物院：《故宮青銅器》，紫禁城出版社，1999 年，第 190 器。
〔註248〕《斷代》，頁 192。
〔註249〕黃盛璋：《西周微家族窖藏銅器群初步研究》，《社會科學戰線》1978 年 3 期，載入尹盛平編《西周微氏家族青銅器群研究》，文物出版社，1992 年，頁 150。
〔註250〕劉啟益：《西周紀年》，廣東教育出版社，2002 年，頁 299、300。
〔註251〕李學勤：《西周中期青銅的重要標尺》，《新出青銅器研究》，文物出版社，1990 年，頁 92。
〔註252〕郭沫若：《兩周金文辭大系圖錄考釋》，《金文文獻集成》第 21 冊，頁 457。
〔註253〕容庚：《商周彝器通考》，《金文文獻集成》第 37 冊，頁 20。

39. 諫簋

陳夢家、〔註254〕劉啟益〔註255〕訂在懿王世。郭沫若、〔註256〕吳其昌〔註257〕訂在厲王世。

【按】諫簋內史年見於揚簋，今訂在孝王世。

40. 癲鐘

與墻盤同出。黃盛璋訂在懿王世。〔註258〕尹盛平認為在孝夷之間。〔註259〕

【按】同出癲鐘有多枚，《集成》第1.247～248號癲鐘提到「文考」，則鑄鐘時墻已去世，癲鐘當在孝王世或孝王以後。

39. 諫簋〔註260〕

40. 癲鐘〔註261〕

〔註254〕《斷代》，頁189、190。

〔註255〕劉啟益：《西周紀年》，廣東教育出版社2002年，頁299。

〔註256〕郭沫若：《兩周金文辭大系圖錄考釋》，《金文文獻集成》第21冊，頁456。

〔註257〕吳其昌：《金文曆朔疏證》，《金文文獻集成》第38冊，頁95。

〔註258〕黃盛璋：《西周微家族窖藏銅器群初步研究》，《社會科學戰線》1978年3期。

〔註259〕尹盛平編：《西周微氏家族青銅器群研究》，文物出版社，1992年，頁93。

〔註260〕《斷代》下冊，頁734。

〔註261〕尹盛平編：《西周微氏家族青銅器群研究》，文物出版社，1992年，頁427、428。

第三節　西周晚期——厲、共和、宣、幽

據夏商周斷代工程的研究成果，厲王世當公元前 877～841 年，在位 35 年（共和當年改元）；共和 14 年，在公元前 841～828 年；宣王世當公元前 827～782 年，在位 46 年；幽王世當公元前 781～771 年，在位 11 年；西周晚期積年共 107 年。〔註 262〕

據劉啟益研究，厲王世當公元前 878～842 年，在位 37 年；共和 14 年，在公元前 841～828 年；宣王世當公元前 827～782 年，在位 46 年；幽王世當公元前 781～771 年，在位 11 年；西周晚期積年共 108 年。〔註 263〕

《史記·十二諸侯年表》始於共和元年，中國從此有了明確的歷史紀年。因此，關於西周晚期的積年數，諸家分歧較小。

41. 十二年大簋蓋

又稱大敦蓋、大乍皇考剌白敦蓋，傳世二器，一藏瑞典王宮，一藏中國歷史博物館。

唐蘭訂在恭王世。〔註 264〕郭沫若訂在懿王世。〔註 265〕陳夢家、〔註 266〕劉啟益〔註 267〕訂在孝王世。彭裕商訂在厲王世。〔註 268〕王世民、陳公柔等訂在厲王前後。〔註 269〕

【按】「大」又見於十五年大鼎（《集成》2806～2808）。大鼎銘文記周王饗醴，「大」與僚友負責守衛，受到王的賞賜。大鼎中王所在位置與大簋蓋同為「糧振宮」；大簋蓋銘稱父為「皇考剌伯」，大鼎銘稱父為「剌考己伯」，兩個「大」可能為同一人。故宮博物院藏有十五年大鼎，兩立耳，折口，球腹，三蹄足，口沿下飾兩道弦紋，其形制花紋與多友鼎酷似。〔註 270〕多友鼎、大鼎的年代當在厲王世，故訂十二年大簋蓋在厲王世。

〔註 262〕夏商周斷代工程專家組編著：《夏商周斷代工程 1996～2000 年階段成果報告（簡本）》，世界圖書出版公司 2000 年，頁 88。

〔註 263〕劉啟益：《西周紀年》，廣東教育出版社，2002 年，頁 10～13。

〔註 264〕唐蘭：《西周青銅器銘文分代史徵》，中華書局，1986 年，頁 434、435。

〔註 265〕郭沫若：《兩周金文辭大系圖錄考釋》，《金文文獻集成》第 21 冊，頁 441。

〔註 266〕《斷代》，頁 257。

〔註 267〕劉啟益：《西周紀年》，廣東教育出版社，2002 年，頁 341。

〔註 268〕彭裕商：《西周青銅器年代綜合研究》，巴蜀書社 2003 年，頁 409。

〔註 269〕王世民、陳公柔、張長壽：《西周青銅器分期斷代研究》，文物出版社，1999 年，頁 97。

〔註 270〕故宮博物院：《故宮青銅器》，紫禁城出版社，1999 年，第 183 器。

41. 十二年大簋蓋〔註271〕　　　　42. 㝬鐘〔註272〕

42. 㝬鐘

又名宗周鐘，器藏臺灣「故宮博物院」。

郭沫若訂在昭王世。〔註273〕柯昌濟訂在西周末葉。〔註274〕唐蘭訂在厲王世。〔註275〕李朝遠認為，從形制分析，㝬簋當在西周中期偏晚，則㝬鐘的「㝬」不一定是周厲王「胡」，將㝬鐘年代訂在厲王世可能有問題。〔註276〕

【按】誠如李朝遠所言，銅器王稱均為他稱，㝬鐘有「王」、「我」、「㝬」、「朕」、「余小子」等稱謂，若將㝬鐘銘文「王肇遹省文、武」解釋為周厲王自鑄銅鐘而以他人的口吻說「王作某某事」確實有困難。但是，我們也很難據此推翻唐蘭的結論，因為㝬鐘銘文明言：「王對，作宗周寶鐘」、「用邵格丕顯祖考先王」等，這裏分明是周王作寶鐘，周王「邵格」祖考、先王；而且銘文「㝬其萬年，畯保四國」也分明是周天子的語氣。至於㝬鐘銘文的稱謂變化，可能是避複所致。所以，我們仍信從唐蘭的觀點，將㝬鐘排入厲王世。

〔註271〕王世民、陳公柔、張長壽：《西周青銅器分期斷代研究》，文物出版社，1999年，頁94。

〔註272〕《斷代》，頁854。

〔註273〕郭沫若：《兩周金文辭大系圖錄考釋》，《金文文獻集成》第21冊，頁423。

〔註274〕柯昌濟：《韡華閣集古錄跋尾》，《金文文獻集成》第25冊，頁101。

〔註275〕唐蘭：《周王㝬鐘考》，《唐蘭先生金文論集》，紫禁城出版社，1995年，頁34～42。

〔註276〕李朝遠：《「㝬簋為厲王之器」說獻疑》（頁260～266），《〈五祀㝬鐘〉新讀》（267～277）、《西周金文中的「王」與「王器」》（頁358），載入《青銅器學步集》，文物出版社，2007年。

43. 鬲比盨、鬲比鼎

吳其昌、〔註277〕郭沫若、〔註278〕容庚〔註279〕訂在厲王世。劉啟益、〔註280〕彭裕商〔註281〕訂在宣王世。

【按】李學勤認為，西周晚期有三個克，唐蘭將大克鼎訂在夷、厲時期可信。〔註282〕鬲比盨中的佑者「膳夫克」，即大克鼎中的膳夫克。鬲比器的年代，當從厲王說。

43. 鬲比盨〔註283〕 鬲比鼎〔註284〕

44. 散氏盤

《陝西金石志》言清乾隆初年散氏盤出於陝西鳳翔。〔註285〕散氏盤又稱乙卯鼎、乙卯鬲、散盤、人矢盤、西宮盤等，現藏臺灣「故宮博物院」。阮元曾說散氏盤有三足，〔註286〕而現存散氏盤為圈足，所以有的學者認為散氏盤的真實性還存在一些疑問。〔註287〕

柯昌濟訂在西周中葉。〔註288〕王國維訂在厲王世。〔註289〕吳其昌、

〔註277〕吳其昌：《金文曆朔疏證》，《金文文獻集成》第 38 冊，頁 106。

〔註278〕郭沫若：《兩周金文辭大系圖錄考釋》，《金文文獻集成》第 21 冊，頁 460。

〔註279〕容庚：《商周彝器通考》，《金文文獻集成》第 37 冊，頁 98。

〔註280〕劉啟益：《西周紀年》，廣東教育出版社 2002 年，頁 388。

〔註281〕彭裕商：《西周青銅器年代綜合研究》，巴蜀書社，2003 年，頁 458。

〔註282〕李學勤：《論克器的區分》，《夏商周年代學箚記》，遼寧大學出版社，1999 年，頁 154。

〔註283〕故宮博物院：《故宮青銅器》，紫禁城出版社，1999 年，第 195 器。

〔註284〕《斷代》下冊，頁 822。

〔註285〕轉見於中國社科院考古所《殷周金文集成釋文》（香港中文大學中國文化研究所，2001 年）第 6 冊，頁 134。

〔註286〕〔清〕阮元：《積古齋鐘鼎彝器款識》，《金文文獻集成》第 10 冊，頁 175。

〔註287〕劉傳賓：《西周青銅器銘文土地轉讓研究》，吉林大學 2007 年碩士學位論文，頁 42。

〔註288〕柯昌濟：《韡華閣集古錄跋尾》，《金文文獻集成》第 25 冊，頁 158。

〔註289〕王國維：《散氏盤考釋》，《古史新證——王國維最後的講義》，清華大學出版社，1994 年，頁 96～98、102。

〔註 290〕郭沫若、〔註 291〕容庚〔註 292〕、彭裕商〔註 293〕亦訂在厲王世。劉啟益訂在宣王世。〔註 294〕

【按】現存散氏盤有可能是翻鑄品或仿鑄品，但這不影響散氏盤銘的整體可靠性。散氏盤銘中的矢王，經考古發掘證實確有其人；矢國和西周王朝相始終，其地望應在今陝西隴縣、千陽、寶雞賈村一帶；汧水是古矢國境內最主要的河流。〔註 295〕

散氏盤的年代。劉啟益誤從王國維說，以為散氏盤中的「㑒從嗇」，即「𠦪攸從鼎」中的「𠦪攸從」；而𠦪比諸器，劉氏訂在宣王時，所以將散氏盤也訂在宣王世。裘錫圭認為，所謂的「𠦪從」當為「𠦪比」；散氏盤「㑒從嗇」的所謂「從」字從二「卪」，說不定是「選」的初文；「𠦪」顯然是氏，不能移到相當於私名的所謂「從」字之後；「㑒從嗇」甚至還不能肯定可以連讀為一人之名；所以，王國維將散氏盤中的「㑒從嗇」等同於「𠦪攸從鼎」中的「𠦪攸從」並不可信。〔註 296〕今從厲王說。

44. 散氏盤〔註 297〕　　　　　45. 多友鼎〔註 298〕

〔註 290〕吳其昌：《金文厤朔疏證》，《金文文獻集成》第 38 冊，頁 110。

〔註 291〕郭沫若：《兩周金文辭大系圖錄考釋》，《金文文獻集成》第 21 冊，頁 462。

〔註 292〕容庚：《商周彝器通考》，《金文文獻集成》第 37 冊，頁 20。

〔註 293〕彭裕商：《西周青銅器年代綜合研究》，巴蜀書社，2003 年，頁頁 420。

〔註 294〕劉啟益：《西周紀年》，廣東教育出版社，2002 年，頁 389。

〔註 295〕盧連成、尹盛平：《古矢國遺址、墓地調查記》，《金文文獻集成》第 22 冊，頁 445～447。

〔註 296〕裘錫圭：《釋「受」》，《容庚先生百年誕辰紀念文集》，廣東人民出版社，1998 年，頁 149。

〔註 297〕《斷代》下冊，頁 897。

〔註 298〕王世民、陳公柔、張長壽：《西周青銅器分期斷代研究》，文物出版社，1999 年，頁 46。

45. 多友鼎

1980 年陝西省長安縣斗門公社下泉村出土，器藏陝西省博物館。

吳鎮烽、〔註 299〕劉啟益〔註 300〕訂在夷王世。李學勤、〔註 301〕張亞初〔註 302〕、劉翔、〔註 303〕黃盛璋、〔註 304〕彭裕商〔註 305〕訂在厲王世。田醒農、〔註 306〕劉雨、〔註 307〕夏含夷〔註 308〕訂在宣王世。王世民等訂在西周晚期偏早階段。〔註 309〕

【按】多友鼎的武公、向父，分別見於禹鼎（《集成》5.2833）、叔向父禹簋（《集成》8.4242），禹又稱向父、叔向父禹，與多友同為武公下屬。顯然，考定武公和禹的年代，有助於確定多友鼎的年代。

禹鼎銘記錄了禹的世系，即皇祖（高祖）穆公——聖祖（祖）幽大叔——（考）懿叔——禹。禹稱其皇祖穆公「克夾召先王奠四方」，地位非常顯赫。這個穆公很可能就是盠方彝中佑盠的穆公，其活動年代當在西周昭穆時期，見本文盠簋。順推下來，若禹的聖祖幽大叔當恭王世，則懿叔當懿王世，而禹當夷王世（孝王是穆王子，不構成一世）。又從恭王至厲王有四代五王，其間述盤中的單氏家族經歷了零伯、懿仲、恭叔三代，而禹鼎從幽大叔、懿叔至禹也剛好是三代；因此，禹很可能成長於夷王世，而從事政治活動則主要在厲王世。叔向父禹的年代，徐中舒訂在厲王世，〔註 310〕應該可信。據楊亞長考證，武公的年代在厲、宣時期。〔註 311〕武公是禹的上司，其年齡很可能比禹還大，因此武公的活動年代應該不出厲王世。綜合考慮，多友鼎所記戰事當訂在厲王世。

〔註 299〕吳鎮烽：《金文人名彙編》（修訂本），中華書局，2006 年，頁 126。
〔註 300〕劉啟益：《西周紀年》，廣東教育出版社，2002 年，頁 366。
〔註 301〕李學勤：《論多友鼎的時代及意義》，《人文雜誌》1981 年 6 期。
〔註 302〕張亞初：《談多友鼎銘文的幾個問題》，《金文文獻集成》第 28 冊，頁 522。
〔註 303〕劉翔：《多友鼎銘兩議》，《金文文獻集成》第 28 冊，頁 526。
〔註 304〕黃盛璋：《多友鼎的歷史與地理問題》，《金文文獻集成》第 28 冊，頁 528。
〔註 305〕彭裕商：《西周青銅器年代綜合研究》，巴蜀書社，2003 年，頁 396、397。
〔註 306〕田醒農、雒忠如：《多友鼎的發現及其銘文試釋》，《人文雜誌》1981 年 4 期。
〔註 307〕劉雨：《多友鼎銘的時代與地名考訂》，《金文文獻集成》第 28 冊，頁 525。
〔註 308〕夏含夷：《測定多友鼎的年代》，《考古與文物》1985 年 6 期。
〔註 309〕王世民、陳公柔、張長壽：《西周青銅器分期斷代研究》，文物出版社，1999 年，頁 48。
〔註 310〕徐中舒：《禹鼎的年代及其相關問題》，《金文文獻集成》第 28 冊，頁 516。
〔註 311〕楊亞長：《金文所見之益公、穆公與武公考》，《考古與文物》2004 年 6 期。

46. 善夫克器

膳夫克盨，傳清朝光緒十六年（1890）陝西扶風縣法門寺任村窖藏，同出還有大、小克鼎。善夫克盨器藏美國芝加哥美術館。

大克鼎，柯昌濟訂在西周中葉。〔註312〕郭沫若、〔註313〕吳其昌、〔註314〕容庚、〔註315〕唐蘭、〔註316〕李學勤、〔註317〕李朝遠〔註318〕等訂在厲王世。彭裕商、〔註319〕劉啟益訂在宣王世。〔註320〕

與大克鼎同作器者的小克鼎，王世民等訂在夷厲時期；大克鼎中克的佑者申季又見於伊簋（《集成》8.4287），王世民等將伊簋訂在厲王前後。〔註321〕

【按】大克鼎的年代，李朝遠據 2003 年出土的逨盤世系重新探討並訂在厲王世，可從。膳夫克盨亦當在厲王世。

46. 善夫克盨〔註322〕　　　　　　　　大克鼎〔註323〕

〔註312〕柯昌濟：《韡華閣集古錄跋尾》，《金文文獻集成》第 25 冊，頁 132。

〔註313〕郭沫若：《兩周金文辭大系圖錄考釋》，《金文文獻集成》第 21 冊，頁 458。

〔註314〕吳其昌：《金文厤朔疏證》，《金文文獻集成》第 38 冊，頁 102。

〔註315〕容庚：《商周彝器通考》，《金文文獻集成》第 37 冊，頁 19。

〔註316〕唐蘭：《關於大克鐘》，《唐蘭先生金文論集》，紫禁城出版社，1995 年，頁338。

〔註317〕李學勤：《論克器的區分》，《夏商周年代學箚記》，遼寧大學出版社，1999 年，頁 154。

〔註318〕李朝遠：《眉縣新出逨盤與大克鼎的時代》，《青銅器學步集》，文物出版社，2007 年，頁 309。

〔註319〕彭裕商：《西周青銅器年代綜合研究》，巴蜀書社，2003 年，頁 451～454、516。

〔註320〕劉啟益：《西周紀年》，廣東教育出版社，2002 年，頁 386。

〔註321〕王世民、陳公柔、張長壽：《西周青銅器分期斷代研究》，文物出版社，1999年，頁 31、32、91。

〔註322〕《斷代》下冊，頁 821。

〔註323〕上海博物館編：《盂鼎克鼎》，上海博物館，1959 年，頁 19。

47. 敔簋

存世僅有摹本，見著於《博古圖》，斂口鼓腹，圈足下又有三足，器腹飾有瓦棱紋，雙環耳上飾以立耳獸頭，方垂珥，是西周中後期通行的風格。〔註324〕

陳夢家訂在孝王世。〔註325〕郭沫若、〔註326〕劉啟益〔註327〕訂在夷王世。吳其昌、〔註328〕容庚、〔註329〕彭裕商〔註330〕訂在厲王世。

【按】敔簋銘中，武公、榮伯、周王在成周、南淮夷內侵等，都是重要的斷代要素。武公的活動年代約在夷、厲之世，詳本文多友鼎。據吳鎮烽研究，金文中有三個「榮伯」，活動時代跨越了西周中期，〔註331〕因此「榮伯」不能作為判定具體王世的依據。又《後漢書·東夷傳》云:「厲王無道，淮夷入寇。」綜上，敔簋記事當在厲王世。

47. 敔簋〔註332〕

48. 南宮柳鼎

傳1948年前陝西寶雞虢鎮出土，典型的西周晚期球腹蹄足弦紋鼎，口沿下飾一週回首卷尾夔龍紋。現藏中國歷史博物館。

〔註324〕〔北宋〕王黼:《宣和博古圖》,《金文文獻集成》第2冊,頁67。
〔註325〕陳夢家:《西周青銅器斷代》,中華書局,2004年,頁229。
〔註326〕郭沫若:《兩周金文辭大系圖錄考釋》,《金文文獻集成》第21冊,頁452。
〔註327〕劉啟益:《西周紀年》,廣東教育出版社,2002年,頁365、366。
〔註328〕吳其昌:《金文曆朔疏證》,《金文文獻集成》第38冊,頁97。
〔註329〕容庚:《商周彝器通考》,《金文文獻集成》第37冊,頁20。
〔註330〕彭裕商:《西周青銅器年代綜合研究》,巴蜀書社,2003年,頁394。
〔註331〕吳鎮烽:《金文人名彙編》(修訂本),中華書局,2006年,頁361、362。
〔註332〕〔北宋〕王黼:《宣和博古圖》,《金文文獻集成》第2冊,頁67。

　　陳夢家訂在孝王世。〔註333〕劉啟益訂在夷王世。〔註334〕彭裕商訂在厲王世。〔註335〕王世民等訂在西周晚期偏早階段。〔註336〕

　　【按】本器人物「武公」、「作冊尹」是斷代的關鍵。武公的活動年代下限當在厲王世。吳鎮烽將南宮柳鼎的作冊尹訂在夷王時期。〔註337〕該鼎形制與多友鼎相似。今從厲王說。

48. 南宮柳鼎〔註338〕

49. 微轡鼎

　　見著於北宋《續考古圖》，崇寧（1102～1106年）初，得於商州（今陝西商洛地區），是典型的西周晚期立耳球腹弦紋鼎。〔註339〕

　　陳夢家訂在夷王世。〔註340〕郭沫若、〔註341〕容庚〔註342〕訂在厲王世。劉啟益、〔註343〕彭裕商〔註344〕訂在宣王世。

　　【按】微轡鼎的時間、王在地點與小克鼎相同。小克鼎與大克鼎為同人

〔註333〕《斷代》，頁229。

〔註334〕劉啟益：《西周紀年》，廣東教育出版社，2002年，頁367。

〔註335〕彭裕商：《西周青銅器年代綜合研究》，巴蜀書社，2003年，頁397。

〔註336〕王世民、陳公柔、張長壽：《西周青銅器分期斷代研究》，文物出版社，頁42、46。

〔註337〕吳鎮烽：《金文人名彙編》（修訂本），中華書局，2006年，頁150、357。

〔註338〕王世民、陳公柔、張長壽：《西周青銅器分期斷代研究》，文物出版社，1999年，頁39。

〔註339〕〔北宋〕趙九成：《續考古圖》，《金文文獻集成》第1冊，頁263。

〔註340〕《斷代》，頁281。

〔註341〕郭沫若：《兩周金文辭大系圖錄考釋》，《金文文獻集成》第21冊，頁460。

〔註342〕容庚：《商周彝器通考》，《金文文獻集成》第37冊，頁19。

〔註343〕劉啟益：《西周紀年》，廣東教育出版社，2002年，頁387。

〔註344〕彭裕商：《西周青銅器年代綜合研究》，巴蜀書社2003年，頁457。

所作，形制相同。本文已訂大克鼎在厲王世，則微轡鼎也當在厲王世。

50. 吳虎鼎

1992 年出土於陝西省長安縣申店鄉徐家寨村，1997 年清查庫房文物除鏽時發現銘文。〔註345〕吳虎鼎現藏長安縣博物館。

李學勤說：「銘中有夷王之廟，又有厲王之名，所以鼎作於宣王時全無疑義，因為幽王沒有十八年，平王則已東遷了。」〔註346〕

【按】宣王說可從。

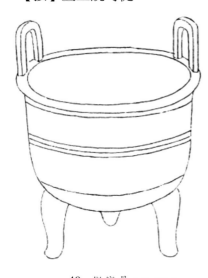 

49. 微轡鼎〔註347〕　　　　　　　　50. 吳虎鼎〔註348〕

51. 不嬰簋

傳世有不嬰簋蓋，見著於《從古堂款識學》，〔註349〕現藏中國歷史博物館。1980 年，山東省滕縣後荊溝西周殘墓出土不嬰簋，與傳世不嬰簋蓋同銘，現藏滕縣博物館。〔註350〕

不嬰簋的年代，郭沫若〔註351〕訂在夷王世。上引《從古堂款識學》、容庚

〔註345〕穆曉軍：《陝西長安縣出土西周吳虎鼎》，《考古與文物》1998 年 3 期。
〔註346〕李學勤：《吳虎鼎考釋——夏商周斷代工程考古學筆記》，《考古與文物》1998年 3 期。
〔註347〕〔北宋〕趙九成：《續考古圖》，《金文文獻集成》第 1 冊，頁 263。
〔註348〕王世民、陳公柔、張長壽：《西周青銅器分期斷代研究》，文物出版社，1999年，頁 38。
〔註349〕〔清〕徐同柏：《從古堂款識學》，《金文文獻集成》第 10 冊，頁 397。
〔註350〕萬樹瀛：《滕縣後荊溝出土不嬰簋等青銅器群》，《文物》1981 年 9 期。
〔註351〕郭沫若：《兩周金文辭大系圖錄考釋》，《金文文獻集成》第 21 冊，頁 451。

〔註352〕等訂在厲王世。吳其昌、〔註353〕陳夢家、〔註354〕彭裕商〔註355〕訂在宣王世。王世民等訂在西周晚期。〔註356〕

【按】不嬰簋銘記周伐玁狁，伐玁狁事又見於宣王時期的四十二年逨鼎。簋銘「伯氏」，有可能是琱生器中的「琱生」。今訂在宣王世。

51. 不嬰簋蓋、不嬰簋〔註357〕

52. 單逨三器

單逨三器即逨盤、四十二年逨鼎、四十三年逨鼎，西周單氏家族銅器，2003 年陝西省眉縣馬家鎮楊家村出土，〔註358〕現藏陝西省寶雞市青銅博物館。

馬承源、陳佩芬訂在厲王世。〔註359〕周曉陸擬在「共和行政」時期。〔註360〕李學勤、〔註361〕王輝、〔註362〕黃盛璋、〔註363〕李零、〔註364〕董珊、〔註365〕夏含夷〔註366〕等訂在宣王世。

〔註352〕容庚：《商周彝器通考》，《金文文獻集成》第 37 冊，頁 20。

〔註353〕吳其昌：《金文麻朔疏證》，《金文文獻集成》第 38 冊，頁 130。

〔註354〕《斷代》，頁 318。

〔註355〕彭裕商：《西周青銅器年代綜合研究》，巴蜀書社，2003 年，頁 435、436。

〔註356〕王世民、陳公柔、張長壽：《西周青銅器分期斷代研究》，文物出版社，1999 年，頁 91。

〔註357〕《斷代》下冊，頁 861。

〔註358〕陝西省考古研究所等：《陝西眉縣楊家村西周青銅器窖藏發掘簡報》，《文物》2003 年 6 期。

〔註359〕馬承源等：《陝西眉縣出土窖藏青銅器筆談》，《文物》2003 年 6 期。

〔註360〕周曉陸：《西周「徠器」及相關問題探討》，《南京大學學報》2003 年 4 期。

〔註361〕李學勤：《眉縣楊家村新出青銅器研究》，《文物》2003 年 6 期。

〔註362〕王輝：《逨盤銘文箋釋》，《考古與文物》2003 年 3 期。

〔註363〕黃盛璋：《眉縣楊家村速家窖藏銅器解要》，《中國歷史文物》2004 年 3 期。

〔註364〕李零：《讀楊家村出土的虞逨諸器》，《中國歷史文物》2003 年 3 期。

〔註365〕董珊：《略論西周單氏家族窖藏青銅器銘文》，《中國歷史文物》2003 年 4 期。

〔註366〕夏含夷：《四十二年、四十三年兩件吳逨鼎的年代》，《中國歷史文物》2003 年 5 期。

52. 逨盤

四十二年逨鼎

四十三年逨鼎〔註367〕

【按】因所謂「曆日問題」將逨鼎年代訂在厲王世的方案不可取。西周曆法粗疏，定朔、置閏、大小月安排等因素均可影響曆日復原，我們不應該以今人的曆日測算結果否定銅器銘文中明確的王世記錄。「共和說」多猜測之詞，亦不可取。

逨盤銘中，周王冊命逨作虞，四十三年逨鼎銘複述此事，且周王又增命逨「官司曆人」。可見，逨盤在前，四十三年逨鼎在後，單逨三器均在同一王世。西周厲王積年，據《史記·周本紀》為三十七年，據《通鑒外紀》為四十年，〔註368〕若奔彘以後的共和十四年也計入厲王名下，厲王王年最多可至五十四年。考慮到厲王奔彘後不可能再冊命大臣，則厲王冊封大臣的銅器紀年最高也只能到四十年，明顯少於逨鼎的四十三年。據此，逨鼎當在宣王世。

況且，逨盤歷數西周列王王號，直到剌（厲）王，逨的先祖與西周列王有明顯的對應關係。盤銘記述父皇考恭叔「享逨剌（厲）王」，然後記述襲職從政，天子「多錫（賜）逨」，顯然這裏的「天子」應該理解為宣王，據此亦可訂逨盤為宣王器。

〔註367〕陝西文物局等編：《盛世吉金：陝西寶雞眉縣青銅器窖藏》，北京出版社，2003年。

〔註368〕《通鑒外紀》（〔北宋〕劉恕撰）所載厲王積年轉見於《斷代》，頁502。

53. 琱生三器

琱生三器即五年琱生簋、五年琱生尊和六年琱生簋。琱生簋為傳世器，五年簋藏美國耶魯大學博物館，六年簋藏中國歷史博物館。五年簋高 20.8 釐米，口徑 19.5 釐米；六年簋高 19.7 釐米，口徑 21.8 釐米。五年琱生尊一對同銘，2006 年 11 月出土於陝西省扶風五郡西村青銅器窖藏，器銘與傳世琱生簋相關，發掘簡報將琱生尊訂在厲王五年，並認為這個窖藏為西周時期所埋，同出器物年代跨度大，從西周早期一直到西周晚期都有。〔註369〕

琱生器的年代。陳夢家訂在孝王世。〔註370〕王世民等訂在西周中期。〔註371〕吳鎮烽將琱生簋中的召伯虎訂在西周中期後段。〔註372〕林澐曾認為琱生簋的五年、六年最有可能是厲王五年、六年，〔註373〕琱生尊出土以後，又認為「將琱生器定為宣王、厲王時期的器物，從器形上說是有矛盾的」。〔註374〕李學勤主張將琱生器的年代訂在厲王早期。〔註375〕劉啟益主張訂在共和五年和六年。〔註376〕阮元、〔註377〕吳其昌、〔註378〕郭沫若、〔註379〕彭裕商〔註380〕、王輝〔註381〕等訂在宣王世。

【按】銘文中的「召伯虎」，很多學者以為即《詩·崧高》的「召伯」、《詩·江漢》的「召虎」、《周語·國語上》的「邵公」等，主要活動在厲、宣時期。但是，琱生簋上解散的獸面紋是從早期獸面紋（傳統稱「饕餮紋」）演變為竊曲紋的過渡型式，一般認為是西周中期特有的紋樣。可見，琱生器各

〔註369〕寶雞市考古所、扶風縣博物館：《陝西扶風五郡西村西周青銅器窖藏發掘簡報》，《文物》2007 年 8 期。

〔註370〕《斷代》，頁 231～235。

〔註371〕王世民、陳公柔、張長壽：《西周青銅器分期斷代研究》，文物出版社，1999 年，頁 101。

〔註372〕吳鎮烽：《陝西金文彙編》，三秦出版社，1989 年，頁 105。

〔註373〕林澐：《琱生簋新釋》，《古文字研究》第 3 輯，中華書局，1980 年，頁 131。

〔註374〕林澐：《琱生三器新釋》，復旦大學出土文獻與古文字研究中心網站，2007 年 12 月 21 日。

〔註375〕李學勤：《琱生諸器銘文聯讀研究》，《文物》2007 年 8 期。

〔註376〕劉啟益：《西周紀年》，廣東教育出版社，2002 年，頁 412。

〔註377〕〔清〕阮元：《積古齋鐘鼎彝器款識》，《金文文獻集成》第 10 冊，頁 154。

〔註378〕吳其昌：《金文厤朔疏證》，《金文文獻集成》第 38 冊，頁 122。

〔註379〕郭沫若：《兩周金文辭大系圖錄考釋》，《金文文獻集成》第 21 冊，頁 469。

〔註380〕彭裕商：《西周青銅器年代綜合研究》，巴蜀書社，2003 年，頁 439、440、448～450。

〔註381〕王輝：《琱生三器考釋》，《考古學報》2008 年 1 期。

種斷代要素反映的時間信息很不一致。與五年琱生尊同出的器物，時間跨度
過大，也不能為琱生器斷代提供更多積極的信息。

53. 五年琱生簋　　　六年琱生簋〔註382〕

五年琱生尊〔註383〕

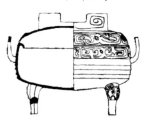

附參：召伯虎盨及銘拓〔註384〕

附參：師艅簋及其紋飾拓片〔註385〕

〔註382〕王世民、陳公柔、張長壽：《西周青銅器分期斷代研究》，文物出版社，1999
　　　　年，頁 100。
〔註383〕寶雞市考古所、扶風縣博物館：《陝西扶風五郡西村西周青銅器窖藏發掘簡
　　　　報》，《文物》2007 年 8 期。
〔註384〕趙振華、申建偉：《洛陽東郊 C5M906 號西周墓》，《考古》1995 年 9 期。
〔註385〕陳佩芬：《夏商周青銅器研究——上海博物館藏品·西周篇》，上海古籍出版
　　　　社，2004 年，頁 445、447。

兩件珊生簋的特點是高圈足，與豆形器的柄足相似。據王世民等人統計，這類簋目前只發現三件，還有一件是陝西寶雞紙坊頭 M1 西周墓出土的獸面紋高圈足簋，高 22.8、口徑 20.3 釐米，無銘，西周早期器。〔註 386〕從類型學的角度看，這類簋數量太少，還不足以從器型演變的角度判定其年代。因此，珊生簋形制、紋飾方面反映出來的較早的時代特徵，需慎重考慮；前引王輝《珊生三器考釋》對此有很好的論述，可參。

對珊生器斷代有關鍵意義的銅器是 1993 年洛陽東郊西周墓葬發掘所得的兩件召伯虎盨和上海博物館藏的師㝨簋（《集成》8.4324、4325）。兩件召伯虎盨形制相同，通高 21 釐米，與五年珊生簋高 20.8 釐米非常接近。盨銘中的「召伯虎」，與珊生簋銘中的「召伯虎」寫法極為相似，趙振華認為二者當指同一個人，盨的鑄造時間晚於珊生簋。〔註 387〕張懋鎔曾系統研究過兩周銅盨。他將銅盨分為六期，召伯虎盨在器形上劃歸Ⅱd型Ⅱ式，屬於第四期，年代在宣幽時期，與召伯虎盨類似的還有立盨、徲盨、矢臕盨等。〔註 388〕

師㝨簋銘中的「宰珊生」，當即珊生。師㝨簋的年代，王世民等訂在厲王前後。〔註 389〕師㝨簋和宣王世的師寰簋形制相似，年代應當相近。

既然從形制上也可推斷召伯虎盨、師㝨簋在西周晚期，則珊生器也可訂在西周晚期。今從宣王說。

54. 兮甲盤

宋代出土。元代李順父曾收藏，其家人將盤足折斷，充當餅盤，後歸書畫家、收藏家鮮于樞。晚清陳介祺曾收藏。今下落不明。

劉啟益訂在厲王世。〔註 390〕王國維、〔註 391〕吳其昌、〔註 392〕郭沫若、

〔註 386〕王世民、陳公柔、張長壽：《西周青銅器分期斷代研究》，文物出版社，1999年，頁 101。

〔註 387〕趙振華、申建偉：《洛陽東郊 C5M906 號西周墓》，《考古》1995 年 9 期。

〔註 388〕張懋鎔：《兩周青銅盨研究》，《考古學報》2003 年 1 期。

〔註 389〕王世民、陳公柔、張長壽：《西周青銅器分期斷代研究》，文物出版社，1999年，頁 90。

〔註 390〕劉啟益：《西周紀年》，廣東教育出版社，2002 年，頁 374。

〔註 391〕王國維：《兮甲盤跋》，《觀堂集林》（外二種），河北教育出版社，2003 年，頁 650、651。

〔註 392〕吳其昌：《金文厤朔疏證》，《金文文獻集成》第 38 冊，頁 122。

〔註393〕陳夢家、〔註394〕王世民等〔註395〕訂在宣王世。彭裕商認為也有可能在幽王世。〔註396〕

【按】儘管此器斷代有分歧，但是諸家均承認兮甲即《詩·小雅·六月》的「吉甫」，或稱「尹吉甫」。《今本竹書紀年》：「〔宣王〕五年夏六月，尹吉甫帥師伐玁狁，至於太原。」今從宣王說。

54. 兮甲盤〔註397〕　　　　55. 師寰簋〔註398〕

55. 師寰簋

存世兩器，一器現藏上海博物館，另一器藏美國堪薩斯市納爾遜美術陳列館。上博館所藏有蓋，蓋有圈狀捉手，斂口、鼓腹，雙龍首環耳，垂珥，圈足下有三隻獸頭足。蓋沿、口沿飾獸目勾連紋，蓋心、器腹飾瓦棱紋，圈足飾魚鱗紋。

吳鎮烽、〔註399〕劉啟益〔註400〕訂在厲王世。吳其昌、〔註401〕彭裕商、〔註402〕陳佩芬〔註403〕訂在宣王世。郭沫若亦訂在宣王世，並謂「師寰」可能就是《詩·小雅·采芑》中的「方叔」。〔註404〕王世民等訂在西周晚期偏

〔註393〕郭沫若：《兩周金文辭大系圖錄考釋》，《金文文獻集成》第 21 冊，頁 469。

〔註394〕《斷代》，頁 324。

〔註395〕王世民、陳公柔、張長壽：《西周青銅器分期斷代研究》，文物出版社，1999年，頁 156。

〔註396〕彭裕商：《西周青銅器年代綜合研究》，巴蜀書社，2003 年，頁 437。

〔註397〕郭沫若：《兩周金文辭大系圖錄考釋》，《金文文獻集成》第 21 冊，頁 862。

〔註398〕陳佩芬：《夏商周青銅器研究——上海博物館藏品·西周篇》，上海古籍出版社，2004 年，頁 465。

〔註399〕吳鎮烽：《金文人名彙編》（修訂本），中華書局，2006 年，頁 348。

〔註400〕劉啟益：《西周紀年》，廣東教育出版社，2002 年，頁 371。

〔註401〕吳其昌：《金文麻朔疏證》，《金文文獻集成》第 38 冊，頁 119。

〔註402〕彭裕商：《西周青銅器年代綜合研究》，巴蜀書社，2003 年，頁 438。

〔註403〕陳佩芬：《夏商周青銅器研究——上海博物館藏品· 西周篇》，上海古籍出版社，2004 年，頁 466。

〔註404〕郭沫若：《兩周金文辭大系圖錄考釋》，《金文文獻集成》第 21 冊，頁 471。

早階段。〔註405〕

【按】一般認為，師袁簋的「師袁」與袁鼎（《集成》5.2819）、袁盤（《集成》16.10172）的「袁」是同一個人。劉啟益將袁盤訂在厲王世，連帶師袁簋也訂在厲王世，但他又說：「袁盤所記月相與實際月相有四日之誤差，原因不詳。」〔註406〕可見，將袁器訂在厲王世存在較大問題。袁鼎的「史減」又見於四十二年逨鼎，若師袁簋的「師袁」與袁鼎的「袁」是同一個人，則師袁簋必在宣王世。

56. 駒父盨蓋〔註407〕

56. 駒父盨蓋

1974 年 2 月，陝西武功縣回龍村周代遺址出土，現藏武功縣文化館。盨蓋呈圓角矩形狀，頂有四個短扉。蓋沿飾重環紋，蓋腹飾瓦棱紋，蓋心飾蟠夔紋，扉上飾雲紋。〔註408〕

原報告作者吳大焱、劉啟益、〔註409〕彭裕商〔註410〕等訂在宣王世。

【按】銘文「南仲」又見於無𢼸鼎（《集成》5.2814），還見於《詩·出車》：「王命南仲，往城於方」，《詩·常武》：「王命卿士，南仲大祖」。駒父盨蓋的年代，諸家皆訂在宣王世，可從。

〔註405〕王世民、陳公柔、張長壽：《西周青銅器分期斷代研究》，文物出版社，1999年，頁 91。

〔註406〕吳其昌：《金文麻朔疏證》，《金文文獻集成》第 38 冊，頁 379。

〔註407〕吳大焱、羅英傑：《陝西武功縣出土駒父盨蓋》，《文物》1976 年 5 期。

〔註408〕吳大焱、羅英傑：《陝西武功縣出土駒父盨蓋》，《文物》1976 年 5 期。

〔註409〕劉啟益：《西周紀年》，廣東教育出版社，2002 年，頁 383。

〔註410〕彭裕商：《西周青銅器年代綜合研究》，巴蜀書社，2003 年，頁 437、438。

本章小結

西周土田類金文斷代匯總表：

序號	器名	時代	序號	器名	時代
1	大保簋	成王	29	卯簋蓋	恭、懿
2	沬司徒疑簋	成王	30	段簋	恭、懿
3	亳鼎	成王	31	裘衛諸器	恭、懿
4	匽侯克器	成、康	32	師永盂	恭、懿
5	召圜器	康王	33	伯晨鼎	恭、懿
6	宜侯夨簋	康王	34	羚簋	恭、懿
7	大盂鼎	康王	35	免器	懿
8	旗鼎	康王	36	曶鼎	懿
9	雍伯鼎	康王	37	楚簋	懿
10	作冊析器	康、昭	38	揚簋	孝
11	中器	昭王	39	諫簋	孝
12	靜方鼎	昭王	40	瘋鐘	孝
13	遣卣	昭王	41	十二年大簋蓋	厲
14	麥方尊	昭王	42	猷鐘	厲
15	鼻作又母辛鬲	西周早期	43	鬲比器	厲
16	旅鼎	西周早期	44	散氏盤	厲
17	季姬方尊	穆	45	多友鼎	厲
18	䣄簋	穆	46	善夫克器	厲
19	令鼎	恭	47	敔簋	厲
20	同簋	恭	48	南宮柳鼎	厲
21	次卣	恭	49	微䜌鼎	厲
22	宎鼎	恭	50	吳虎鼎	宣
23	賢簋	恭	51	不嬰簋	宣
24	恒簋蓋	恭	52	琱生三器	宣
25	救簋蓋	恭	53	單逨三器	宣
26	士山盤	恭	54	兮甲盤	宣
27	牆盤	恭	55	師袁簋	宣
28	格伯簋	恭	56	駒父盨蓋	宣

第二章　西周金文中的土田封賜

　　1976 年 3 月上旬，陝西省臨潼縣零口公社發現利簋，上面有銘文：「珷征商，隹（唯）甲子朝，歲鼎（貞、當），克，聞（昏）夙又（有）商。」〔註1〕其中武王征商的時間「甲子朝」，與《尚書‧牧誓》「時甲子昧爽，王朝至於商郊牧野」密合，再一次確證武王克商為信史，中國歷史從此進入西周時期。

　　據《史記‧周本紀》，周武王攻滅商紂王以後，曾「封諸侯，班賜宗彝，作《分殷之器物》」，分封的對象主要有三大部份：其一，殷商舊部。由於「殷初定未集」，武王將「殷之餘民」封給商紂王的兒子祿父，並讓自己的兩個弟弟管叔鮮、蔡叔度「相」祿父治理殷民。其二，神農、黃帝、堯、舜、禹等「聖王」之后，是謂「褒封」。其三，新封同姓子弟、功臣謀士，如周公旦、召公奭、師尚父等。〔註2〕分封有詳細記錄，鄭玄說：「作《分器》，著王之命及受物。」受封者的情況，司馬遷只交代了幾位重要人物，然後說：「餘各以次受封。」這裏的「餘」涉及哪些人，數量有多少，史遷語焉不詳。有學者指出，西周的分封其實是一系列的歷史事件，典籍關於周公封魯、召公封燕的記載並不可靠。〔註3〕總之，西周封建的人和事，大多已湮滅在歲月長河之中。

〔註1〕臨潼縣文化館：《陝西臨潼發現武王征商簋》，《文物》1977 年 8 期。劉釗：《利簋銘文新解》，《古文字研究》第 26 輯，中華書局，2006 年，頁 182。
〔註2〕金景芳：《〈周禮〉與〈王制〉封國之制平議》，《金景芳古史論集》，吉林大學出版社，1991 年，頁 200。
〔註3〕任偉：《西周封國考疑》，社科文獻出版社，2004 年，頁 379、380。

　　20 世紀七十年代末，于省吾對西周前期貴族之間的土地賞賜、土地產物賞賜進行了簡要的討論。〔註4〕1993 年，劉雨利用青銅器銘文資料，對西周時期的土田封賜問題進行了比較全面的討論。劉雨認為，燕侯克器銘文中的「余大對（封）」，即《周禮・大宗伯》的「大封之禮，合眾也」，是封建諸侯之禮。古代禮制往往大小相配，與大封相對的是小封，《周禮・大宗伯》賈公彥《疏》：「對封公卿大夫為采邑者為小封。」田指耕地，里指邑里。賜田里比賜采邑規模小，多見於西周中晚期金文。〔註5〕

　　本章在前輩學者的基礎上，搜集到涉及土田封賜的金文三十例，〔註6〕其年代從武王開始，延續至宣王，幾乎跨越了整個西周王朝。為方便討論，茲列表如下：

附表一：封賜類金文解析表

序號	器名	銅器年代	封賜者	受封賜者	封賜內容舉要
1	大保簋	成王	成王	大保	賜休余土
2	沫司徒疑簋	成王	成王	康侯	鄙于衛
3	亳鼎	成王	公侯	亳	賜杞土、禾等
4	燕侯克器	成康時期	周王	克	侯于匽
5	召圜器	康王	康王	召	賜畢土，方五十里
6	宜侯夨簋	康王	康王	虞侯夨宜侯夨	侯于宜。賜川、宅邑等
7	大盂鼎	康王	康王	盂	授民授疆土，賜邦司等
8	旂鼎	康王	王姜	旂	賜旂田三于待劃
9	雍伯鼎	康王	康王	雍伯	鄙于屮〔註7〕
10	作冊旂器	康昭時期	周王	相侯	既聖土
11	中方鼎	昭王	昭王	中	令大史既禠土，作采
12	中甗	昭王	昭王	中	厥又舍汝夃、糧
13	靜方鼎	昭王	昭王	靜	采鄤

〔註4〕于省吾：《關於商周時代對於「禾」「積」或土地有限度的賞賜》，中國考古學會編《中國考古學會第一次年會論文集》（1979 年），文物出版社，1980 年。

〔註5〕劉雨：《西周金文中的大封小封和賜田里》，《中國考古學論叢──中國社會科學院考古研究所建所 40 週年紀念》，科學出版社，1993 年。

〔註6〕十二年大簋蓋、吳虎鼎等器，也涉及土田的賜予，但情況特殊，將安排在第三章討論。

〔註7〕嚴一萍：《說「屮」》，《甲骨文獻集成》第 13 冊，頁 1～4。

14	遣卣	昭王	昭王	遣	賜遣采曰趞
15	麥方尊	昭王	昭王	井侯	侯于井
16	旅鼎	西周早期	文考父戊	旅	遺寶積
17	季姬方尊	穆王	王母、君	姊季姬	畋臣、田、禾、牲口
18	賢簋	穆恭時期	公叔	賢	賄賢百畮糧
19	段簋	穆恭時期	周王	段	令恭眂逺大則于段
20	矜簋	恭王	恭王	矜	賜絲，令邑于奠
21	牆盤	恭王	武王	微史剌祖	令周公舍宇
22	卯簋蓋	恭王	榮伯	卯	賜瓚、璋、牲口、四田
23	師永盂	恭懿時期	周王	師永	賜畀師永乒田
24	伯晨鼎	恭懿時期	周王	伯晨	侯于䁀
25	癲鐘	孝王	武王	微史剌祖	舍宇，以五十頌處
26	多友鼎	厲王	厲王	武公	賜武公土田
27	大克鼎	厲王	厲王	膳夫克	賜田、臣妾、史小臣等
28	敔簋	厲王	厲王	敔	賜圭、瓚、貝、百田
29	不娶簋	宣王	伯氏	不娶	賜臣五家、田十田
30	四十二年逑鼎	宣王	宣王	逑	賜田五十田

上表三十例封賜事件中，除開武王封賜記錄的一次重複，周王封賜達二十二次，王后兩次，其他人五次。可見，封賜者絕大多數是周天子。受封賜者情況比較複雜，其中大多數人名不見經傳，身份不明。但是，從受封賜者身份入手，可以窺見西周時期的地權分割關係，所以值得研究。封賜既為一系列歷史事件，則必有起因、封賜物品、特定禮儀等等。基於此，本章準備從封賜人物、封賜事件、土田封賜與西周土地關係等角度展開論述。

第一節　金文土田封賜人物考論

前輩學者曾指出，西周時期實行領主制封建等級土地所有制，研究西周土地制度「須十分注意分析西周土地佔有集團的層次性，對社會各階級、各階層之間的土地佔有關係進行具體而微的考察」。〔註8〕受這種思想啟發，本

〔註8〕吳澤、李朝遠：《論西周的卿大夫與采田》，收入唐嘉弘編《先秦史論集（徐中舒教授九十誕辰紀念論文集）》，中州古籍出版社，1989年，頁237。

節盡力搜求封賜者、受封賜者及重要參與者的活動事蹟，並據此分析西周時期的地權分割關係。

一、封賜者

（一）周王

1. 武王

武王滅商，分封功臣、子弟，初營成周，憂勞成疾，克商不久即病逝。〔註9〕關於武王的史料，除本章引言涉及部份，再徵數條如下：

> 墻盤：「訊圉武王，遹征四方，撻殷畯民，永不鞏，狄虘髟，伐夷童。」

> 何尊（《集成》11.6014）：「唯武王既克大邑商，則廷告于天，曰：『余其宅茲中國，自之乂民。』」

> 《容成氏》：「武王於是乎作為革車千乘，帶甲萬人。戊午之日，涉於孟津，至於共、滕之閒，三軍大犯。武王乃出革車五百乘，帶甲三千，以宵會諸侯之師於牧之野。紂不知其未有成政，而德失行於民之厚也，或亦起師以逆之。武王於是乎素冠弁，以造類於天，曰：『紂為無道，昏捨百姓，繫約諸侯，絕種侮姓，土玉水酒，天將誅焉，吾勵天威之。』」〔註10〕

> 《左傳・桓公二年》：「武王克商，遷九鼎於雒邑。」

2. 成王

成王東征商蓋，經營成周洛邑，遷殷遺民，使周姬政權得以初步安定。典籍載成王年幼，周公攝政，陳夢家、〔註11〕王慎行、〔註12〕任偉〔註13〕等認為不可信。關於成王的史料，條列於下：

〔註9〕屈萬里：《西周史事概述》，《金文文獻集成》第 40 冊，頁 151。徐中舒：《西周史論述（上、下）》，《金文文獻集成》第 40 冊，頁 158。兩文對西周各王史事有詳考，可參。

〔註10〕馬承源主編：《上海博物館藏戰國楚竹書（二）》，上海古籍出版社，2002 年，《容成氏》篇第 50～52 簡。

〔註11〕陳夢家：《宜侯夨簋和它的意義》，原載《文物參考資料》1955 年 5 期，《金文文獻集成》第 28 冊，頁 228。

〔註12〕王慎行：《周公攝政稱王質疑》，《周公攝政稱王與周初史事論集》，北京圖書出版社，1998 年。

〔註13〕任偉：《西周封國考疑》，社會科學文獻出版社，2004 年，頁 85。

何尊:「唯王初遷宅于成周,復禀武王豐。」〔註14〕

墻盤:「憲聖成王,左右綏會剛鰥,用肇徹周邦。」

逨盤:「雩朕皇高祖公叔,克逨匹成王,成受大命,旁狄不享,用奠四國萬邦。」

禽簋(《集成》7.4041):「王伐蓋(蓋)侯。」

清華簡《金縢》:「就後武王力,成王猶幼,在位,管叔及其羣兄弟,乃流言於邦曰:『公將不利於孺子。』」〔註15〕

《尚書‧金縢》:「管叔及其群弟,乃流言於國曰:『公將不利於孺子。』」

《史記‧周本紀》:「成王在豐,使召公復營洛邑,如武王之意。周公復卜申視,卒營築,居九鼎焉。曰:『此天下之中,四方入貢道里均。』」

按,上述逨盤銘「旁狄不享」的「狄」,見於曾伯漆簠(《集成》9.4631)「克狄淮夷」、墻盤「狄虘髟,伐夷童」。墻盤的「狄」,裘錫圭讀「逖」,訓為「驅除」。〔註16〕林澐說,山東土著方國的人民已經定居,所以稱為「伐」;河北北部及更遠的地方,可能還是來去飄忽的部族,所以稱為「逖」。〔註17〕又,《詩‧大雅‧召旻》:「昔先王受命,有如召公,日辟國百里。」由此可知,西周武成時期曾通過征服、驅逐等手段來實現領土擴張。

關於周公攝政的爭議,現有清華簡《金縢》可與今本《尚書‧金縢》互證,說明戰國時期已有周公攝政之說,成王早期的政策可能確實與周公密切相關。《尚書‧多士》、《多方》記周公告誡殷人,並安置田宅,使殷人順服,〔註18〕

〔註14〕朱鳳瀚《〈召誥〉、〈洛誥〉、何尊與成周》(《歷史研究》2006年1期)指出,遷宅於洛邑,就是成王將常住於成周,是西周政治中心的遷移;《尚書‧大傳》言「周公攝政」符合實情。

〔註15〕李學勤主編:《清華大學藏戰國竹簡(壹)》,中西書局,2010年,轉見於復旦讀書會《清華簡〈金縢〉研讀札記》,復旦大學出土文獻與古文字研究中心網站,2011年1月5日。

〔註16〕裘錫圭:《史墻盤銘解釋》,《文物》1978年3期。

〔註17〕林澐:《釋史墻盤銘中的「逖虘髟」》,《林澐學術文集》,中國大百科全書出版社,1998年,頁180、181。

〔註18〕于省吾:《略論西周金文中的「六𠂤」和「八𠂤」以及其屯田制》,《考古》1964年3期,《金文文獻集成》第40冊,頁373。

茲附錄於此：

> 《多士》：「爾乃尚有爾土，爾乃尚寧幹止。爾克敬，天惟畀矜爾；爾不克敬，爾不啻不有爾土，予亦致天之罰於爾躬。今爾惟時宅爾邑，繼爾居，爾厥有幹有年於茲洛，爾小子乃興，從爾遷。」

> 《多方》：「今爾尚宅爾宅、畋爾田。」又「爾乃惟逸惟頗，大遠王命，則惟爾多方探天之威，我則致天之罰，離逖爾土。」孫星衍《尚書今古文注疏》引鄭玄說：「分離奪汝土也。」

3. 康王

康王勉行節儉、篤信之道，分治萬民，國家安寧。關於康王的史料，略徵數條如下：

> 牆盤：「淵哲康王，兮（緟）尹億疆。」〔註19〕

> 逨盤：「會召康王，旁懷不廷。」

> 《史記·周本紀》：「康王即位，遍告諸侯，宣告以文武之業以申之，作《康誥》。故成康之際，天下安寧，刑錯四十餘年不用。康王命作策畢公分居里，成周郊，作《畢命》。」

4. 昭王

昭王曾征討漢水流域的荊蠻，最終歿於征途。關於昭王的史料，茲選錄如下：

> 墻盤：「弘魯昭王，廣斂楚荊，惟狊南行。」

> 逨盤：「用會昭王、穆王，盜征四方，勳伐楚荊。」

> 京師畯尊：「王涉漢伐楚，王有戲（？）工。」〔註20〕

> 《史記·周本紀》：「昭王之時，王道微缺。昭王南巡狩不返，卒于江上。其卒不赴告，諱之也。」

5. 穆王

穆王即位早期曾有一番作為，使天下歸於安寧；後因遊觀無度，窮兵黷武，致使周室權威受損。關於穆王的史料，略徵數條如下：

〔註19〕陳世輝：《牆盤銘文解說》，《考古》1980 年 5 期。
〔註20〕李學勤：《由新見青銅器看西周早期的鄂、曾、楚》，《文物》2010 年 1 期。

墙盤：「祇覼穆王，型帥宇誨。」

師虎鼎（《集成》5.2830）：「師虎，汝克盩乃身，臣朕皇考穆穆王，用乃孔德遜純，乃用引正乃辟安德。」

《左傳·昭公十二年》：「昔穆王欲肆其心，周行天下，將皆必有車轍馬跡焉。」

《史記·周本紀》：「王道衰微，穆王閔文武之道缺，乃命伯冏申誡太僕國之政，作《冏命》。復寧。」「王遂征之（犬戎），得四白狼四白鹿以歸。自是荒服者不至。」「諸侯有不睦者，甫侯言于王，作修刑辟。」

6. 恭王

「恭王」金文中寫作「龏王」。關於恭王的史料非常稀少，茲錄如下：

十五年趞曹鼎（《集成》5.2784）：「龏王在周新宮，王射于射廬。」

《史記·周本紀》：「恭王遊於涇上，密康公從，有三女奔之。」「康公不獻，一年，恭王滅密。」

《國語·魯語下》：「周恭王能庇昭、穆之闕而為『恭』。」韋昭《注》：「庇，覆也。恭王，周昭王之孫、穆王之子。昭王南征而不反，穆王欲肆其心，皆有闕失。言恭王能庇覆之，故為『恭』也。」

7. 厲王

「厲王」在金文中寫作「剌王」，「烈祖」在金文中寫作「剌且」，因此「剌王」可能不是簡單的惡謚。關於厲王的史料，茲錄如下：

逨盤：「雩朕皇考龏叔，穆穆趩趩，龢訇於政，明陵（濟）於德，享逨剌王。」

《史記·周本紀》：「厲王即位三十年，好利，近榮夷公。」「於是國莫敢出言，三年，乃相與畔，襲厲王。厲王出奔於彘（晉地）。」

《史記·秦本紀》：「秦仲立三年，周厲王無道，諸侯或叛之。西戎反王室，滅犬丘、大駱之族。」

《逸周書·謚法》：「有功安民曰烈，秉德遵業曰烈。」「暴慢無親曰厲，殺戮無辜曰厲。」

觀《史記》行文，對厲王即位三十年以後的事情記載較詳，對其前半生卻只字未提。據金文資料，西周晚期周王室常與周邊民族開戰，周厲王肯定經歷了不少戰爭，可能有一定戰功。厲王專利事在晚年，其行為暴虐，沒有幾年就被趕出國都。因此，「剌王」可能是一個毀譽參半的謚號。

8. 宣王

宣王親歷國人暴動，即位後勵精圖治，重振王室聲威，史稱「宣王中興」。宣王晚年，對外戰爭失利，國勢漸衰。關於宣王的史料，選錄如下：

> 《史記·周本紀》：「宣王即位，二相輔之，修政，法文、武、成、康之遺風，諸侯復宗周。」「宣王不修籍於千畝。」「三十九年，戰於千畝，王師敗績于姜氏之戎。宣王既亡南國之師，乃料民於太原。」

> 《史記·秦本紀》：「周宣王即位，乃以秦仲為大夫，誅西戎。西戎殺秦仲。」

> 《史記·魯世家》：「乃立稱於夷宮，是為孝公。自是後，諸侯多畔王命。」

> 《鹽鐵論·地廣》：「周宣王辟國千里，非貪侵也；所以除寇賊而安百姓也。」

（二）周王后

9. 王姜

學界公認王姜是周王后，但王姜是哪個王后，學者有爭議，見本文緒論。除了旟鼎，茲將其它有「王姜」字樣的銘文選錄如下：

> 小臣𤸫（殷）鼎：「唯二月辛酉，王姜賜小臣貝二朋。揚王休，用作寶鼎。」〔註21〕

〔註21〕寧志奇、徐式文：《四川綿竹縣發現西周小臣𤸫鼎》，《考古》1988 年 6 期。小臣𤸫鼎藏四川省綿竹縣文化館，是「戊戌變法」六君子之一楊銳的遺物。鼎通高 15 釐米，口徑 17 釐米，腹深 8 釐米，器體呈垂腹形，圜底近平。器口下飾一道凸弦紋。口沿上有兩立耳，耳略向外傾。腹下為三柱足。器底有略呈三角形的平行雙凸線，是合范澆鑄時留下的鑄痕。器名原報告作「伯」，今從劉釗《談史密簋銘文中的「眉」字》（《考古》1995 年 5 期）改釋為「𤸫」。該器銘文漫漶難辨，器形與邿鼎（《文物》1996 年 7 期頁 55，圖一）相似，原報告訂在西周早期。

叔簋（《集成》8.4132～4133）:「王姜使叔事于大保。」

作冊矢令簋（《集成》8.4300～4301）:「作冊矢令尊宜于王姜，姜賞令貝十朋、臣十家、鬲百人。」

不壽簋（《集成》7.4060）:「王姜賜不壽裘，對揚王休。」〔註22〕

作冊睘卣（《集成》10.5407）:「王姜令作冊睘安夷伯。」

作冊睘尊（《集成》11.5989）:「君令余作冊睘安夷伯。」

鼻伯卣（《集成》10.5385～5386）:「唯王八月，鼻伯賜貝于姜，用作父乙寶尊彝。」〔註23〕

10. 君、王母

李學勤認為，「王母」是季姬對「君」即王后的稱呼，西周金文的「王母」猶云「皇母」，是母親，季姬方尊王母為穆王之后。〔註24〕李家浩認為，君，指君后；王母，指被賜者的祖母。〔註25〕西周金文「君」又稱天君、皇辟君，〔註26〕相關金文除上舉作冊睘卣的「王姜」在作冊睘尊中稱「君」外，還有如下幾例:〔註27〕

子中冓（《集成》3.753）:「天君蔑公姞曆，使賜公姞魚三百……對天君休。」

穆公冓（《集成》3.754）:「休天君弗忘穆公……各于尹姞宗室縣林。君蔑尹姞曆……對揚天君休。」

并鼎（《集成》5.2696）:「內史龏朕天君。」

征人鼎（《集成》5.2674）:「天君賞厥征人斤貝。」

趞盉（《集成》16.10321）:「唯正月初吉，君在雍既宮，命趞事

〔註22〕不壽簋，唐蘭（《古文字研究》第2輯，中華書局，1981年，頁23、151）訂在昭王世，劉啟益（《西周紀年》，廣東教育出版社，2002年，頁212）訂在穆王世。劉啟益認為不壽簋的王姜與其他王姜不是同一個人。
〔註23〕唐蘭認為「姜」即王姜，「鼻（涕）伯賜貝于姜」即伯被姜賜貝（同注2《古文字研究》第2輯，頁23）。
〔註24〕李學勤:《季姬方尊研究》，《中國史研究》2003年4期。
〔註25〕李家浩:《季姬方尊銘文補釋》，《黃盛璋先生八秩華誕紀念文集》，中國教育文化出版社，2005年，頁140、141。
〔註26〕陳英傑:《金文中「君」字之意義及其相關問題探析》，《中國文字》新33期，臺灣藝文印書館，2007年。該文對「君」字有詳細討論，可參。
〔註27〕《斷代》，頁61。

於述土……天君使趞事沫。」

召圜器：「召啟進事，旋走事皇辟君。」

「王母」見於典籍。《禮記‧曲禮下》：「祭王父曰皇祖考，王母曰皇祖妣。」《爾雅‧釋親》：「父之考為王父，父之妣為王母。」金文稱「王母」的辭例還有：

帥隹鼎（《集成》5.2774）：「念王母勤陶。」

召伯毛鬲（《集成》3.587）：「召伯毛作王母尊鬲。」

王作王母鬲（《集成》3.602）：「王作王母甼宮尊鬲。」

作王母簋：「☒肇作王母☒用享孝友☒。」〔註28〕

散季簋（《集成》8.4126）：「散季肇作朕王母叔姜寶簋。」

毳簋（《集成》7.3931～3934）：「毳作王母媿氏餴簋。」

毳盉（《集成》15.9442）：「毳作王母媿氏沫盉。」

毳盤（《集成》16.10119）：「毳作王母媿氏沫盤。」

仲戲父簋（《集成》7.4102）：「仲戲父作朕皇考遲伯、王母遲姬尊簋。」

史顆鼎（《集成》5.2762）：「史顆作朕皇考釐仲、王母泉母尊鼎。」

上引金文中，仲戲父簋銘的「皇考遲伯」與「王母遲姬」並舉，史顆鼎銘的「皇考釐仲」與「王母泉母」並舉，說明「王母」應該指母親。〔註29〕

（三）其他貴族

11. 公叔

賢簋的「公叔」，郭沫若認為可能是康叔，公是爵，叔是字；銘文「公命事」，即命賢有所執掌。〔註30〕唐蘭將賢簋訂在成王世，認為公叔可能是第一代衛侯康伯髦之弟。〔註31〕公叔還見於述盤，李零認為當成王世，可能就是賢簋和恒簋蓋的「公叔」，恒是公叔之子。〔註32〕

〔註28〕1964～1972 年河南洛陽市北窰村西龐家溝墓葬 M352：1 出土，蔡運章《洛陽北窰西周墓青銅器銘文簡論》，《文物》1996 年 7 期。

〔註29〕沈寶春：《郭店〈語叢〉四「一王母保三嬰婉」解》，武漢大學簡帛研究中心網站，2009 年 12 月 7 日。

〔註30〕郭沫若：《兩周金文辭大系圖錄考釋》，《金文文獻集成》第 21 冊，頁 512。

〔註31〕唐蘭：《西周青銅器銘文分代史徵》，中華書局，1986 年，頁 120。

〔註32〕李零：《讀楊家村出土的虞述諸器》，《中國歷史文物》2003 年 3 期。

賢簋的年代，無論從形制紋飾抑或字體書風分析，都可斷在西周中期以後。周初召公最長壽，活到康王世。康叔是文王的兒子，其活動年代不會長過召公。因此，賢簋的公叔應該不會是康叔，也不會是逑盤的公叔。

賢簋「公叔」又簡稱「公」，「公」可能為氏，「叔」為行第。譬如衛盉銘文有「矩伯庶人」、「矩又取赤虎兩」，矩是氏，伯是行第，庶人是私名，可單稱氏「矩」；〔註33〕再如兮吉父簋（《集成》7.4008）的兮吉父，即兮伯吉父、兮甲，兮是氏，名甲，字吉父，行第伯。西周有公氏，見何尊（《集成》11.6014）。

賢簋「公叔初見于衛」，楊樹達認為「見」即「見事」的略稱，匽侯旨鼎有「匽侯旨初見事于宗周」，揚方鼎有「見事于彭」，《書‧康誥》有「見士于周」。〔註34〕此外，相似的金文辭例還有九年衛鼎銘：「眉敖者膚卓史見于王。」麥方尊銘：「侯見于宗周。」據這些材料分析，賢簋所言不是公叔被封作衛侯，而是公叔初次去見衛侯。〔註35〕

12. 榮伯

西周金文屢見榮伯，因所屬銅器年代跨度過大，可以斷定是異代同名。夷王時期的宰獸簋銘有「嗣土榮伯佑宰獸」，〔註36〕借此可以窺見榮氏的職守。卯簋蓋中的榮伯還見於以下金文：〔註37〕

> 應侯見工鐘（《集成》1.107～8）：「王各于康，榮伯入佑應侯
> 見工。」

> 衛簋（《集成》8.4209～4212）：「王各于康宮，榮伯佑衛。」

> 衛盉：「裘衛乃矢告于伯邑父、榮伯、定伯。」

> 師永盂：「乎眾公出，乎命井伯、榮伯、尹氏。」

應侯見工為諸侯，榮伯在周王賞賜諸侯時充當佑者，顯然是王室重臣，地位尊崇。〔註38〕郭沫若認為，榮伯封邑在豐京附近，可能在鄠縣西；因此，卯

〔註33〕吳鎮烽：《金文人名彙編》（修訂本），中華書局，2006 年，頁 455。

〔註34〕楊樹達：《積微居金文說‧匽侯旨鼎跋》，《金文文獻集成》第 25 冊，頁 234。

〔註35〕劉雨：《西周金文中的相見禮》，《金文論集》，紫禁城出版社，2008 年，頁 54、55。

〔註36〕羅西章：《宰獸簋銘略考》，《文物》1998 年 8 期。

〔註37〕吳鎮烽：《金文人名彙編》（修訂本），中華書局，2006 年，頁 361。

〔註38〕陳漢平：《西周冊命制度研究》，學林出版社，1986 年，頁 110。

能同時管理榮公室、荼宮、荼人。〔註39〕王輝據榮有司再鼎出土於岐山賀家村，認為榮國家族采邑在扶風、岐山交界處；榮地曾設置榮監，榮地位置很重要。〔註40〕

13. 伯氏

不嬰簋的「伯氏」，郭沫若認為是虢季子白，〔註41〕楊樹達從之。〔註42〕陳夢家認為，不嬰簋講述周宣王命秦莊公及其兄弟五人伐戎的事情；王是周宣王，伯氏是秦仲的長子莊公，不嬰是莊公的幼弟。〔註43〕李學勤據《史記‧十二諸侯年表》指出，秦莊公名「其」，即不嬰，伯氏是秦莊公的長兄；不嬰的祖父公伯，即《史記‧秦本紀》里的公伯，秦莊公的祖父。〔註44〕吳鎮烽認為伯氏是不嬰的宗族長。〔註45〕

金文中稱作「伯氏」的人很多，如瑚生簋中的瑚生，也被稱作伯氏，肯定是地位尊崇的貴族。

14. 公侯、公仲

毫鼎的公侯、公仲，應該是同一個人。于省吾認為毫鼎是商器，公侯是次於商王的統治階級的上層人物。〔註46〕吳鎮烽認為，公侯是毫的族長。〔註47〕

按，此「公」也可能為氏稱（參「公叔」條），侯是爵稱，仲是行第。滕侯穌盨（《集成》9.4428）銘：「滕侯穌作厥文考滕仲旅簋。」1982年山東出土的西周早期滕侯簋（《集成》6.3670）銘：「滕侯作滕公寶尊彝。」可參證。

15. 文考、父戊

旂鼎的文考，當即父戊。「父戊」是以親屬稱謂加天干命名，類似的還有父甲、父辛、母戊等，常見於殷墟卜辭和商周銅器，學界稱作「日名」。

〔註39〕郭沫若：《兩周金文辭大系圖錄考釋》，《金文文獻集成》第21冊，頁441。又《金文叢考‧周公簋釋文》，《金文文獻集成》第25冊，頁482。

〔註40〕王輝：《西周畿內地名小記》，《一粟集》（上冊），臺灣藝文印書館，2002年，頁150、151。

〔註41〕郭沫若：《兩周金文辭大系圖錄考釋》，《大系》，頁451。

〔註42〕楊樹達：《積微居金文說‧不嬰簋三跋》，《金文文獻集成》第25冊，頁205。

〔註43〕《斷代》，頁319。

〔註44〕李學勤：《秦國文物的新認識》，《文物》1980年9期。

〔註45〕吳鎮烽：《金文人名彙編》（修訂本），中華書局，2006年，頁153。

〔註46〕于省吾：《關於商周時代對於「禾」「積」或土地有限度的賞賜》，中國考古學會編《中國考古學會第一次年會論文集》（1979年），文物出版社，1980年。

〔註47〕于省吾：《關於商周時代對於「禾」「積」或土地有限度的賞賜》，頁57。

〔註 48〕張懋鎔認為，周氏族人不用日名，而非周氏族人多用日名。〔註 49〕據此，旆鼎作者當非周氏族人。

上述十五人，武王至宣王等八人為周天子，王姜、王母等兩人為周王后，公叔、榮伯、伯氏等三人為王朝卿士，公侯為諸侯，文考父戊為非周氏貴族。由此可見，西周時期的周王、周王后、王朝卿士、諸侯等，都擁有賜田給下級貴族的權力。〔註 50〕

二、受封賜者

1. 微史剌祖

墻盤銘文有「青幽高祖，在微靈處。雩武王既戈殷，微史剌（烈）祖，廼來見武王」，其中「微」的國屬，學界有東微、西微兩說。李學勤主東微說，他認為史墻家族是殷遺民，與墻盤同出的器物保留了商人習俗的遺跡；「微」是子姓微國，地望在今山西潞城縣東北。〔註 51〕尹盛平根據與墻盤同出商器上的「舉」字族徽，進一步推論微史烈祖名商，是商王武丁之子祖己的後裔，商末微子啟的史官。〔註 52〕何景成對「舉」族作過深入研究，他認為尹盛平的論述誤引金文，其結論無法成立；與墻盤同窖藏的銅器銘文只能證明微史原為微國的史官，而不能證明其為微子啟的後裔。〔註 53〕李仲操主張西微說，認為墻盤的「微」即《尚書·牧誓》里「羌、髳、微、盧」的「微」，是「西土之人」；銘文「雩武王」的「雩」當解為「與」，微史剌祖與武王一同伐紂，因戰功而受賞。〔註 54〕

上引李學勤文章已經指出，《牧誓》中「微」是武王牧野戰前動員的對象，它與周人的接觸肯定在克商之前。墻盤銘文「雩武王既戈殷」，無論「雩」字

〔註 48〕李學勤（《評陳夢家殷虛卜辭綜述》，《考古學報》1957 年 3 期）曾以祖庚卜辭為據，證明殷人日名是死後選定的。

〔註 49〕張懋鎔：《周人不用日名說》，《歷史研究》1993 年 5 期。

〔註 50〕劉雨：《西周金文中的「周禮」》，《金文論集》，紫禁城出版社，2008 年，頁130。

〔註 51〕李學勤：《論史墻盤及其意義》，原載《考古學報》1978 年 2 期，載入尹盛平編《西周微氏家族青銅器群研究》，文物出版社，1992 年，頁 246。

〔註 52〕尹盛平編：《西周微氏家族青銅器群研究》，文物出版社，1992 年，頁 62、70。

〔註 53〕何景成：《商周青銅器族氏銘文研究》，吉林大學 2005 年博士學位論文，頁 49。

〔註 54〕李仲操：《再論墻盤年代、微宗國別——兼與黃盛璋同志商榷》，原載《社會科學戰線》1981 年 1 期，載入尹盛平編《西周微氏家族青銅器群研究》，文物出版社，1992 年，頁 376。

作何解釋，「既」字表明微史烈祖見武王是在克商之後。因此，墻盤的「微」不會是伐紂的「微」；微史當為東方子姓微國的史官。

2. 大保

大保簋的「大保」即太保召公奭，武、成、康三世均有其活動身影，是西周著名的長壽政治家。《史記·燕世家》：「其在成王時，召公為三公。自陝以西，召公主之。」陸德明《經典釋文》：「一云當作郊，古洽反，王城郊鄙。」唐蘭認為「郊」說可信。〔註55〕據譙周考訂，召公奭為周支族，因食邑在召地而稱召公。《尚書·顧命》序記成王臨終前，曾令召公為顧命大臣，輔佐康王治理國家。陝西岐山召公村曾發現「太保」玉戈，學者據此認為今岐山劉家原一帶曾是召公的采邑，文獻關於召公采邑方位的記載可信。〔註56〕陳夢家將周初金文中的「大保」分為三類：生稱的大保、追稱的大保、作為族名的大保。〔註57〕

關於大保的金文，除本文收集的大保簋和燕侯克器之外，再舉數例如下：

旅鼎（《集成》5.2728）：「唯公大保來伐反夷年，在十又一月庚申，公在𥳑師。」

作冊大方鼎（《集成》5.2758）：「公朿鑄武王、成王異鼎，唯四月既生霸乙丑，公賞作冊大白馬，大揚皇天尹大保宝。」

御正良爵（《集成》14.9103）：「唯四月既望丁亥，公大保賞御正良貝。」

3. 康侯

沬司徒疑簋的康侯，學界公認即衛康叔。據《史記·衛世家》，康叔是文王的兒子，名封，武王同母弟，初封於周畿內康邑，所以稱康叔；「三監」之亂後，改封於衛，又稱衛康叔。楊樹達認為，成王年少，周公攝政稱王，分封康叔，所以《尚書·康誥》記「朕其弟，小子封」。〔註58〕康叔接受周公的訓誡，在衛「能和集其民，民大說」。成王親政以後，任命康叔為周司寇，並賜給康叔「寶祭器」。

〔註55〕唐蘭：《用青銅器銘文來研究西周史——綜論寶雞市近年發現的一批青銅器的重要歷史價值》，《文物》1976年6期。

〔註56〕尹盛平編：《西周微氏家族青銅器群研究》，文物出版社，1992年，頁97。

〔註57〕《斷代》，頁46。

〔註58〕楊樹達：《積微居金文說·匽侯旨鼎跋》，《金文文獻集成》第25冊，頁251。

　　西周時期，衛國的戰略地位非常突出。衛國的封域主要包括商代國都朝歌（今河南省淇縣）周圍地區，南達圉田澤北境，東至帝丘（今河南濮陽西南）一帶，在洛邑附近還有供朝宿的「有閻之土」。「殷八師」駐屯衛國，是周王控制東夷的主要軍事力量。〔註 59〕《漢書‧地理志下》：「今之東郡及魏郡黎陽，河內之野王、朝歌，皆衛分也。」

　　關於康侯的銘文都很短，多數只有「康侯」二字，較長的還有下面兩例：

　　　　康侯丰方鼎（《集成》4.2153）：「康侯丰作寶尊。」

　　　　作冊睘鼎（《集成》4.2504）：「康侯在柯師，賜作冊睘貝。」

4. 亳

　　金文僅亳鼎一見，于省吾認為亳是公侯僚屬的人名。〔註 60〕

5. 克

　　匽侯克器中的「克」，學界有兩種解釋：其一，克是人名，召公的兒子，第一代就封的匽（燕）侯，陳平、〔註 61〕任偉〔註 62〕等持此說；其二，克是助動詞，釋為「能夠」，克器的受封者為召公本人，殷瑋璋、〔註 63〕張亞初〔註 64〕等持此說。周寶宏系統分析各家觀點後認為：「兩說各有充分的證據，但也各自沒有解釋圓滿之處。兩說可併存。」〔註 65〕

　　　　按，「令某人做某事」金文習見，茲舉數例如下：

　　　　克鐘（《集成》1.204）：「王呼士曶召克，王親令克。」

　　　　中方鼎（《集成》5.2751）：「唯王令南宮伐反虎方之年。」

　　　　貉子卣（《集成》10.5409）：「王令士道歸貉子鹿三。」

　　　　保卣（《集成》10.5415）：「王令保及殷東國五侯。」

　　　　史懋壺（《集成》15.9714）：「親令史懋路筮。」

〔註 59〕楊寬：《西周史》，上海人民出版社，1999 年，頁 382。

〔註 60〕于省吾：《關於商周時代對於「禾」「積」或土地有限度的賞賜》，中國考古學會編《中國考古學會第一次年會論文集》（1979 年），文物出版社，1980 年。

〔註 61〕陳平：《克罍、克盉銘文及其有關問題》，《考古》1991 年 9 期。

〔註 62〕任偉：《西周早期金文中的召公家族與燕君世系》，《中國歷史文物》2003 年 1 期。

〔註 63〕殷瑋璋：《新出土的太保銅器及其相關問題》，《考古》1990 年 1 期。

〔註 64〕《北京琉璃河出土西周有銘銅器座談紀要》，《考古》1989 年 10 期。

〔註 65〕周寶宏：《近出西周金文集釋》，天津古籍出版社，2005 年，頁 6。

矢令方彝（《集成》16.9901）:「王令周公子明保尹三事四方。」
匽侯克器銘「令克侯于匽」若釋為「令能夠侯于匽」，則「令」字缺賓語，且查遍金文也沒有「令能做某事」的辭例。因此，單就辭例而言，「令克侯于匽」的「克」還是解作人名好些。

北京地區還發現過其它有「匽侯」字樣的銅器，結合典籍記載，可以肯定北京地區是西周燕國封地。將「克」理解為第一代燕侯，與《史記·燕世家》載「周武王之滅紂，封召公于北燕」相矛盾，學者對此有異說。任偉指出，召公封燕，但未曾就封，第一代燕侯應該是召公的兒子「克」;「三監」之亂平定以後，成王派召公開拓北疆，燕國分封才得以實現。〔註66〕任說似可從。又據李學勤研究，克的親屬關係為:召公（召伯、大保）──克（父辛）──旨、憲、龢。克是第一代燕侯，旨（《集成》5.2628）是第二代燕侯。憲見於憲鼎（《集成》5.2749），龢見於龢爵（《集成》14.9089），憲、龢都是燕的支子。〔註67〕

6. 召

召圜器的「召」，陳夢家認為可能是畢公高，並認為此「召」與召尊、召卣的「召」可能是同一個人。〔註68〕譚戒甫認為「召」是楚熊繹。〔註69〕

按，獻簋（即楷伯簋，《集成》8.4205）銘「十世不忘，獻身在畢公家。」清華簡《耆夜》記武王八年伐耆，簡文有「畢公高為客，邵公保奭（奭）為夾」，〔註70〕又《逸周書·和寤解》有「王乃出圖商，至於鮮原，召邵公奭、畢公高」，又《史記·衛世家》有「魏之先，畢公高之後也。畢公高與周同姓，武王之伐紂而高封于畢」，則畢公高封畢在武王世。1966年陝西岐山賀家村發現的史誩簋（《集成》7.4030）銘「畢公廼賜史誩貝十朋」，與傳世的史誩簋（《集成》7.4031）同銘。郭沫若訂史誩簋在康王世。〔註71〕唐蘭從

〔註66〕任偉:《西周燕國銅器與召公封燕問題》，《考古與文物》2008年2期。該文中，任偉已從金文辭例方面論述「克」當為人名。

〔註67〕李學勤《克罍克盉的幾個問題》，《走出疑古時代》，遼寧大學出版社，1994年，頁161。

〔註68〕《斷代》，頁32、52。

〔註69〕譚戒甫:《西周晚季盠器銘文的研究》，原載《人文雜誌》1958年2期，今據《金文文獻集成》第28冊，頁427。

〔註70〕李學勤主編:《清華大學藏戰國竹簡（壹）》，中西書局，2010年，轉見於復旦讀書會:《清華簡〈耆夜〉研讀札記》，復旦大學出土文獻與古文字研究中心網站，2011年1月5日。

〔註71〕郭沫若:《兩周金文辭大系圖錄考釋》，《金文文獻集成》第21冊，頁420。

郭說，並主張史跖簋的畢公為畢公高的兒子一輩。〔註72〕據此，即使依陳夢家將召圜器提早到成王世，「啟進事」的「召」也不大可能是早已稱公的畢公高。

召尊、召卣同銘，召尊（《集成》11.6004）銘：「唯九月，在炎師，甲午，伯懋父賜召白馬。」召尊的「伯懋父」是周初金文中著名的人物，亦稱「懋父」，還見於以下各器：〔註73〕

師旂鼎（《集成》5.2809）：「唯三月丁卯，師旂眾僕不從王征于方雷，使厥友引以告于伯懋父。」

小臣宅簋（《集成》8.4201）：「唯五月壬辰，同公在豐，令宅事伯懋父，伯賜小臣宅畫毌、戈九、錫金車、馬兩。」

小臣謎簋（《集成》8.4238～4239）：「䢒東夷大反，伯懋父以殷八師征東夷……在牧師，伯懋父承王命，賜師帥。」

呂行壺（《集成》15.9689）：「唯四月，伯懋父北征。」

郭沫若認為，伯懋父就是康伯髦，〔註74〕是衛康叔的兒子。劉啟益認為伯懋父即祭公謀父，見於《逸周書・祭公》，是康王後期至穆王前期人。〔註75〕從金文材料看，「伯懋父」東征北伐，肯定是西周早期重要的軍事統帥。若召圜器、召尊中的召是同一個人，則召很可能是奔走於周王、周王后、伯懋父之間的使者，非王室親信莫屬。

《左傳・昭公十二年》：「昔我先王熊繹與呂伋、王孫牟、燮父、禽父並事康王，四國皆有分，我獨無有。」熊繹與王孫牟並列，但與王孫牟等人相比，熊繹與周室的關係顯然要疏遠一些；〔註76〕且召卣銘顯示召接受伯懋父賞賜，其地位低於伯懋父；因此，認為「召」就是熊繹的觀點恐怕難以成立。

〔註72〕唐蘭：《史跖簋銘考釋》，原載《考古》1972 年 5 期，《金文文獻集成》第 28 冊，頁 226。

〔註73〕河南洛陽市北窰西周墓 M37：2 出土伯懋父簋，銘「伯懋父」，鍾柏生、陳昭容等編《新收殷周青銅器銘文暨器影彙編》，臺灣藝文印書館，2006 年，頁 231。

〔註74〕郭沫若：《兩周金文辭大系圖錄考釋》，《金文文獻集成》第 21 冊，頁 409。

〔註75〕劉啟益：《西周紀年》，廣東教育出版社，2002 年，頁 126。

〔註76〕唐嘉弘：《試談周王和楚君的關係——讀周原甲骨「楚子來告」簡記》，《文物》1985 年 7 期。

7. 宜侯夨

宜侯夨，徙封前稱「虞侯夨」。「虞」字，陳邦福、〔註77〕陳夢家〔註78〕隸定為「虔」，郭沫若直接隸定為「虞」，〔註79〕唐蘭隸定為「虞」，並認為「虞」是「虞」的早期寫法。〔註80〕今人多從郭、唐之說。關於虞、宜地望及宜侯夨的爭論持續了半個多世紀，迄今無法定論。

上引陳邦福文章認為，宜（陳釋「俎」）的地理位置，可能在洛邑周邊幾百里之間。

上引陳夢家、郭沫若文章認為宜侯夨即作冊夨令，見於著名的夨令彝（《集成》16.9901）。

上引唐蘭文章認為，西周初有三個虞：一是媯姓的虞，見於《逸周書·王會解》和《左傳》，故地在山西省西南部；一是太伯仲雍所奔的句吳，在江蘇一帶，姬姓；一是周章弟虞仲所封的北吳，在河北，姬姓。虞侯夨就是周章，「夨」與「周章」的聲母比較接近；周章在武成之間封為虞侯，康王時改封為宜侯，與伯禽是兄弟關係。宜侯夨簋是吳國的最早的銅器。

張亞初認為簋銘釋「虞」或「虔」的那個字應該是「虎」字，乃陝西境內的國族。〔註81〕

劉啟益認為，陝西隴縣夨國在武王滅紂以後部份徙封於晉南虞國，虞侯夨是晉南虞仲的一支，後來虞侯夨又改封到宜地建立吳國，春秋時的吳國是宜侯夨的後裔。夨令器銘末有族徽，且作冊夨為王室官吏，而宜侯夨為諸侯，且宜侯夨簋銘末沒有族徽；所以，作冊夨與宜侯夨不是一個人。〔註82〕

黃盛璋認為，虞侯夨為北虞君主，其國都在大陽北五十里，大陽後改河北與平陸；簋銘的「宜」即宜陽，在周東都畿內，近鄭，離虞也不遠；宜侯

〔註77〕陳邦福：《夨簋考釋》，原載《文物參考資料》1955 年 5 期，《金文文獻集成》第 28 冊，頁 228。

〔註78〕陳夢家：《宜侯夨簋和它的意義》，原載《文物參考資料》1955 年 5 期，《金文文獻集成》第 28 冊，頁 227、228。

〔註79〕郭沫若：《夨簋銘考釋》，原載《考古學報》1956 年 1 期，《郭沫若全集·考古編》第 6 卷，科學出版社，2002 年，頁 100～109。

〔註80〕唐蘭：《宜侯夨簋考釋》，《考古學報》1956 年 2 期，《金文文獻集成》第 28 冊，頁 229。又《西周青銅器銘文分代史徵》，中華書局，1986 年，頁 155、156。

〔註81〕張亞初：《兩周銘文所見某生考》，《金文文獻集成》第 40 冊，頁 257。

〔註82〕劉啟益：《西周夨國銅器的新發現與有關歷史地理問題》，《考古與文物》1982 年 2 期。又劉啟益：《西周紀年》，廣東教育出版社，2002 年，頁 134。

矢簋雖出土於江蘇丹徒煙墩山，卻非當地原產，而是後來帶去的；吳、虞、矢三字區別分明，矢國不是虞國或吳國；《漢書・地理志》汧縣（今隴縣）的吳山在春秋戰國時期的古文獻中還叫汧山，吳山乃後起之名，與矢、吳無關。〔註83〕

　　李學勤在唐蘭的基礎上有所發揮。他也認為宜侯矢簋是吳國銅器，吳、宜相隔不遠，簋銘本身可證「宜」在東南方向，而賞賜河流有三百多條，說明當地水道縱橫，與蘇南地區自然風貌吻合。虞侯矢徙封後稱宜侯矢，是以都邑之名為國名。簋銘「虞公」很可能是周章，即吳國事實上的始封之君；而矢是輩分與康王相當的熊遂。〔註84〕後來，李學勤又修改了自己的說法，認為宜侯矢簋的「虞公父丁」為兩個人，虞公是周章，父丁是他的兒子熊遂，宜侯矢為熊遂之子柯相。吳國早期屢有遷徙，太伯居梅里，《史記正義》說在無錫東南，仲雍居蕃離，今浙江蕭山西；「梅里、蕃離的位置都很南，宜恐怕也不會太靠北。」〔註85〕

　　何幼琦認為宜侯矢簋有「虞公父丁」，「父丁」這種命名習慣表明虞侯矢非姬姓，因此宜侯矢不會是姬姓的周章或者熊遂；宜侯矢簋從中原流入江南，不是吳器；宜的地望當從黃盛璋宜陽說。〔註86〕

　　楊向奎認為，宜、虞音近，地區亦相近，宜地肯定在吳。河南宜陽西周時期不當要衝，黃盛璋宜陽說不能成立。〔註87〕

　　肖夢龍對 1982 年江蘇丹徒縣大港母子墩墓青銅器群的合金成份作了分析，發現江南青銅器的含鉛量都較高，屬於鉛青銅，除銹後胎質青灰泛白；中原同時代青銅器則為錫青銅，除銹後胎質橙黃。肖夢龍還結合範痕、紋飾等因素，論證母子墩墓青銅器分為中原風格和地方風格兩系，中原風格的銅器當是周族統治者帶去的。〔註88〕

　　劉建國認為，出土宜侯矢簋的煙墩山大墓，以及與之類似的丹徒大港母

〔註83〕黃盛璋：《銅器銘文宜、虞、矢的地望及其與吳國的關係》，《考古學報》1983年 3 期。

〔註84〕李學勤：《宜侯矢簋與吳國》，《文物》1985 年 7 期。

〔註85〕李學勤：《宜侯矢簋的人與地》，《走出疑古時代》，遼寧大學出版社，1994 年，頁 261、262。

〔註86〕何幼琦：《〈宜侯矢簋〉的年代問題》，《金文文獻集成》第 28 冊，頁 239。

〔註87〕楊向奎：《「宜侯矢簋」釋文商榷》，《文史哲》1987 年 6 期。

〔註88〕肖夢龍：《母子墩墓青銅器及有關問題探索》，《文物》1984 年 5 期。

子墩墓，其葬制和遺物特徵都屬於土著文化，其墓主人應屬土著首領或方國君主。因此，丹徒及其附近地區，不會是宜侯夨簋銘所記的宜國。〔註89〕

尹盛平據 1975 年前後寶雞茹家莊發現的強伯墓及相關墓葬資料指出，從渭河南岸的清姜河谷越秦嶺至鳳縣境內的嘉陵江上游地區，在西周時曾有一個文獻失載的強國，其人自稱弓魚族。「弓魚」與「句吳」音同字通，春秋時代吳國諸王自稱的族名「句吳」，即來源於弓魚族。太伯、仲雍所奔之「荊蠻」是指荊山地區的蠻族，即弓魚族，而不是吳越之地的蠻族。弓魚人隨從太伯、仲雍在陝西隴縣夨地建立虞國，史稱西虞、西吳；但夨國不是虞國，西周末年夨國還在汧水流域。虞國以居地命氏稱「夨氏」，金文中的「仌」、「仈」是其族徽號。周武王滅商後，追封太伯、仲雍四世孫周章為諸侯，死後稱其為「虞公」，廟號為「丁」；又分封周章之弟虞仲于晉南平陸一帶為諸侯，國名也為「虞」，史稱「北虞」、「北吳」。康王改封周章之子熊遂為宜侯，初封地在今江蘇省南京、鎮江一帶。宜侯仍稱「夨」氏，因為「夨」的古音讀為「吳」，所以後世稱其國為「吳國」。〔註90〕

馬承源認為，宜侯夨簋銘文內容與吳國沒有任何關係，舊釋所謂的「虞侯」之「虞」，字從虍從夨，而不從吳，決非虞字。〔註91〕

沈長雲認為，諸家所謂的「夨」，吳式芬、方濬益、葉玉森諸人皆釋作「夭」，釋「夭」可信。〔註92〕

2001 年前後，山西曲沃天馬——曲村遺址北趙晉侯墓地 M114 出土叔夨方鼎，〔註93〕鼎銘中的「叔夨」，李伯謙認為就是著名的唐叔虞。〔註94〕「夨」和「虞」可能存在對應關係，這又激活了學者關於宜侯夨國屬問題的爭論。

2002 年，《文物》編輯部組織了黃盛璋、吳振武、張懋鎔等九位專家討論

〔註89〕劉建國：《宜侯夨簋與吳國關係新探》，《東南文化》1988 年 2 期。

〔註90〕尹盛平：《西周史征》，陝西師範大學出版社，2004 年。轉見於周寶宏《西周青銅重器銘文集釋》天津古籍出版社，2007 年，頁 38～44。

〔註91〕馬承源：《中國青銅器》，上海古籍出版社，1988 年。轉見於周寶宏《西周青銅重器銘文集釋》天津古籍出版社，2007 年，頁 17。

〔註92〕沈長雲：《〈俎侯夭簋〉銘文與相關的歷史問題的重新考察》，轉見於周寶宏《西周青銅重器銘文集釋》天津古籍出版社，2007 年，頁 139。

〔註93〕北京大學考古文博院等：《天馬——曲村遺址北趙晉侯墓地第六次發掘》，《文物》2001 年 8 期。

〔註94〕李伯謙：《叔夨方鼎銘文考釋》，《文物》2001 年 8 期。

叔矢方鼎銘文。黃盛璋認為，叔矢不是唐叔虞，而是叔虞子燮父。吳振武認為，將「矢」字等同於「吳（虞）」尚缺堅實的證據。張懋鎔認為，西周早期的矢國和虞國並存，二者並無特殊關係；宜侯矢簋銘中的「虞侯矢」，虞為國名，矢為私名，兩字同見一器，表明虞、矢二字有別。王占奎贊同「叔矢」即「叔虞」說，並進一步推論散氏盤的矢國就是虞國。〔註95〕

李學勤提出，《尚書·禹貢》的岍山，《國語》作「虞山」，也就是《漢書·地理志》右扶風汧縣的吳山，「虞山」得名較早。吳山從隴縣綿延至寶雞，正與矢器發現的區域相當，則金文中的矢國可能就是文獻中的「西虞」，而爭論的關鍵在於「矢」能否讀為「虞」。古文表示傾頭的「矢」與後世職部表示側體的「矢」是同形關係，其實是兩個字。「吳」字所從的「矢」表示傾頭，可能是「虞」的本字。矢、吳、虞同音，互相通假，同見時則彼此區別，如散氏盤「矢人」之「矢」是族氏，同銘中「虞丂」之「虞」為職官。因此，叔矢方鼎的器主正是唐叔虞。李學勤還建議將西周的「矢」隸定為「大」，以便同後世職部「矢」字相區別。〔註96〕

劉釗認為，「夭」字《說文》訓為「屈」，即彎曲，也就是「歪」。「吳」本來從「夭」，「夭」應是聲符。叔夭方鼎的「叔夭」就是晉國始封君唐叔虞無疑。〔註97〕

今按，上引肖夢龍已從合金成份、鑄造技術等客觀因素證明江蘇丹徒地區出土的青銅器分為中原風格和江南土著風格兩系，宜侯矢簋是中原銅器，其說可信。宜侯矢簋必然是從中原帶到丹徒地區的，至於它是如何帶到江蘇丹徒的，上引種種解釋都缺乏過硬的證據。銅器流徙的原因相當複雜，〔註98〕宜侯矢簋在丹徒出土與宜侯矢「遷侯於宜」沒有必然聯繫，不能因此將「丹徒」和「宜」劃上等號。譬如1983年廣州南越王墓出土的車馹虎節，據李家浩先生考證，可能是戰國中期楚國鑄造的，「至於此節是怎樣傳到南越國的，

〔註95〕《曲沃北趙晉侯墓地 M114 出土叔矢方鼎及相關問題研究筆談》，《文物》2002 年 5 期。

〔註96〕李學勤：《叔虞方鼎試證》，載《晉侯墓地出土青銅器國際學術研討會論文集》，上海書畫出版社，2002 年，轉見於周寶宏《西周青銅重器銘文集釋》，天津古籍出版社，2007 年，頁 148、149。

〔註97〕劉釗：《叔矢方鼎銘文管見》，陝西師範大學、寶雞青銅器博物館《黃盛璋先生八秩華誕紀念文集》，中國教育文化出版社，2005 年；轉見於周寶宏《西周青銅重器銘文集釋》天津古籍出版社 2007 年，頁 150。

〔註98〕袁艷玲：《周代青銅禮器的生產與流動》，《考古》2009 年 10 期。

目前還說不清楚。」〔註99〕宜侯夨簋是如何到丹徒的，恐怕也很難說清楚。

　　宜侯夨簋出土時被破壞，簋銘「王立于宜」、「虞侯」、「虞公」的關鍵字「立」、「虞」均有殘損，從而引起很多糾紛。周寶宏根據宜侯夨簋善拓，證明「王立于宜」中「王」後一字確如郭沫若等人所釋，當為「立」字，而非唐蘭等人所釋的「卜」字。〔註100〕可信。由此可知，康王改封虞侯夨的典禮是在「宜」地進行，虞侯夨本人也是到宜地受封的。因此，無論「宜」在何方，它必在康王行蹤所及之處。西周晚期晉侯蘇鐘銘：「正月既生霸，戊午，王步自宗周。二月既望，癸卯，王入各成周。」〔註101〕則周王從宗周趕到成周用了四十六天。若以兩地相距八百里計，〔註102〕周王每天行進不到二十里。今從洛陽到鎮江的火車里程有 885 公里，折合為先秦古里約兩千餘里。《左傳‧莊公三年》：「凡師，一宿為舍，再宿為信，過信為次。」先秦三十里為一舍，若康王每日也行進三十里，則康王要到今天的江蘇丹徒去改封虞侯，單程尚需七十一天。若從宗周出發去丹徒，則耗時更久。因此，我們寧願相信宜接近成周，即所謂「東國」版圖之內。黃盛璋已經指出，淮水流域的淮夷時服時叛，西周早期周王勢力範圍很難越過淮夷到達江南地區；且宜陽古有宜水，與簋銘中的賜川情形接近〔註103〕。對比諸家觀點，黃盛璋的觀點更具說服力。

　　宜侯夨簋的倆個「虞」字均殘損，很可能原銘就是「虞」而不是所謂的「虞」，「虞」字的「口」部可能損毀了。金文有虞侯，見虞侯政壺（《集成》15.9696），1979 年收購於山西〔註104〕，壺銘說：「虞侯政作寶壺。」可惜無法

〔註99〕李家浩：《南越王墓車馹虎節銘文考釋》，《容庚先生百年誕辰紀念文集》，廣東人民出版社，1998 年，頁 668。

〔註100〕周寶宏：《西周青銅重器銘文集釋》，天津古籍出版社，2007 年，頁 163。

〔註101〕〔台〕鍾柏生、陳昭容等編：《新收殷周青銅器銘文暨器影彙編》，臺灣藝文印書館，2006 年，頁 640。

〔註102〕吳慧：《春秋戰國時期的度量衡》，《中國經濟史研究》1991 年 4 期。吳慧引《日知錄》卷 32「里」條：「今自安邑至岐山亦不過八百里。」據火車網數據（http://search.huoche.com.cn），今洛陽到西安的火車里程 387 公里，以先秦古里折合華里打8.3折計（詳本章第三節），是 932 古里。若以此為計，西周晚期周王的平均日行程也只有 20 古里。

〔註103〕至今宜陽地區仍有「三山六陵一分川，南山北嶺中為灘，洛河東西全境穿」的說法，其地大致分為洛河川區、宜北丘陵區、宜南丘陵區、白楊和趙保盆地、宜西南山區五大區域。宜侯夨所封之地，當在洛河川區。今宜陽水系屬黃河流域，境內大小河流及山澗溪水 360 多條，此與宜侯夨簋銘「厥川三百」恐非巧合。宜陽地理資料來源於宜陽政府網（http://yy.ly.gov.cn）。

〔註104〕曾廣亮：《山西省文物商店收進春秋虞侯壺》，《文物》1980 年 7 期。

論定此虞侯與宜侯夨的關係。師酉簋銘(《集成》8.4288～4291):「王在吳(虞),各吳(虞)大廟。」簋銘中師酉與著名的史墻同見,時代約在恭、懿之世,明顯在虞侯夨改封東方宜地之後。師酉受命管理虎臣、西門夷、秦夷等,其中「西門夷」又見於陝西藍田縣寺坡村出土的訇簋(《集成》8.4321),或以為師酉即訇之父。〔註105〕這表明「(吳)虞」可能在藍田一帶。又,宜侯夨父稱用日名,當非姬姓;而師酉簋銘末有「文考乙伯、宄姬」,則酉亦非姬姓,且同姬姓有婚姻關係。據此,我們認為虞侯夨本在藍田一帶,〔註106〕後改封到成周附近的宜水一帶;虞侯夨遷出之後,有如伯禽封魯而周公支裔仍留宗周一樣,部份虞族人還在原地,所以虞地仍有「虞大廟」。

8. 盂

盂是戰功卓著、地位顯赫的周室重臣,但未明載於典籍。據李學勤考證,盂受王命作榮的副手,職務相當於小司馬;盂的「祖」為南公,南公的「南」很可能是「南宮」的省稱;西周晚期的南宮乎鐘(《集成》1.181)銘有「先祖南公,亞祖公仲必父」,則南宮乎是盂的後世。〔註107〕羅西章認為,南宮柳和南宮乎可能都是周武王的重臣南宮括的後代。〔註108〕王輝據周原甲骨 H31:2 指出,南是地名,可能就是南宮氏的封地;大盂鼎南公是南地之公,是始封者,可能就是南宮括。〔註109〕

〔註105〕郭沫若:《弭叔簋及訇簋考釋》,《文物》1960 年 2 期。李福泉:《訇簋銘文的綜合研究》,《金文文獻集成》第 28 冊,頁 477～479。黃盛璋《關於訇簋的製作年代與虎臣的身分問題》(收入其《歷史地理與考古論叢》,齊魯書社,1982 年,頁 269～277)將訇簋訂在夷王十七年,師酉簋的冊命不能遲於夷王元年。

〔註106〕張筱衡《散盤考釋(上、下)》(《金文文獻集成》第 29 冊,頁 33)倡散氏盤夨國即吳國說,劉啟益《銅器銘文宜、虞、夨的地望及其與吳國的關係》(《金文文獻集成》第 40 冊,頁 447)發揮張說,也認為夨國即吳國。按,在周王畿內尋找虞侯夨的虞國,思路不錯;但是將夨國說成吳國,文字方面隔閡難通,不可信。但據訇簋、師酉簋,明西周畿內必有吳,吳即虞,金文習見;這樣也不必糾纏吳山名字的沿革,以證明吳國得名於吳山等更加懸遠的問題。

〔註107〕李學勤:《大盂鼎新論》,《鄭州大學學報》1985 年 3 期。又《小盂鼎與西周制度》,收入《當代學者自選文庫:李學勤卷》,安徽教育出版社,1999 年,頁 297。

〔註108〕羅西章:《扶風出土的商周青銅器》,《考古與文物》1980 年 4 期。

〔註109〕王輝:《西周畿內地名小記》,《一糜集》(上冊),臺灣藝文印書館,2002 年,頁 153、154。

除大盂鼎外，關於盂的銘文選錄如下：

　　小盂鼎（《集成》5.2839）：「王令盂以□□伐鬼方……獲馘四千
八百又二馘，俘人萬三千八十一人……俘牛三百五十五牛。」

　　盂爵（《集成》14.9104）：「唯王初㝬于成周，王令盂寧鄧伯。」

〔註110〕

9. 旟

即史旟，〔註111〕除旟鼎外，還見於以下銅器：

　　雪鼎（《集成》5.2740～2741）：「唯王伐東夷，㵎公令雪眾史旟
曰：以師氏眾有司後，或捷伐貊。」

　　員卣（《集成》10.5387）：「員從史旟伐會（鄶），員先內（入）
邑，員俘金。」

《左傳·僖公三十三年》有「鄶城」，妘姓，其地在今河南省密縣東南，為鄭所
滅。《韓非子·內儲說下》：「鄭桓公將欲襲鄶，先問鄶之豪傑良臣辯智果敢之
士，盡與其姓名，擇鄶之良田賂之，為官爵之名而書之，因為設壇場郭門之外
而埋之，釁之以雞豭，若盟狀。鄶君以為內難也而盡殺其良臣，桓公襲鄶，遂
取之。」若史旟所伐之鄶即鄭桓公所滅之鄶，則姬周、妘鄶之爭由來已久。

　　旟的職官為「史」。金文中「史」的主要活動有傳達王命、在冊命儀式中
充當儐右、視察地方諸侯、參加戰爭等，〔註112〕「史」當是比較重要的職位。
從上述金文看，旟的職位在㵎公之下，在員之上；東夷和鄶均在東方，因此，
旟可能是成周附近的中等貴族。

10. 雍伯

　　雍伯鼎之雍伯，吳鎮烽以為雍國族某代首領。〔註113〕《史記·貨殖列傳》：
「關中自汧、雍以東至河、華，膏壤沃野千里。自虞夏之貢以為上田……及
秦文、孝、繆居雍。」張守節《正義》：「岐州雍縣也。」

11. 相侯

　　相侯為封於相地之侯，與傳世相侯簋的相侯當為同一人。〔註114〕《括地

〔註110〕吳鎮烽：《金文人名彙編》（修訂本），中華書局，2006年，頁182。

〔註111〕吳鎮烽：《金文人名彙編》（修訂本），中華書局，2006年，頁400。

〔註112〕張亞初、劉雨：《西周金文官制研究》，中華書局，1986年，頁28。

〔註113〕吳鎮烽：《金文人名彙編》（修訂本），中華書局，2006年，頁347。

〔註114〕唐蘭：《西周青銅器銘文分代史徵》，中華書局，1986年，頁295。

志》：「故殷城在相州內黃東南十三里，即河亶甲所築都之，故名殷城也」。「望土」為相侯采地，當在相地附近。〔註115〕相侯簋（《集成》8.4136）：「相侯休于厥臣殳，賜帛、金。殳揚侯休。」餘無可考。

12. 中

中為昭穆時人，除中方鼎、中甗之外，「中」還見於以下諸器：

中方鼎（《集成》5.2751～2752）：「唯王令南宮伐反虎方之年，王令中先省南國貫行，埶王庭。」

中觶（《集成》12.6514）：「王大省公族于庚，振旅，王賜中馬……南宮貺……用作父乙寶尊彝。」

靜方鼎：「令師中眾靜省南國，埶庭。」

中之父用日名，則中非周氏族人。中奉王命先於大軍到南國設立王的行軍駐蹕處，當是南宮的下屬。〔註116〕中觶的「省公族」、「振旅」，是周王檢閱貴族子弟，整頓軍隊，「振旅」見《左傳・隱公五年》「三年而治兵，入而振旅」。中的職官為「師」。〔註117〕有學者統計，西周金文中關於職官「師」的材料有近八十條，是西周時期最常見最重要的官職之一，其職責主要包括：率軍作戰、做周王衛隊官長、出入王命、巡邏道路、做周王司寇、管理王室事物、教育等，涵蓋了軍事、行政、教育等領域〔註118〕。從目前材料分析，中當是周王的衛隊長官。

13. 靜

靜為師中的同事，除靜方鼎之外，選錄關於靜的金文如下：

靜簋（《集成》8.4273）：「王令靜司射學宮，小子眾服、眾小臣、眾夷僕學射……靜學（教）無斁。王賜靜鞞璲。」

靜卣（《集成》10.5408）：「王在葊京，王賜靜弓。」

小臣靜卣：「小臣靜即事，王賜貝五十朋。揚天子休，用作父丁

〔註115〕黃盛璋：《西周微家族窖藏銅器群初步研究》，載入尹盛平編《西周微氏家族青銅器群研究》，文物出版社，1992 年，頁 148。

〔註116〕郭沫若：《兩周金文辭大系圖錄考釋》，《金文文獻集成》第 21 冊，頁 406。唐蘭（《論周昭王時代的青銅器銘刻》，《古文字研究》第 2 輯，中華書局，1981 年，頁 85）認為中應是南宮氏的人。

〔註117〕張懋鎔：《靜方鼎小考》，《文物》1998 年 5 期。

〔註118〕張亞初、劉雨：《西周金文官制研究》，中華書局，1986 年，頁 5。

寶尊彝。」〔註119〕

由此可知，靜非周氏族人，曾任小臣之職，後教小臣學射，其官職當有所升遷。關於小臣，李學勤認為是臣下對王的謙稱，不是專設的官職。〔註120〕高明認為，「小臣」是「臣」或「大臣」的對應詞，是宮廷之內從事王室生活庶務的侍者。〔註121〕周言認為，小臣來自異族，其存在的條件是「『小臣』所事國族必須對『小臣』所自出的族氏有較強的支配控制能力」。〔註122〕汪寧生認為，小臣原指幼奴或在主人家中長大之「家生奴隸」，代表一種身份。在宮廷中長大的小臣，有些擔任重要職務，具有很高的社會地位。〔註123〕可參。

14. 遣

遣卣的「遣」還見於鼏鼎銘（《集成》5.2731），其中有「王令遣捷東反夷，鼏肇從遣征，攻鬲無敵」等語。

15. 井侯

麥尊的「井侯」，學界公認即周公後裔邢侯。《左傳·僖公二十四年》：「凡、蔣、邢、茅、胙、祭，周公之胤也。」西周邢國始封地有河北邢臺、河南溫縣兩說。《漢書·地理志》趙國襄國下云「故邢國」，《左傳》杜預《注》在「今廣平襄國縣」，即現在河北邢臺，李學勤等主此說。〔註124〕

郭沫若認為麥尊的「井」即河南汜水縣西北接近的大伾山，與濬縣東南二十里同名之山有別。〔註125〕《說文》：「邢，周公子所封，地近河內懷。」《續漢書·郡國志》河內郡「平皋有邢丘，故邢國，周公子所封。」平皋邢丘在今河南溫縣東。1980年前後，北京大學考古專業商周組在河南溫縣東南10公里處的北平皋村發現「井公」陶文，發掘簡報認為北平皋村即春秋晉國「地

〔註119〕〔清〕方濬益：《綴遺齋彝器款識考釋》，《金文文獻集成》第14冊，頁196。

〔註120〕李學勤：《小臣缶方鼎與箕子》，《殷都學刊》1985年2期。

〔註121〕高明：《論商周時代的臣和小臣》，《高明論著選集》，科學出版社，2001年，頁102。

〔註122〕周言：《釋「小臣」》，《華夏考古》2000年3期。

〔註123〕汪寧生：《「小臣」之稱謂由來及身份》，《華夏考古》2002年1期。

〔註124〕李學勤、唐雲明：《元氏銅器與西周的邢國》，《考古》1979年1期。劉順超：《初論西周邢國史及相關問題》，載入宋鎮豪等主編：《西周文明論集》，朝華出版社，2003年，頁226。周書燦：《邢侯簋與西周服制——兼論西周邢國始封地望及有無「遷封」問題》，《四川文物》2010年3期。周書燦認為邢國一開始就在河北邢臺，也就無所謂從河南溫縣遷封河北的問題，至少「遷封」說沒有考古依據。

〔註125〕郭沫若：《兩周金文辭大系圖錄考釋》，《金文文獻集成》第21冊，頁418。

近河內懷」之邢丘。〔註126〕劉啟益據此提出，邢國初封於溫縣不遠的伾，後改封於河北邢臺，但是邢侯的部份子孫仍留在伾地。〔註127〕張桂光認為，麥尊邢侯「用韗義（儀）宁侯顯考于井」應該是「用恭敬的禮儀把邢侯顯赫的父親之靈位安放到邢」，這個「侯顯考」原食邑於「坯」，死後靈位在「坯」，今以其子徙封為邢侯，故遷靈位。〔註128〕今從劉、張之說。

除麥方尊之外，關於邢侯的金文還有數篇，茲選錄如下：

麥方鼎（《集成》5.2706）：「井侯延嘖于麥。麥賜赤金，用作鼎，用從井侯征事。」

麥盉（《集成》15.9451）：「井侯光厥吏麥，嘖于麥宮。侯賜麥金。」

麥方彝（《集成》16.9893）：「辟井侯光厥正吏，嘖于麥宮，賜金。」

榮簋（《集成》8.4241）：「王令榮眾內史曰：薈井侯服，賜臣三品：州人、重人、墉人……邵朕福盟，朕臣天子，用典王命，作周公彝。」

井侯還見於臣諫簋（《集成》8.4237），銘末有「唯用綏康令于皇辟侯」，可見臣諫簋的井侯非第一代井侯，其時代應晚於上述麥器，是麥器井侯的後裔。

16. 旀

旀鼎的「旀」，其父戊，餘無可考。

金文中另有旀鼎（《集成》5.2670）「公賜旀僕，旀用作文父日乙寶尊彝」，與上一「旀」不同父名，當非一人。

17. 宋季姬

李學勤認為，宋可能與沛（濟水的濟）有關，地在河南南考縣東北；季姬是穆王最小的女兒，嫁於宋國貴族宋氏。〔註129〕涂白奎認為李學勤讀「宋」為「沛」可信，但引《詩》「出宿於沛」為證，在衛近郊地。〔註130〕

〔註126〕北京大學考古專業商周組等：《晉豫鄂三省考古調查簡報》，《文物》1982 年 7 期。

〔註127〕劉啟益：《西周紀年》，廣東教育出版社，2002 年，頁 115。

〔註128〕張桂光：《周金文所見「井侯」考》，載入《黃盛璋先生八秩華誕紀念文集》，中國教育文化出版社，2005 年，頁 178。

〔註129〕李學勤：《季姬方尊研究》，《中國史研究》2003 年 4 期。

〔註130〕涂白奎：《〈季姬方尊〉銘文釋讀補正》，《考古與文物》2006 年 4 期。

18. 賢

方濬益以「賢」形容公叔見衛之事，非人名，見於《國語・晉語》趙文子冠見欒武子。〔註131〕唐蘭認為，賢可能是公叔的兒子。〔註132〕按，賢簋為西周器，與趙武無關。此人金文僅一見，餘無可考。

19. 段

此人金文僅一見。簋銘的「畢仲」，清代吳榮光即認為是畢公高，器主為畢公高之孫。〔註133〕吳鎮烽從吳榮光說。〔註134〕

20. 羚

此人金文僅羚簋一見，餘無可考。

21. 卯

此人金文僅卯簋一見，餘無可考。

22. 師永

此人金文僅師永盂一見，擔任「師」職，餘無可考。

23. 武公

除多友鼎外，武公還見於以下金文：

> 敔簋：「王格于成周大廟，武公入佑，敔告擒馘百，訊四十。」

> 南宮柳鼎：「王在康廟，武公佑南宮柳。」

> 禹鼎（《集成》5.2833～2834）：「肆武公廼遣禹率公戎車百乘、廝馭二百、徒千……雩禹以武公徒馭至於鄂，敦伐鄂，休獲厥君馭方。」

> 孟姬𩰫簋（《集成》7.4071～4072）：「孟姬𩰫自作餯簋，其用追孝于其辟君武公。」

在討論禹鼎時，陳進宜認為武公是幽王前後的衛武公。〔註135〕徐中舒指出，敔簋的榮伯就是典籍中厲王寵臣榮夷公，與榮夷公同見的武公應該是厲王時

〔註131〕〔清〕方濬益：《綴遺齋彝器款識考釋》，《金文文獻集成》第14冊，頁211。
〔註132〕唐蘭：《西周青銅器銘文分代史徵》，中華書局，1986年，頁120。
〔註133〕吳榮光：《筠清館金文》，《金文文獻集成》第12冊，頁74。
〔註134〕吳鎮烽：《金文人名彙編》（修訂本），中華書局，2006年，頁314。
〔註135〕陳進宜：《禹鼎考釋》，原載《光明日報》，1951年7月7日第六版，據《金文文獻集成》第28冊，頁506。

人，是常在周王左右的王官，而不是諸侯衛武公或共伯和。〔註136〕

田醒農等將多友鼎訂在宣王世，指出典籍中宣王世有三個武公：齊武公壽、魯武公敖、衛武公和，多友鼎的武公是指衛武公和。〔註137〕李學勤認為，武公是當時生存的人，非諡法。武氏是周朝世族，《左傳隱公三年》記周平王崩，「武氏子來求賻」。〔註138〕張亞初認為，陳進宜訂武公為典籍中的衛武公或共伯和可信。〔註139〕楊亞長認為，武公即召伯虎，字武公，活動於厲、宣兩世。〔註140〕

今按，就現有材料看，還不足以將金文中的「武公」與典籍中的「武公」完全對應起來；但武公名下擁有戎車、元士，肯定是周室重臣。

24. 膳夫克

除大克鼎和膳夫克盨外，膳夫克還見於小克鼎（《集成》5.2796～2802）：「唯廿又三年九月，王在宗周，王命膳夫克捨令于成周，遹正八師之年，克作朕皇祖釐季寶宗彝。」〔註141〕金文中膳夫的職責主要包括：掌管四方賓客飲食之禮及飲食的貯藏保管、傳達王命。〔註142〕

25. 敔

除敔簋外，敔還見於以下金文：

　　四月敔簋（《集成》8.4166）：「唯四月初吉丁亥，王在周，各于大室。王蔑敔曆，賜玄衣、赤市（？），敔對揚王休，用作文考父丙寶彝，其萬年寶。」

　　十一月敔簋蓋：「唯十又一月，既生霸乙亥，王在康宮，各齊伯室，召敔。王易敔絲裘。拜稽首，敔對揚王休，用作旅即中（？）。

〔註136〕徐中舒：《禹鼎的年代及其相關問題》，原載《考古學報》1959 年 3 期，據《金文文獻集成》第 28 冊，頁 516。

〔註137〕田醒農、雒忠如：《多友鼎的發現及其銘文試釋》，《人文雜誌》1981 年 4 期。

〔註138〕李學勤：《論多友鼎的時代及意義》，《人文雜誌》1981 年 6 期。

〔註139〕張亞初：《談多友鼎銘文的幾個問題》，《金文文獻集成》第 28 冊，頁 522。

〔註140〕楊亞長：《金文所見之益公、穆公與武公考》，《考古與文物》2004 年 6 期。

〔註141〕吳鎮烽認為，大克鼎的膳夫克又見於伯克壺（《集成》15.9725）、克鐘（《集成》1.204～208）、克鎛（《集成》1.209）、師克盨（《集成》9.4467）等器（《金文人名彙編》（修訂本），中華書局，2006 年，頁 139），備參。

〔註142〕張亞初、劉雨：《西周金文官制研究》，中華書局，1986 年，頁 42。

敔其萬人（年）壽。」〔註143〕

26. 伯晨

伯晨，即師晨，詳第一章伯晨鼎斷代。

27. 不嬰

不嬰，金文僅不嬰簋一見。李學勤認為秦莊公名「其」，即不嬰，見前文「伯氏」條。陳直認為，《史記・周本紀》：「是時諸侯不期而會盟津者八百諸侯。」「不期而會」是西周人成語，「不嬰」即「噩侯馭方」，為一名一字；簋銘「汝以我車宕伐獫狁于高陵」，戰國有「高陵車」璽，秦始皇有弟封高陵君，「高陵」在成周畿內；或釋「高陵」為「高陶」，不確。〔註144〕

黃盛璋則認為，不嬰簋銘「高陶」的「陶」與齊包氏鐘之「陶」結構全同，地名含「陶」字如安陶、汪陶、平陶、館陶都是趙地，高陶地望不可考，但應當在晉北。〔註145〕裘錫圭認為，伯氏是不嬰的宗子，不嬰為小宗之長。〔註146〕

按，不嬰簋戰事發生地點當以黃盛璋說較優，裘錫圭認為不嬰是小宗之長，可從。

28. 逑

單逑三器的器主逑，還見於以下器物：

　　逑盉：「逑作朕皇高祖單公、聖考尊盉，其萬年子孫永寶用。」〔註147〕

　　逑鐘：「天子堊朕先祖服，多賜逑休，令龢司四方虞林。逑敢對天子丕顯魯休揚，用作朕皇考龏叔穌鐘。」〔註148〕

逑的官職是虞。《周禮・地官》記有山虞和澤虞兩種職官，「山虞掌山林之政令，物為之厲，而為之守禁」、「澤虞掌國澤之政令，為之厲禁，使其地之人守

〔註143〕〔台〕鍾柏生、陳昭容等編：《新收殷周青銅器銘文暨器影彙編》，台灣藝文印書館，2006年，頁500。吳鎮烽認為，四月敔簋、十一月敔簋與敔簋是同一人所作，見《金文人名彙編》（修訂本），中華書局，2006年，頁283、284。或以為十一月敔簋是西周中期器，則與敔簋不是同一人。茲錄於此，備參。

〔註144〕陳直：《讀金日札》，中華書局，2008年，頁66、67。

〔註145〕黃盛璋：《獫狁新考》，《社會科學戰線》1983年2期。

〔註146〕裘錫圭：《關於商代的宗族組織與貴族和平民兩個階級的初步研究》，《文史》第17輯，中華書局，年，1983年，頁8。

〔註147〕陝西省文物局：《盛世吉金》，北京出版社，2003年，頁16。

〔註148〕〔台〕鍾柏生、陳昭容等編：《新收殷周青銅器銘文暨器影彙編》，台灣藝文印書館，2006年，頁561。

其財物，以時入之於玉府，頒其餘于萬民」。金文的虞，有可能是兼任山虞、澤虞。〔註149〕

因單逨家族數代人的銅器均發現於陝西眉縣楊家村一帶，且附近有大量居住遺址，學者多以為楊家村一帶就是單氏的家族采邑。〔註150〕東周單氏采邑遷至今河南省孟縣西南。〔註151〕

逨所在的單氏家族非常顯赫。典籍中單襄公、單頃公、單靖公、單獻公、單成公、單穆公、單武公、單平公等；春秋中後期，單氏和劉氏共掌王室之政；後來單氏獨大，《韓非子·說疑》載「單氏取周」；或以為戰國時必有單氏弒君奪權之事。〔註152〕

從以上二十八例看，受封賜者多為男性，只有季姬是女性；其中大保、燕侯克、康侯、井侯、季姬、段等六例為周室同姓，微史剌祖、宜侯夨為周室異姓；受封賜者中有大貴族，如大保、康侯等，也有部份人名不見經傳，可能是中小貴族，如不娶、賢、卯等。由此可知，周代各級貴族，都有從上一級貴族乃至周天子名下得到土田封賜的機會和權利。李零對此曾有論述，茲移錄於下：

中國早期的土地結構，據上所述，是一種從上到下的統配形式，土地是一層層「發」下去的。它包括「王有」的外壳、貴族的封土和士庶的授田，一層套著一層。這種結構始終保持著份地從公有地析分的原始形式。〔註153〕

今按，據現有金文資料，只可判定各級貴族的授田類似於「統配」；至於「士庶的授田」，金文中並沒有明確的相關記錄，該層級土地權屬的結構狀況還有爭議。〔註154〕

三、封賜類金文中的其他人物選考

1. 作冊析

作冊析器銘有「王在斥。戊子，令作冊析覛聖土于相侯，賜金、賜臣。揚

〔註149〕張亞初、劉雨：《西周金文官制研究》，中華書局，1986年，頁10。

〔註150〕陝西省考古研究院商周考古研究部：《陝西夏商周考古發現與研究》，《考古與文物》2008年6期。

〔註151〕呂文郁：《周代的采邑制度》（增訂版），社科文獻出版社，2006年，頁67。

〔註152〕呂文郁：《周代的采邑制度》（增訂版），頁67。

〔註153〕李零：《西周金文中的土地制度》，《李零自選集》，廣西師範大學出版社，1998年，頁109。

〔註154〕李朝遠：《西周土地關係論》，上海人民出版社，1997年，頁263。

王休」，唐蘭翻譯為：「王在斥地，戊子日，命令作冊旂把垦土送給相侯，相侯賞了銅，賞了奴隸，對揚王的休美。」〔註155〕若依唐說，當是「相侯」賓贈作冊析銅和臣。賞賜和答謝，金文習見，略舉數例如下：

> 鄂侯馭方鼎（《集成》5.2810）：「王親賜馭方玉五毂、馬四匹、矢五束。馭方拜手稽首，敢對揚天子丕顯休贅。」

> 御史競簋（《集成》8.4135）：「伯屖父蔑御史競曆，賞金。競揚伯屖父休。」

> 追簋（《集成》8.4223）：「天子多賜追休，追敢對揚天子親揚。」

> 師俞尊（《集成》11.5995）：「師俞從，王夜（掖）功，賜師俞金，俞則對揚厥德。」

上述金文均為受賜者感謝施賜者，文義明確，合情合理。若以此推論，「相侯」賞賜作冊析，作冊析應該感謝「相侯」；但析器銘明言「揚王休」，與前述推論不合。這有兩種可能：其一，唐蘭的解釋有誤；其二，唐蘭解釋無誤，可能是作冊析器記載了西周時期一種特殊的「賞賜——答謝」的形式。我們認為是後一種情況，依據如下：

> 作冊睘卣銘：「王姜令作冊睘安夷＝伯＝（夷伯，夷伯）賓睘貝、布。揚王姜休。」

> 小臣守簋（《集成》8.4179～4181）：「王使小臣守使于夷＝（夷，夷）賓馬兩、金十鈞。守敢對揚天子休令。」

> 叔簋（《集成》8.4132～4133）：「王姜使叔事于大保，賞叔鬱鬯、白金、趨牛，叔對大保休。」

作冊睘卣銘「夷伯」下有明確的重文符號「＝」，據此可以斷定「夷伯」賓贈睘貝、布。從直接關係看，作冊睘應該感謝「夷伯」，但作冊睘感謝的是王姜。小臣守簋有兩器一蓋，其中蓋銘「夷」字下有重文符號「＝」，而兩件器銘「夷」字下沒有重文符號，這表明類似的語境中，重文符號可以省略。叔簋銘中，叔感謝大保，顯然是大保對叔有所賞賜；但「大保」之下沒有重文符號，作冊析器「相侯」下也沒有重文符號，與之相似。由此可見，唐蘭對作冊析器銘的理解可信。

〔註155〕唐蘭：《西周青銅器銘文分代史徵》，中華書局，1986年，頁295。

關於作冊析本人，唐蘭認為他就是史墻的祖父「辛」，因自立新宗，開始用氏族稱號「樣冊」，是以官為氏。〔註156〕「作冊」習見於西周中期以前的金文，其職掌主要是：記事記言、進獻胙肉給王后、參與鑄造祭祖的禮器、冊告祖廟、代表王室出使諸侯、管理各種旗幟等。〔註157〕

2. 尹氏

述鼎銘有「尹氏受王賚書」，據張亞初等考證，「尹」是古代官吏的泛稱，有時候用以稱呼固定的某種長官；金文「尹氏」在通常情況下都是指作冊尹、內史尹，〔註158〕當是以官為氏。2004年中國國家博物館徵集的射壺銘文中有「皇君尹叔」，朱鳳瀚指出，尹叔是姞姓尹氏貴族，與姬姓的蔡、魯兩國公室保持聯姻；姞姓尹氏早至西周中期前段已在王朝政治生活中扮演重要角色，師永盂的「尹氏」有可能是姞姓尹氏的宗子；西周晚期冊命禮中的「尹氏」，有可能是姞姓尹氏的宗子，在周王朝擔任史官。〔註159〕

按，西周晚期冊命金文中常見「尹氏」，未必是同一個人，茲選錄相關銘文如下：

> 頌鼎（《集成》5.2827～2829）：「王各大室，即位。宰引佑頌，入門，立中廷。尹氏受王命書，王呼史虢生冊命頌。」

> 師㝨簋（《集成》8.4324、4325）：「王在周，各于大室，即位。宰琱生入佑師㝨，王呼尹氏冊命師㝨。」

由此可知，「尹氏」的職掌與早期金文的「作冊」相似，在冊命禮中負責準備「命書」、宣讀王命等。

3. 多友

多友鼎的「多友」，田醒農等認為是周宣王之弟友（即宣王二十二年後的鄭桓公），典籍或稱作王子多父。〔註160〕李學勤認為，多友是武公的部下，不能直接面見周王，只能向武公獻俘，這和鄭桓公身為天子親弟弟的高貴地位不能吻合；多友為私名。〔註161〕張亞初認為，多是氏稱，多氏是一個古老的

〔註156〕唐蘭：《略論西周微史家族窖藏銅器群的重要意義》，《文物》1978年3期。
〔註157〕張亞初、劉雨：《西周金文官制研究》，中華書局1986年，頁34、35。
〔註158〕張亞初、劉雨：《西周金文官制研究》，頁57。
〔註159〕朱鳳瀚：《射壺銘文考釋》，《古文字研究》第28輯，中華書局，2010年，頁226～228。
〔註160〕田醒農、雒忠如：《多友鼎的發現及其銘文試釋》，《人文雜誌》1981年4期。
〔註161〕李學勤：《論多友鼎的時代及意義》，《人文雜誌》1981年6期。

族氏。〔註162〕

今按，李學勤認為「多友」是私名，多友地位不高，應當可信。「多友」的字面意思就是「很多朋友」。據學者考證，西周時期的「朋友」是指同族內的弟兄，〔註163〕則父親為兒子取名「多友」，在子輩是多弟兄，在父輩則是多子姪，都有美好的寓意。金文嘏詞中有「多友」、「多朋友」，見於下列銅器：

辛鼎（《集成》5.2660）：「多友賚辛。」

萬諆觶（《集成》12.6515）：「用作念于多友。」

先獸鼎（《集成》5.2655）：「朝夕饗厥多朋友。」

衛鼎（《集成》5.2733）：「乃用饗王出入使人，眔多朋友。」

可見，多友鼎的「多友」是用一個比較固定的詞作名字，不宜拆作名「友」字「多」。這與鄭桓公友又稱「王子多父」有明顯區別，多友、王子多父當是兩個人。

多友為武公「元士」。克鐘（《集成》1.208）有「士智」，蔡簋（《集成》8.4340）有「宰智」，據此「士」為官階。〔註164〕《國語・魯語》：「列士之妻加之以朝服。」韋昭《注》：「列士，元士也。」《禮記・王制》：「天子之元士視附庸。」若以典籍，則武公的「元士」當比「附庸」級別還低。多友戰功顯赫，但銘文只記載武公的賞賜，只字未提周王對他的賞賜。按情理推測，應當是周王根本沒有賞賜多友。因此，多友地位不高，很可能只是武公的家臣。

上述作冊析、尹氏、多友等人本身在現有金文中並沒有得到土田封賜，但他們無疑是土田封賜的重要見證人，故略陳於此，以備後文討論時參考。

第二節　金文土田封賜事件考論

一、封賜緣起

前文所述金文中的二十九例土田封賜事件，就封賜緣起而論，大致可分為以下八類：

〔註162〕張亞初：《談多友鼎銘文的幾個問題》，《金文文獻集成》第 28 冊，頁 522。

〔註163〕錢宗范：《「朋友」考》，《金文文獻集成》第 36 冊，頁 357。朱鳳瀚：《商周家族形態研究》（增訂本），天津古籍出版社，2004 年，頁 297。

〔註164〕張光裕：《新見智簋銘文對金文研究的意義》，《文物》2000 年 6 期。

（一）因職事而封賜

金文中因職事而封賜的事例，主要有以下六例：

　　1. 召。召圜器銘：「召啟進事，旂走事皇辟君。」

　　2. 中。中甗銘：「王令中先省南國貫行，埶应。在曾……余令汝使小大邦，厥又舍汝芻糧。」中方鼎：「今貺畀汝猶土。」

　　3. 靜。靜方鼎銘：「王在宗周，令師中眾靜省南國。」

　　4. 賢。賢簋銘：「公叔初見于衛，賢從。」

　　5. 卯。卯簋蓋銘：「今余唯令汝死（尸）司莽宮、莽人。」

　　6. 膳夫克。大克鼎銘：「克，昔余既令汝出入朕命，今余唯申就乃命。」

第 2 例的「王令中先省南國貫行，埶应」，唐蘭翻譯為：「王命中先巡視南國經行的道路，建築行宮。」〔註165〕「曾」的位置，或以為在今湖北襄樊西北的鄧城遺址的北面。〔註166〕

（二）因軍功而封賜

金文中因軍功而封賜的事例，主要有以下七例：

　　1. 大保。大保簋銘：「王降征令於大保，大保克敬亡遣。王衍大保，〔註167〕錫休余土。」

　　2. 遣。遣卣銘：「王在厈，賜遣采曰趞。」

　　3. 旟。旟鼎銘：「王姜賜旟田三於待劇。」

　　4. 武公。多友鼎銘：「王迺曰武公曰：『汝既靜京師，贄汝。』」

　　5. 敔。敔簋銘：「王令敔追攔於上洛悆谷，至於伊班長榜。捷首百，執訊四十，奪孚人四百，獻于榮伯之所。」

　　6. 不嬰。不嬰簋銘：「不嬰，汝小子，汝肇敏于戎功。」

　　7. 逑。四十二年逑鼎銘：「汝敏於戎功，弗逆。」

〔註165〕唐蘭：《西周青銅器銘文分代史徵》，中華書局，1986 年，頁 286。

〔註166〕吳良寶：《戰國楚簡地名輯證》，武漢大學出版社，2010 年，頁 303。

〔註167〕裘錫圭《「花束子卜辭」和「子組卜辭」中指稱武丁的「丁」可能應讀為「帝」》（《黃盛璋先生八秩華誕紀念文集》，中國教育文化出版社，2005 年，頁 3）認為，「衍」字當從林義光讀為「侃」，通「侃」，「王侃太保」即「王因太保有功而喜樂」。

上述遣卣、旟鼎本身沒有說明封賜原因，但𩁹鼎銘（《集成》5.2731）「王令遣捷東反夷，𩁹肇從遣征，攻龠無敵」，郭沫若認為此遣與遣尊、遣卣的遣是同一個人，是東伐淮夷的主將之一，戰勝有功，故受采地之封賜；〔註168〕寓鼎銘載溓公命令旟征伐貊、員卣銘載旟征伐鄶國，也是有戰功的人，詳上一節「旟」字條。

（三）因父祖功勞而封賜

金文中因父祖功勞而封賜的事例，有以下兩例：

1. 匽侯克。匽侯克器銘：「大保，唯乃明乃鬯（長）享于乃辟。余大對乃享，令克侯於匽，事（使）羌、狸、𠭯，雩馭（御）髟。」

2. 段。段簋銘：「王蔑段曆，念畢仲孫子。」

第一例匽侯克器銘，有三個關鍵詞「鬯」、「對」、「髟」須稍作解釋。克器銘「△享於乃辟」中「享」前一字，當釋為「鬯」，讀為「長」。〔註169〕

克器銘「余大△乃享」，乃前一字，學者多釋為「對」，解為金文常見的「對揚」之「對」，「對揚」義為「答受稱揚」，〔註170〕「對」即「答謝」；劉雨、〔註171〕李仲操〔註172〕釋為「封」，以為是典籍中的大封禮。今按，克器銘的「乃鬯（長）享于乃辟」和「余大對乃享」正相照應。𤼈簋銘（《集成》8.4170～4177）「王對𤼈，楙賜佩」，〔註173〕可見周王也可「對」大臣。

克器銘的部族「髟」，又見於墻盤銘「狄虘髟」，〔註174〕林澐據1973年遼寧喀左縣北洞村發現的孤竹父丁罍推論，商末周初的髟人主要活動於遼西的大凌河流域和河北唐山地區的灤河流域，周初在北京地區建立燕國防御髟

〔註168〕郭沫若：《兩周金文辭大系圖錄考釋》，《金文文獻集成》第21冊，頁282。

〔註169〕詳本文附錄《金文校讀四則》「唯乃明乃鬯享于乃辟」條。

〔註170〕周寶宏：《近出西周金文集釋》，天津古籍出版社，2005年，頁55。林澐、張亞初：《〈對揚補釋〉質疑》，原載《考古》1964年5期，此據《金文文獻集成》第36冊，頁392。

〔註171〕劉雨：《西周金文中的大封小封和賜田里》，《中國考古學論叢——中國社會科學院考古研究所建所40週年紀念》，科學出版社，1993年。

〔註172〕李仲操：《燕侯克罍盉銘文簡釋》，《考古與文物》1997年1期。

〔註173〕清華簡《皇門》第二簡有「楙（懋）昜（揚）嘉悳（德）」，其中「懋揚」與𤼈簋「楙賜」辭例相似。參復旦讀書會：《清華簡〈皇門〉研讀札記》，復旦大學出土文獻與古文字研究中心網站，2011年1月5日。

〔註174〕陳世輝：《墻盤銘文解釋》，《考古》1980年5期。

人。〔註175〕

　　總之，克器銘是說周王為答謝召公長期享獻於王室，讓召公之子克封侯於燕，率領羌、狸、叡等部族防御髟人。

　　第二例段簋銘，穆王或恭王的十四年十一月，王在畢地進行冬祭、堂贈驅疫活動，因感念畢仲，所以對段有所封賜。畢仲，即畢公高。《史記・魏世家》：「畢公高與周同姓。武王之伐紂，而高封于畢，於是為畢姓。」則畢為畢公高封地。《史記・周本紀》：「康王命作策畢公分居里」，則畢公高曾為史官。又《漢書・東方朔傳》：「畢公高拾遺于後。」顏師古說：「畢公高，文王之子也，為周太師，故云拾遺也。」則畢公高曾任太師。總之，畢公高是康王時期重要的王室大臣。後世周王在畢活動而念及畢地始封君畢公高，對其後人有所賞賜，當在情理之中。

（四）因籠絡異姓貴族而封賜

　　微史烈祖。牆盤銘：「微史烈祖，迺來見武王，武王則令周公舍宇。」瘋鐘銘與此相近。《史記・周本記》：「伯夷、叔齊在孤竹，聞西伯善養老，盍往歸之。太顛、閎夭、散宜生、鬻子、辛甲大夫之徒皆往歸之。」又《史記・伯夷傳》載伯夷、叔齊到周的時候，文王已經去世，只見到武王。由此可知，武王之世還有異姓貴族投奔周族。微史家族在周歷任史官，家族昌盛，顯然同周室優待異姓貴族的政策密切相關。

（五）改封

　　金文中改封的事例，主要有以下四例：

　　　　1. 康侯。沫司徒疑簋銘：「王來伐商邑，征令康侯啚（鄙）于衛。」

　　　　2. 雍伯。雍伯鼎銘：「王令雍伯啚（鄙）于㞷，為宮。」

　　　　3. 宜侯矢。宜侯矢簋銘：「王令虞侯矢曰：『遷侯於宜。』」

　　　　4. 井侯。麥方尊銘：「王令辟井侯出矿侯于井。」

　　第一例沫司徒疑簋銘「啚」字的釋讀有爭議。陳夢家釋「啚」為「圖」，又謂「古文邦、封一字，圖、鄙一字」，康侯名封，字鄙。〔註176〕唐蘭釋為

〔註175〕　林澐：《釋史墻盤銘中的「迶盧髟」》，《林澐學術文集》，中國大百科全書出版社，1998 年，頁 180、181。

〔註176〕　《斷代》，頁 13。

「鄙」，並引《左傳‧昭公十六年》「公子皆鄙」為證，將簋銘翻譯為「王來征伐商邑，命康侯在衛地防守邊境」；「王」是成王，以衛為據點攻殷。〔註177〕楊樹達亦釋為「鄙」，引《廣雅‧釋詁》「鄙，國也」為證，將簋銘釋為「封康叔于衛」。〔註178〕據四版《金文編》，「啚」字簋銘作「𫝑」形，與𧫚鎛銘（《集成》1.271）「民人都鄙」的「鄙」作「𫝑」形相近；膳夫山鼎銘（《集成》5.2825）「圖室」的「圖」字作「𫝑」形。可見，金文啚、鄙判然有別，「𫝑」以釋「鄙」為妥。

《左傳‧定公四年》：「昔武王克商，成王定之，選建明德，以藩屏周……分康叔以大路……取於相土之東都以會王之東蒐。」其中「會王之東蒐」表明，康叔封衛的戰略意圖在於建設周人在東方的軍事據點，與沬司徒疑簋銘吻合。唐蘭將簋銘「鄙」字釋為「防守邊境」，照應到簋銘「伐商邑」，較楊樹達泛釋為「封」優勝，故唐蘭說可從。總之，康叔封初封於宗周畿內康邑，以康地得名；後因周室在東方的軍事行動而改封於衛，改封原因十分明確。

第二例柯昌濟釋為：王命雍伯巡視邊鄙至其所為宮之地。〔註179〕彭裕商釋為：王命雍伯地圖于為宮；「命」為賜予，「屮為宮」是宮名。〔註180〕劉雨認為此「鄙于屮」與沬司徒疑簋的「鄙于衛」同例，即封建于屮（生）地。〔註181〕今從劉說。且以沬司徒疑簋例之，雍伯很可能是從雍地改封於「屮」。

改封的例子很多，〔註182〕周初姜姓申國是比較顯著的一例。《詩‧大雅‧崧高》：「王命申伯，式是南邦，因是謝人，以作爾庸。」《正義》說：「申伯本國近謝，今命為州牧，故改邑於謝。」宣王改封申伯於謝，地在今河南南陽，〔註183〕1981年河南南陽出土的仲再父簋銘（《集成》8.4188～4189）有「南申伯大宰仲再父厥辭作其皇祖考夷王、監伯尊簋」，可以為證。〔註184〕

〔註177〕唐蘭：《西周青銅器銘文分代史徵》，中華書局，1986年，頁27、28。
〔註178〕楊樹達：《積微居金文說》，《金文文獻集成》第25冊，頁251。
〔註179〕柯昌濟：《韡華閣集古錄跋尾》，《金文文獻集成》第25冊，頁124。
〔註180〕彭裕商：《西周青銅器年代綜合研究》，巴蜀書社，2003年，頁295。
〔註181〕劉雨：《西周金文中的大封小封和賜田里》，《中國考古學論叢——中國社會科學院考古研究所建所40週年紀念》，科學出版社，1993年。
〔註182〕許倬雲：《西周史》（增補本），生活‧讀書‧新知三聯書店，1999年，頁155～159。該部份對西周諸侯徙封有詳細整理，可參看。
〔註183〕〔清〕江永：《春秋地理考實‧隱公元年》，學海堂皇清經解本。又〔清〕顧棟高：《春秋大事表‧春秋列國爵姓及存滅表》，中華書局，1993年。
〔註184〕李學勤：《宜侯夨簋與吳國》，《文物》1985年7期。又，李學勤：《論仲再父簋與申國》，《金文文獻集成》第29冊，462頁。

（六）嗣封

金文中嗣封的事例，有以下兩例：

　　1. 盂。大盂鼎銘：「命汝盂型乃嗣祖南公……賜乃祖南公旂。」

　　2. 伯晨。伯晨鼎銘：「王命鄅侯伯晨曰：『嗣乃祖考，侯于鄅。』」

（七）因直系親屬關係而封賜

金文中因直系親屬關係而獲賜的事例，有以下兩例：

　　1. 旂。旂鼎：「文考遺寶積。」

　　2. 季姬。季姬方尊銘：「其對揚王母休。」

季姬方尊銘中的季姬是周穆王的小女兒，嫁於宋國貴族宋氏，詳上節「季姬」條。周王后對她進行賞賜的原因，銘文無明確記錄。嚴志斌認為，這很可能是季姬的嫁妝記錄，季姬方尊屬於媵器的範疇。〔註185〕

（八）其他

作冊析器、毫鼎、矜簋、師永盂等四器，封賜原因不明。

綜上所述，下級貴族在大多數情況下必須有一定的職事或戰功，才能得到上級貴族乃至周王的封賜，封賜具有明顯的事功性質。

二、封賜規模與封賜物

表一所列封賜事件，就其封賜規模及封賜物而論，大致可以分成六種。

（一）封建諸侯

金文中記錄周王封建諸侯的事件約有七例，分別是：

　　1. 燕侯克。燕侯克器銘：「『旆（使）羌、狸、虘，雩（于）馭（御）髟。』克緻（？）匽，入土眾有司。」

　　2. 宜侯矢。宜侯矢簋銘：「賜鬯一卣，商瓚一□，彤弓一，彤矢百，旅弓十，旅矢千。賜土：厥川三百□，厥□百又廿，厥宅邑卅又五，〔厥〕□百又卅。賜在宜王人□又七生（姓），賜奠七伯，厥囷（盧）□又五十夫，賜宜庶人六百又□六夫。」

　　3. 井侯。麥方尊銘：「侯于井……侯賜玄周戈。雩王在斥，已夕，侯錫諸氒臣二百家，劑（齋）用王乘車馬、金勒、同衣、市、烏。」

〔註185〕嚴志斌：《季姬方尊補釋》，《中國歷史文物》2005年6期。

4. 伯晨。伯晨鼎銘：「侯于𦖋。賜汝秬鬯一卣，玄袞衣，幽夫（芾），赤舄，駒車，畫紳，幬較，虎幃，冟裏幽，鋚勒，旅五旅，彤弓彤矢，旅弓旅矢，夨戈，甲胄。」

5. 康侯。沫司徒疑簋銘：「令康侯啚（鄙）于衛。」

6. 雍伯。雍伯鼎銘：「王令雍伯啚（鄙）于生。」

7. 盂。大盂鼎銘：「賜女鬯一卣、冂、衣、巿、舄、車、馬，賜乃祖南公旂，用狩。賜女邦司四伯，人鬲自御至於庶人六百又五十又九夫，賜夷司王臣十又三伯，人鬲千又五十夫。𢦏𢦏遷自厥土。」

上述部份例子須稍作解釋。第一例，張亞初釋為治事（指封疆）從羌、狸至於馭、微之地，羌、狸、馭、微是所封燕國南北邊界上的四個地名；「入（納）土」（受疆土）即踏勘四至，進行封疆的具體事宜。〔註186〕《戰國策・燕策》「又使燕攻陽城及狸」，狸地在今河北任丘縣東北。〔註187〕殷瑋璋認為，旂、羌、馬、叔、雩、馭等字都是國名或族氏名。〔註188〕陳公柔認為，克旂（管理）羌、馬等原屬於殷王朝的一些方邦。〔註189〕李學勤認為「旂」即「旋」字之省，讀為「使」，義為任使。羌兔叔（罝）、馭徵各是一人。「入土眾有司」，「入」即「納」。克做燕國諸侯，其國土及職官歸屬王朝。〔註190〕

今按，「旂」即「旋」，讀為「使」，李學勤說可信。六年琱生尊銘有「汝使召人，公則明殛」，以此例之，克器「旂（使）」後所接羌、狸等，應該是國族名。

第七例，劉雨認為，周王賜給盂的土地人民只是南公原領有的部份土地，嗣封者可能有多人；並進一步推論這類嗣封含有弱幹強枝、削弱大貴族權勢的用意。〔註191〕

關於周室封侯的賞賜物，據李零總結，一般包括以下四種：

〔註186〕張亞初：《太保罍、盂銘文的再探討》，《考古》1993年1期。

〔註187〕張亞初：《燕國青銅器銘文研究》，《中國考古學論叢——中國社會科學院考古研究所建所40週年紀念》，科學出版社，1993年。

〔註188〕殷瑋璋：《新出土的太保銅器及其相關問題》，《考古》1990年1期。

〔註189〕《北京琉璃河出土西周有銘銅器座談紀要》，《考古》1989年10期。

〔註190〕《北京琉璃河出土西周有銘銅器座談紀要》，《考古》1989年10期，及李學勤《克罍克盉的幾個問題》（《走出疑古時代》，遼寧大學出版社，1994年，頁160）。

〔註191〕劉雨：《西周金文中的大封小封和賜田里》，《中國考古學論叢——中國社會科學院考古研究所建所40週年紀念》，科學出版社，1993年。

（1）作為身份標誌和權力象徵的輿服。如輿馬、旌旗、鐘鼓、弓矢、祭酒、圭瓚、彝器、典冊和冕服。

（2）民人。包括按族、氏和身份劃分的類別。

（3）疆土。包括地點和封畛四至。

（4）管理民人、疆土的官正。〔註192〕

從上述七例金文看，李零的總結是可信的。需要補充的是，第一例王令燕侯克任使羌、狸等族往御髟族，這很可能只是授予克號令附近國族的權力，如《周禮・夏官司馬・形方氏》「使小國事大國，大國比小國」，而不一定是將這些國族封賜給了燕侯克。《左傳・僖公四年》：「昔召康公命我先君大公曰：『五侯九伯，女實征之，以夾輔周室！』」召康公即召公奭，燕侯克是召公的兒子，也可能得到類似的授權。

（二）賜采

金文中記錄賜采的例子約有六例，分別是：

1. 中。中方鼎銘：「今昪畀汝禍土，作乃采。」

2. 遣。遣卣銘：「賜遣采曰趙，賜貝五朋。」

3. 靜。靜方鼎銘：「賜汝鄑、旂、市、采量，曰用事。」

4. 段。段簋銘：「令龏妘遠大則于段。」

5. 微史剌祖。墻盤銘：「武王則令周公舍宇，于周俾處。」癲鐘銘：「武王則令周公舍宇，以五十頌處。」

6. 羚。羚簋銘：「賜緣，令邑于奠。」

上述前三例均言賜采，明確無誤。

第四例段簋銘「遺」字從吳榮光隸定，〔註193〕學者無異議。劉心源曾引《汗簡》「饋」作「飠」形，釋作「饋」，〔註194〕後來改從釋「遺」說。〔註195〕郭沫若釋為「贈詒」之「詒」。〔註196〕按，「遺」應當是從「食」得聲的形聲字，

〔註192〕李零：《西周金文中的土地制度》，《李零自選集》，廣西師範大學出版社，1998年，頁88。

〔註193〕〔清〕吳榮光：《筠清館金文》，《金文文獻集成》第12冊，頁74。

〔註194〕〔清〕劉心源：《古文審》，《金文文獻集成》第11冊，頁486。

〔註195〕〔清〕劉心源：《奇觚室吉金文述》，《金文文獻集成》第13冊，頁201。

〔註196〕郭沫若：《兩周金文辭大系圖錄考釋》，《金文文獻集成》第21冊，頁423。

類似於金文「萬年」的「萬」或作「邁」（叔友父簋《集成》6.3725）。遹可讀作以，訓為「致送」。上古音食是船母職部字，以是餘母之部字，兩字聲母同為舌音，韻則之職對轉，音近可通。典籍食、似相通，《左傳・昭公二十八年》：「楊食我。」《論衡・命義》作「羊舌似我」，即其例。而似、以又常相通假，《老子》：「而我獨頑似鄙。」漢帛書甲本似作以，即其例。「以」訓「致送」見於甲骨文、〔註197〕金文和傳世文獻。五年瑚生尊：「召姜以瑚生戏五尋、壺兩。」《國語・楚語下》：「子期祀平王，祭以牛俎於王。」韋昭《注》：「致牛俎於昭王。」皆其例。

「大則」，由劉心源率先釋出，但劉氏於義無說。〔註198〕郭沫若將「則」與《周官・大宗伯》「五命賜則」聯繫起來，認為「則」是采地。〔註199〕孫常敘認為，《周禮》「賜則」是賞給器樣，並非賜土；賜土說實為劉歆對《周禮》的誤解。〔註200〕今按，孫詒讓《正義》申鄭玄之說，認為「則」是子、男封地之名，地積以子兩百里、男百里為正；《禮記・王制》的「子男五十里」，鄭玄以為是殷制，並斥「周子男五十里」為俗說。「則」在戰國時期作長度單位，青川木牘：「田廣一步，袤八則，為畛」，胡平生據安徽阜陽雙古堆漢簡「卅步為則」，推算出「八則」即二百四十步；〔註201〕張家山漢簡《田律》有「田廣一步，袤二百冊步，為畛」，證明「則」為三十步無疑。〔註202〕可見，「則」作計量單位頗有淵源。「大則」當從郭沫若解為大塊采地。

第五例微史剌祖。尹盛平認為，墻盤銘「舍宇」是給予宅基地，也就是給予采邑。〔註203〕五祀衛鼎銘有「廼舍宇于厥邑」，舍宇當是給予住房，並不等於采邑。癲鐘銘「以五十頌處」的「頌」，唐蘭認為「頌」假為「通」，方里而井，井十為通，五十通就是五百個方里，比「方三十里」的九百個方里要少

〔註197〕裘錫圭：《說殷墟卜辭的「奠」——試論商人處置服屬者的一種方法》，原載《中央研究院歷史語言研究所集刊》第64本第3分冊，1993年。轉載於復旦大學出土文獻與古文字研究中心網站，2008年1月4日。
〔註198〕〔清〕劉心源：《奇觚室吉金文述》，《金文文獻集成》第13冊，頁201。
〔註199〕郭沫若：《兩周金文辭大系圖錄考釋》，《金文文獻集成》第21冊，頁423。
〔註200〕孫常敘：《則、灋度量則、則誓三事試解》，《古文字研究》第7輯，中華書局，1982年，頁13、14。
〔註201〕胡平生：《青川秦墓木牘「為田律」所反映的田畝制度》，《文史》第19輯，中華書局，1983年。
〔註202〕張家山二四七號漢墓竹簡整理小組：《張家山漢墓竹簡・二年律令・田律》，文物出版社，2006年，頁42。
〔註203〕尹盛平編：《西周微氏家族青銅器群研究》，文物出版社，1992年，頁59。

得多。〔註204〕裘錫圭認為「頌」通假為「容」,「以五十頌處」就是掌管五十種威儀。〔註205〕按照唐蘭的算法,五十通約相當於方二十三里,如果住宅處於地塊中央,則從住宅到地塊邊緣的距離只有十里出頭,大約是步行一個小時的距離。若此,則「宇」為住宅,「五十頌」為采地。今從唐蘭說。

第六例「邑于奠」。朱鳳瀚認為,奠(鄭)為今陝西華縣東北之鄭,金文有「王在奠」,其地非常重要;銘文是講周王親命矜在鄭地建邑,並治理該邑。〔註206〕今按,矜簋銘當理解為賜采邑於奠。「邑于某」雖然金文罕見,但典籍中卻有不少辭例。《孟子·梁惠王下》:「邑于岐山之下居焉。」《史記·秦本紀》:「昔周邑我先秦嬴於此,後卒獲為諸侯。」《史記·秦始皇本紀》:「秦興,邑於西垂。」《史記·封禪書》:「秦襄公既侯,居西垂。」這些都可以理解為建國立邑,與沬司徒疑簋的「鄙于衛」相似。但是矜簋銘賞賜物只有「絲」,而「奠」又近在王畿,應當不是封侯,故定為賜采邑。

(三)賜土

金文中記錄賜土的例子有四例,分別是:

    1. 大保。大保簋銘:「賜休余土。」

    2. 亳。亳鼎銘:「賜亳杞土、麋土、屖禾、𩰳禾。」

    3. 相侯。作冊析器銘:「睨聖土于相侯。」

    4. 召。召圜器銘:「賞畢土方五十里。」

若以中方鼎銘「今既界汝福土,作乃采」推論,上述四例均可理解為采邑。但這幾例似有特殊之處,值得注意。

第一例,據《史記·燕世家》索隱云:「召者,畿內埰地。奭始食於召,故曰召公。或說者以為文王受命,取岐周故墟召地分爵二公,故詩有《周》、《召》二《南》,言皆在岐山之陽,故言南也。」則召公食采於召早至文王世,其時代遠在大保簋之前。呂文郁說,今陝西岐山縣西南八里有劉家塬村,即召公奭的采邑。〔註207〕按照金文慣例,「余土」的「余」為地名,字不可識,

---

〔註204〕唐蘭:《略論西周微史家族窖藏銅器群的重要意義》,《文物》1978年3期。

〔註205〕裘錫圭:《史墻盤銘解釋》,《古文字論集》,中華書局,1992年,頁377。

〔註206〕朱鳳瀚:《西周金文中的「取徵」與相關諸問題》,《古文字與古代史》第1輯,臺灣中央研究院歷史語言研究所,2007年,頁193、196。

〔註207〕呂文郁:《周代的采邑制度》(增訂版),社會科學文獻出版社,2006年,頁59。

應該是不同於「召」的某個地方。召公既有采邑，這裏又賞賜「余土」，當屬增賜。金文有增賜的例子，衛簋銘（《集成》8.4209～4212）：「王曾（增）令衛。」輔師簋（《集成》8.4286）：「今余曾（增）乃令。」

第二例，土、禾同賜，「土」、「禾」前一字都應該是地名。有趣的是，杞、麋兩地只言「土」，以別於㸚、𤕫兩地有「禾」，表明㸚、𤕫必為耕地，與此同時的杞土、麋土則可能是休耕地。

第三例，「聖土」，王暉認為是從周天子大社中取來的「五色土」，是周王賜給相侯的實物憑證；相侯所封之地為「相」，故稱「相侯」，所以「聖土」之「聖」不是地名。〔註208〕今按，以召公的「余土」和亳的「杞土」、「麋土」例之，「聖土」當為「聖」地之土。

第四例，學者都把「畢」和畢公高的采邑畢聯繫在一起。畢在豐西邊，距豐三十里。〔註209〕前文已說明，召不是畢公高。畢既有畢公高的采邑，又有召的采邑，則表明一個地方可有多個采邑主。

（四）賜田

金文中記錄賜田的事件有 9 例，分別是：

1. 旟。旟鼎銘：「賜旟田三于待劃。」

2. 季姬。季姬方尊銘：「賜帛季姬畋臣于空木，𣎆師夫曰丁，以𣎆友廿又五家。斤（新？－親）賜𣎆田以牲：馬十又□四、牛六十又九叔，羊三百又八十（？）又五叔，禾二牆（牆－倉）。」

3. 卯。卯簋蓋銘：「賜汝瓚、璋四瑴，宗彝一㝓寶。賜汝馬十匹，牛十。賜于乍一田，賜于宮一田，賜于隊一田，賜于戲一田。」

4. 師永。師永盂銘：「賜畀師永𣎆田陰陽洛，疆眾師俗父田。」

5. 武公。多友鼎銘：「賜汝土田。」

6. 膳夫克。大克鼎銘：「賜汝叔市、參絅、苪息。賜汝田于野，賜汝田于渒，賜汝井宇劇田于㒸，以厥臣妾；賜汝田于康，賜汝田于匽，賜汝田于陴原，賜汝田于寒山；賜汝史、小臣，靈蘇鼓、鐘。

〔註208〕 王暉：《作冊旟器銘與西周分封賜土禮儀考》，《中國歷史文物》2005 年 1 期。

〔註209〕 范祥雍：《古本竹書紀年輯校訂補》，上海人民出版社，1962 年，頁 24。

賜汝井遣（徵）剢人，龏（兼）〔註210〕賜汝井人奔于量。」

7. 敔。敔簋銘：「授釐敔圭瓚、□貝五十朋，賜田於敔五十田，于早五十田。」

8. 不嬰。不嬰簋銘：「賜汝弓一、矢束，臣五家，田十田，用從乃事。」

9. 逑。四十二年逑鼎銘：「朕親令贊汝秬鬯一卣，田于鄭卅田，田于䍻廿田」。

上述賜田事件中，有幾處比較特別，須略作說明。

第一例，旂。郭沫若認為，「劊」可能是「刈」，「賜旂田三于（與）待刈」就是「將三個田和田中有待收穫的禾稻一並授予」。〔註211〕朱德熙認為郭沫若讀「待刈」可信。〔註212〕李零斷讀為「賜旂田三于待、曷」，認為待、曷是地名。〔註213〕參考亳鼎賜禾之例，今從郭說釋為「刈」。

第二例，季姬。蔡運章等指出，季姬獲賜田、管理者、眾人、牲畜和糧食，這「幾乎是一個完整的生活單元和產品」。〔註214〕

第七例，膳夫克。裘錫圭認為，「井宇剢田」中「井」和「剢」都是族氏，「宇」是動詞，整句是說「井族派人居於剢族之地加以耕種的原屬剢族的田地」，類似於商代的「寄田」，即統治者派人到其它方國去開荒種田。銘文中的「臣妾」當是井族原先派去耕種剢田的奴隸，現在隨同土地換了主人。「遣」原作「🐾」形，字所從「🐾」象背部有「腓子」的刀，讀為「徵召」的「徵」；「井徵剢人」就是井族所徵發的剢人。井人本身被周王賜給膳夫克服「奔于量」的勞役，而原為井族役使的剢人也被轉賜予膳夫克。〔註215〕今按，「遣」

〔註210〕陳劍：《甲骨文舊釋「智」和「鬘」的兩個字及金文「龏」字新釋》，載復旦大學出土文獻與古文字研究中心編《出土文獻與古文字研究》第1輯，復旦大學出版社，2006年。劉桓《重釋金文「攝」字》（《古文字研究》第28輯，中華書局，2010年，頁284～288）認為郭沫若「釋攝仍不可易」。

〔註211〕郭沫若：《關於眉縣大鼎銘辭考釋》，《文物》1972年7期。

〔註212〕朱德熙：《長沙帛書考釋（五篇）》，《朱德熙文集》第5卷，商務印書館，1999年，頁209。

〔註213〕李零：《西周金文中的土地制度》，《李零自選集》，廣西師範大學出版社，1998年，頁92。

〔註214〕蔡運章、張應橋：《季姬方尊銘文及其重要價值》，《文物》2003年9期。

〔註215〕裘錫圭：《古文字釋讀三則》，《古文字論集》，中華書局，1992年，頁399～402。

的釋讀過去爭議很大，〔註216〕字又見於近出的射壺，壺銘有「乃事東邁其工」一句，其中的「東邁」，朱鳳瀚釋為「董徵」，〔註217〕似可信。射壺銘的「董徵」可以反過來證明裘錫圭對大克鼎「井徵窮人」的理解比較可信。

第九例，單氏采邑在陝西眉縣楊家村一帶，則鄭田、屏田可能距此不遠。

（五）賜糧、積

金文中記錄賜糧、積的事件有 3 例，分別是：

1. 賢。賢簋銘：「晦賢百晦臺（糧）。用作寶彝。」

2. 中。中甗：「厥又舍汝窮、量（糧）。」

3. 㫃。㫃鼎銘：「文考遺寶積。」

第一例，方濬益讀作：「晦賢百晦，臺用作寶彝。」認為公賜予賢田邑，「臺」是公叔之名。〔註218〕郭沫若讀作：「晦（賄）賢百晦（畝）糧。」〔註219〕裘錫圭從郭說，並強調「糧」不是泛稱的糧食，而是專指「行道」所用的乾糧，糧田亦可省稱作糧。〔註220〕張經認為，較早的文獻如《國語‧周語》、《詩‧豳風‧七月》中的「畝」表示壟或田地，用為計量單位的「畝」全出於《周禮》、《呂氏春秋》等時代較晚的文獻，不能用晚出的地積單位「畝」釋金文的「畝」；賢簋「百畝」即百田，「臺」是地名，標明賞田的位置。〔註221〕

今按，「百畝」非百田。理由如下：其一、較早的文獻就有《詩‧魏風‧十畝之間》，此「畝」必為計量單位。其二、依張說「百畝」即百田，畝即田；金文屢見若干田，此「田」必為計量單位，則同理「畝」亦是計量單位。其三，敔簋記敔戰功卓著，周王賞敔百田，是目前所見金文中賞田最高的記錄。賢只是公叔的隨從，公叔須「見」衛侯，地位可能低於衛侯；試比較周王——衛侯——公叔——賢這個排序，則賢的地位不高。因此，賢不太可能得到「百

〔註216〕朱鳳瀚：《西周金文中的「取徵」與相關諸問題》，《古文字與古代史》第 1輯，臺灣中央研究院歷史語言研究所 2007 年，頁 191～208。

〔註217〕朱鳳瀚：《射壺銘文考釋》，《古文字研究》第 28 輯，中華書局，2010 年，頁226～228。

〔註218〕〔清〕方濬益：《綴遺齋彝器款識考釋》，《金文文獻集成》第 14 冊，頁 211。

〔註219〕郭沫若：《兩周金文辭大系圖錄考釋》，《金文文獻集成》第 21 冊，頁 512。

〔註220〕裘錫圭：《西周糧田考》，原載張永山主編《胡厚宣先生紀念文集》，科學出版社，1999 年。修訂版轉載於復旦大學出土文獻研究中心網站。

〔註221〕張經：《賢簋新釋》，《中原文物》2002 年 3 期。張經：《西周土地關係研究》，中國大百科全書出版社，2006 年，頁 293、294。

田」的巨額賞賜。郭、裘的意見比較可信，詳本文第三節。

第二例中甗銘「芻量」即「芻糧」，學者對「芻」字有專門討論。〔註222〕中為昭王南征前導，負責設位，其所獲賜「芻量」當即芻茭、糗糧一類。《史記‧魯世家》載伯禽伐徐戎，作《肸誓》，其中有「峙爾芻茭、糗糧」，孔安國說：「皆當儲峙汝糧，使足食；多積芻茭，供軍牛馬。」但唐蘭對中甗銘的翻譯為：「我命令你出使小大各國，這又賞給你牧地量一直到你的庸。」〔註223〕則「芻量」為量地的牧地。

第三例「寶積」從于省吾釋，〔註224〕「積」，朱駿聲《說文通訓定聲‧禾部》解為「禾穀之聚」。此例賜委積，與「土田」有某種干係，故存錄於此。

附帶說明，虞簋銘（《集成》8.4167）有「井五量」，論者或以為是西周井田制的確切證據；〔註225〕但此「井」字應是「丹」字，因此虞簋與井田無關。〔註226〕

三、封賜禮俗

無論從典籍記載還是從金文資料看，土田封賜在西周人眼里都是非常隆重的政治事件，大凡土田封賜必然伴隨有一系列的禮俗活動。「禮」為官方制度，有一定程式，據劉雨研究，可分為「大封禮」和「小封禮」，「大封禮」的儀注包括：

第一，王入圖室省圖。

第二，於廟堂享祀先祖。

第三，內史冊命。

第四，入（納）土。即頒賜某色裂土。

〔註222〕于省吾：《甲骨文字釋林‧釋芻》，中華書局，1979 年，頁 264。陳秉新：《金文考釋四則》，《容庚先生百年誕辰紀念文集》，廣東人民出版社，1998 年，頁 459～462。

〔註223〕唐蘭：《西周青銅器銘文分代史徵》，中華書局，1986 年，頁 286。

〔註224〕于省吾：《雙劍誃吉金文選》，《金文文獻集成》第 25 冊，頁 60。

〔註225〕劉桓：《試說西周金文中關於井田的兩條史料》，《人文雜誌》1993 年 4 期。劉桓舉的另一條材料是師同鼎（《集成》5.2779）銘「羿畀其井」，王輝《羿畀鼎通讀及其相關問題》（《一粟集》上冊，臺灣藝文印書館，2002 年，頁 92）認為「羿畀」是人名。王暉：《從虞簋銘看西周井田形式及宗法關係下的分封制》，《考古與文物》2000 年 6 期。

〔註226〕嚴志斌：《霸伯簋銘文校議》，《故宮博物院院刊》，2020 年 5 期。

第五，授民授疆土。即頒賜土地宅里及有司民眾等。

第六，頒賜秬鬯、玉瓚、弓矢、戈冑、命服、車馬、旌旗等。

第七，行大饗禮。

受封諸侯還要祭祀路神，到封地建設宮室，並由王室官員測量土地，設置封疆。〔註227〕據文獻，受封諸侯之間還有盟誓，《國語·魯語上》:「昔者成王命我先君周公及齊先君太公曰:『女股肱周室，以夾輔先王。賜女土地，質之以犧牲，世世子孫無相害也。』」即其例。賞賜采邑和田的「小封禮」相對簡略，但師永盂銘中，周王親自和一幫王室大臣勘踏田界，〔註228〕現場有執事官員記錄田界四至，可見「小封禮」也不「小」。

此外，不少受封賜者還會鑄器留念，在銘辭裡寫上「對揚王休」一類的感恩之語。這些在後人看來可能無關緊要的「套話」，反映了西周社會流行的頌揚習俗。試想當時遍佈於饗祀場合的青銅禮器，上面都銘刻著感謝周王的頌歌，則周室的權威，也就不言自明了。

第三節　從金文土田封賜看西周田制

一、土、田的計量單位

古人建步立畝，量入修賦，作邑封疆，事涉田制、稅制、城制，而計量單位是這些制度的基礎，值得重視。現結合前人的研究成果，將封賜金文中土、田的計量單位匯總如下:

1. 里

召圜器銘「畢土方五十里」。

據載，周王季歷朝商，商王武乙曾賜給季歷三十里地。〔註229〕《國語·越語下》「環會稽三百里者以為范蠡地」，封域周長三百里，可能比「召」的采邑大。

西周里制缺乏考古信息參驗，只能據典籍和相關研究成果擬測。

（1）尺。上海博物館藏商代牙尺長 15.8 釐米，南京大學藏傳 1931 年

〔註227〕劉雨:《西周金文中的「周禮」》，《金文論集》，紫禁城出版社，2008 年，頁128。劉釗:《殷有「封人」說》，《甲骨文獻集成》第 13 冊，頁 424。

〔註228〕白於藍:《師永盂新釋》，《考古與文物》2010 年 5 期。

〔註229〕范祥雍:《古本竹書紀年輯校訂補》，上海人民出版社，1962 年，頁 22。

洛陽金村東周墓出土的銅尺長 23.1 釐米。〔註230〕西周之尺，原長 19.7 釐
米（周「鎮圭尺」），後放大至 24.63 釐米，又逐漸被長 23.1 釐米的尺所取
代。〔註231〕

（2）步。《禮記·王制》：「古者以周尺八尺為步，今以周尺六尺四寸為
步。」《漢書·食貨志》：「六尺為步。」吳慧認為，八尺為步的尺長是 19.7 釐
米，六尺四寸為步的尺長是 24.63 釐米；雖然尺數不同，但一步的長度不變，
都是 157.6 釐米。西周稍晚時期一步為六尺，尺仍長 24.63 釐米，步的長度縮
短至 147.8 釐米。六尺為步，尺長 23.1 釐米，是商鞅變法以後的秦國和秦統
一六國後的制度。〔註232〕

（3）里。《穀梁傳·宣公十五年》：「古者三百步為里。」《孔子家語·王
言》：「周制，三百步為里。」若以 23.1 釐米為尺，六尺為步，三百步為里，
一周里當今 415.8 米，再除以每華里 500 米，得 0.8316，即一周里換算成今天
的華里要打八折。

2. 晦（畞）

賢簋的「百晦糧」，「晦」為「畞」字古體，字當訓為「壟」，即「百壟糧」。
《國語·周語下》：「天所崇之子孫，或在畎畞。」賈逵說：「一耦之發，廣尺
深尺為畎，百步為畞。」韋昭《注》：「下曰畎，高曰畞。畞，壟也。《書》曰：
『異畞同穎。』」《史記·貨殖列傳》：「千畦薑韭。」徐廣說：「千畦，二十五
畞。」裴駰說：「韋昭曰：『畦猶壟。』」簋銘「畞」字用法與「畦」字相似。

典籍甽、畞連言，畞是土壟，又作地積單位，二者之間可能有聯繫。典
籍中關於「晦（畞）」的資料很多，茲羅列如下：

> 《詩·大雅·綿》：「迺疆迺理，迺宣迺畞。」朱熹《詩集傳》：
> 「治其田疇也。」

> 《詩·小雅·甫田》：「禾易長畞，終善且有。」毛《傳》：「易，
> 治也。長畞，竟畞也。」

〔註230〕國家計量總局等主編：《中國古代度量衡圖集》，文物出版社，1984 年，頁
　　　　2。
〔註231〕吳慧：《春秋戰國時期的度量衡》，《中國經濟史研究》1991 年 4 期。又吳慧：
　　　　《井田制考索》，農業出版社，1985 年，頁15〔注〕一。
〔註232〕吳慧：《井田制考索》，農業出版社，1985 年，頁15〔注〕一及頁36〔注〕
　　　　一。

《詩・周頌・良耜》：「畟畟良耜，俶載南畝。播厥百穀。」

《詩・齊風・南山》：「蓺麻如之何？衡從其畝。」

《詩・魏風・十畝之間》：「十畝之間兮，桑者閑閑兮。」

《穀梁傳・文公十一年》：「射其目，身橫九畝；斷其首而載之，眉見於軾。」

《穀梁傳・宣公十五年》：「初稅畝者，非公之去公田，而履畝十取一也。」

《左傳・宣公十五年》：「初稅畝。」

《考工記・匠人》：「匠人為溝洫，耜廣五寸，二耜為耦；一耦之伐，廣尺，深尺，謂之𤰜。」

《呂氏春秋・辯土》：「故畮欲廣以平，𤰜欲小以清。」又「衡行必得，縱行必術。正其行，通其風，央心中央，帥為泠風。」

《呂氏春秋・任地》：「是以六尺之耜，所以成畝也；其博八寸，所以成𤰜也；耨柄尺，此其度也；其耨六寸，所以間稼也。」又「上田棄畝，下田棄𤰜。」

《孟子・盡心上》：「百畝之田，匹夫耕之，八口之家足以無饑矣。」

《韓詩外傳》第四卷：「廣一步、長百步，為一畝；廣百步，長百步，為百畝。」

《漢書・食貨志》：「六尺為步，步百為畝。」又「後稷始𤰜田，以二耜為耦，廣深尺曰𤰜，長終畝。一畝三𤰜，一夫三百𤰜，而播種於𤰜中。苗生葉以上，稍耨隴草，因隤其土以附苗根。」又記李悝相魏文侯，「今一夫挾五口，治田百畝，歲收畝一石半，為粟百五十石，除十一之稅十五石，餘百三十五石。食，人月一石半，五人終歲為粟九十石，餘有四十五石。」

《說文・田部》：「六尺為步，步百為畮。」

從上引材料，我們可以得出以下幾點認識：

第一，西周農耕已經修治𤰜畝。上引《綿》毛《序》：「文王之興，本由大

王也。」該篇頌揚周人先祖，內容必在先周時期。《漢書‧食貨志》載後稷畎田，與《詩》的內容相參，可以肯定西周人已經掌握畎畝修治技術。〔註233〕

第二，畎畝的基本形制。〔註234〕畎是廣尺深尺（當今 20 釐米左右）的小溝，畝是挖畎所得泥土堆成的土壟。從事理上講，挖一尺的畎（溝），旁邊就要堆一尺的畝（壟），畝畎相間，寬度相當（見圖1）。〔註235〕耜是西土習用的農具，〔註236〕周人用耜耦耕挖畎。耦耕的具體方法，學者們爭議很大。1985 年，西北農業大學古農學研究室張波做了耦耕實驗，證明耦耕當從《周禮》舊說解為「兩人各持一耜的同向并耕」。〔註237〕可信。

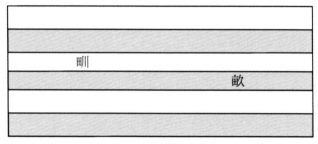

圖1：畎畝相間示意圖

第三，修治畎畝是由禾、黍等農作物的生長特性決定的。〔註238〕先整治平直的畝畎，間苗時容易控制行列間距，便於通風採光。上引《詩‧南山》說種麻要從畝，《呂氏春秋‧辯土》說要正行通風，都是明證。卜辭有禘祭四方風的記錄，學者或認為商代人已經意識到「風」對農作物成長的重要性。〔註239〕

〔註233〕李根蟠《西周耕作制度簡論——兼評對「菑、新、畬」的各種解釋》（《文史》第 15 輯，中華書局，1982 年）指出：「至遲到殷周時代，中原地區已有了比較規整的農田規劃和初具規模的溝洫系統。」裘錫圭《甲骨文中所見的商代農業》（《古文字論集》，中華書局，1992 年，頁 181、183）指出，平整土地和打壟是商代「壅田」的重要內容；卜辭有「令尹作大田」，或以為即作畎，裘先生認為當是作大圃。

〔註234〕李修松：《簡析周代的畝與田》，《農業考古》1987 年 1 期。

〔註235〕《齊民要術‧種穀》：「溝廣一尺，深亦一尺。積壤於溝間，相去亦一尺。嘗悉以一尺地積壤，不相受，令弘作二尺地以積壤。」「壤」即「壤」。據此，則壟寬應當為兩尺。下文測算時，仍用「廣尺深尺」。

〔註236〕徐中舒：《耒耜考》，《農業考古》1983 年 1 期。

〔註237〕張波：《周畿求耦——關於古代耦耕的實驗、調查和研究報告》，《農業考古》1987 年 1 期。

〔註238〕楊善群：《西周農業生產和耕作方法探論》，《史林》1992 年 2 期。

〔註239〕嚴一萍：《卜辭四方風新議》，《甲骨古文字研究》第 1 輯，1976 年，臺灣藝文印書館，頁 177。

《呂氏春秋‧任地》的「上田棄畝，下田棄圳」，陳奇猷《校釋》引夏緯瑛觀點，認為「上田棄畝」就是作凹畦種地，符合現代北方的情形，目的是避燥；「下田棄圳」就是做高畦種地，符合現代南方的情形，目的是避濕。〔註240〕高旱之地種禾於圳中，禾苗長出地面之後，將壟土推入圳中，可以固根保墒，所以能避燥。

　　圳畝技術後世仍在運用（見圖2）。《氾勝之書》介紹區種法，「種禾、黍於溝間，夾溝為兩行，去溝兩邊各二寸半，中央相去五寸，旁行相去亦五寸。一溝容四十四株。一畝合萬五千七百五十株。」當代種粟（禾）有溝播、平作、壟作三種方式，其中溝播又稱壟溝或平溝種植，主要用於旱坡地，有保水、保肥、保土等優點；耕地一般要在20釐米以上，利於小米根系發展，這與古代為圳一尺相似；旱地每畝留苗一般4～5萬株左右。〔註241〕若以每畝留苗4.5萬株計，則平均每株禾占地148平方釐米，禾苗間距約12.17釐米。《呂氏春秋‧任地》「其耨六寸，所以間稼也」，秦尺六寸當今13.86釐米，其間距與當代相差不遠〔註242〕。

圖2：圳畝技術用於當代農業——全膜雙壟溝播玉米〔註243〕

〔註240〕陳奇猷：《呂氏春秋校釋》，學林出版社，1984年，頁1738。

〔註241〕貴陽市農業局：《小米種植技術》，中國貴陽市人民政府門戶網站（http://www.gygov.gov.cn）2008年9月22日。

〔註242〕《齊民要術‧種穀》：「良田率一尺留一科。」南朝後魏一尺當今二十八釐米，禾苗間距似比先秦大。

〔註243〕內蒙古農業技術推廣站：《玉米全膜雙壟溝播栽培技術成為大災之年赤峰市農技推廣新亮點》，內蒙古農業技術推廣網（http://www.nmstatefarm.org），2010年6月12日發佈。

在筆者家鄉四川瀘州地區，種紅薯也要開溝起壟，紅薯藤種在壟上。中耕施肥除草，人行溝中，溝寬僅能容足。如果一條溝太長，則溝中每隔一段必然起土為攔，以免大雨時泥水沖毀壟土。溝也是計量單位，人們常說挖了幾溝紅薯。

第四，春秋時期還在用寬一尺的「畝（壟）」作計量單位。前引《穀梁傳・文公十一年》記長狄「身橫九畝」，舊說按畝廣一步、一步六尺計，長狄身高五丈四尺，范寧《集解》云：「五丈四尺者，讖緯之書，不可悉信。」假定「九」為確指，且長狄身體與畝長方向垂直（這樣橫壓的畝數最多），若按畝寬一步（六尺），且以最短的商尺 15.8 釐米計，長狄的身高＝0.158 米×6×9＝8.532米。據傳蒙古有個貢格爾身高 2.64 米，[註244] 清朝道光年間婺源詹世釵身高3.19 米，籃球運動員姚明身高 2.26 米，都可稱作巨人。但是身高超過 8 米的人，當今世界沒有，考古發掘恐怕也沒發現過。因此，若記錄可信，問題可能出在對「畝」字的理解上。

若將一畝理解為一壟，壟寬一尺，九畝即九尺。長狄橫壓九畝，則其身高必過九尺，確屬「長人」。《孟子・告子下》：「交聞文王十尺。」《荀子・非相》：「文王長，周公短；仲尼長，子弓短。」《史記・孔子世家》：「孔子長九尺有六寸，人皆謂之『長人』而異之。」可為旁證。

第五，按畖寬一尺即一畝（壟）測算，西周百畝（壟）地積相當於今天10.92 畝，同一個有四百米跑道的標準運動場差不多。從上引「衡從其畝」、「異畝同穎」、「身橫九畝」等辭例看，西周早期所謂的「一畝」就是一壟，其寬度是一尺（20 釐米左右）。這樣一壟地，只要確定壟的長度，就能算出整個地塊的面積。茲測算如下：

> （1）百畝（壟）地塊，畖畝相間，共有一百條畖和一百條畝（壟）。以周尺長 24.63 釐米，六尺為步，畝（壟）長 100 步計，換算成今天的面積為：0.2463 米×（0.2463 米×6×100）×100×2＝7279.64 平方米

> （2）以 1 公頃＝10000 平方米＝15 畝計，上述（1）式換算成今畝為：7279.64×15／10000＝10.92 畝

第六，寬一步、長百步的「畝」，可能是從寬一尺的「畝（壟）」演變而

〔註244〕孫承平：《身高二米六四的蒙古巨人》，《化石》1983 年 2 期。

來。據前引《韓詩外傳》、《漢書‧食貨志》，畝廣一步，一畝三畖，很容易推算出一畝有三畖三壟（畝）。吳慧說：「兩人為耦，耕地寬一步（六尺）。長百步為一畝（畝今時是計算地積的單位；當時含義不同，一畝就是寬一步、長百步的一條狹長地段，故又稱『長畝』），一步中剛好容納寬一尺的三畦（即畝）三畖。」按照吳慧的推算，西周「百畝」的現代面積為：

（3）0.2463 米 ×6×（0.2463 米 ×6×100）×100 = 21838.93 平方米

（4）以 1 公頃 = 10000 平方米 = 15 畝計，上述（3）式換算成今畝為：21838.93×15／10000 = 32.76 畝〔註245〕

宣公十五年履畝而稅，「畝」的稅法意義凸顯，後來的改革家也在畝制上大作文章。

行文至此，我們還不能確定賢簋的「百畮（畝）」應該是（2）式的 10.92 畝，還是（4）式的 32.76 畝。但可以斷定，如果西周的畝（壟）長確實是一百步，那麼（2）式的 10.92 畝大概是西周百畝（壟）的最小值。

接下來，我們將從有關「一夫百畝」的爭論中尋找線索。

先秦典籍屢載「一夫百畝」，西周早期一夫能否耕種百畝，學者表示懷疑。吳慧指出，西漢居延屯田卒使用鐵製農具和牛耕，每人平均也只能耕種 20 漢畝，約今 14 畝；解放前北方自耕農，一家三十畝地一頭牛，每人平均耕地（旱地）也就十五畝；所以西周初期不可能要求每對勞動力實際耕種百畝之地，但一夫（家）百畝的現象遲至西周末葉已經存在。〔註246〕

今按，《淮南子‧主術訓》：「一人蹠耒而耕，不過十畝。中田之獲，卒歲之收，不過畝四石，妻子老弱仰而食之。」漢代一大畝當今制 0.6912 畝，〔註247〕10 漢畝當今天 6.91 畝。居延屯田卒用牛能耕 14 畝，一人加牛當比兩人無牛耕地多；退一步講，假定一人當一牛，則沒有牛的居延屯田卒，其

〔註245〕吳慧：《井田制考索》，農業出版社，1985 年，頁 15、37，我們的計算結果比該書的 32.77 小 0.01。

〔註246〕吳慧：《井田制考索》，頁 36～41。又陳直：《居延漢簡研究》天津古籍出版社，1986 年，頁 9。魏晉時簡文，張僉所部兵 21 人，共種田 520 畝，平均每人種地 24.76 畝；梁襄所部 26 人，共種田 380 畝，平均每人種地 14.61 畝。兩部加總，每人平均耕種 19.15 畝，和《漢書‧趙充國傳》「田事出，賦人二十畝」相近。

〔註247〕吳慧：《中國歷代糧食畝產研究》，農業出版社，1985 年，頁 236。

耕地數平均超不過 7 畝，與一人耒耕 6.91 畝相近；據此判斷，《淮南子》的說法比較可信。西漢一人耒耕 6.91 畝，〔註 248〕則兩人能耕 13.82 畝。周人耦耕，兩個人的力量耕種百畝（壟）即今畝 10.92 畝，能夠勝任。〔註 249〕

　　回顧中國畝制演變史，戰國時期各國變法，有的國家把畝長從一百步增加至一百六十步、兩百步乃至二百四十步，〔註 250〕畝積最多擴大了 1.4 倍。一百畝地，秦國增加的絕對量約 32 畝。〔註 251〕由此看來，如說西周曾將畝制從一壟一畖，增加至三壟三畖，面積擴大 2 倍，但一百畝地增加的絕對量約 22 畝（今制），增加的幅度似在合理範圍內。

　　因此我們推論，如果西周確實存在一夫耕地百畝的制度，那麼這個「百畝」一開始可能只是「一百壟（畝）」，後來逐漸演變成寬一步、長百步的「百畝」。當然，這個假說能否成立，還需要更多材料驗證。

3. 田

附表二：金文賜田數統計表

序號	器名	時代	原銘	賜田位置	賜田總數
1	旗鼎	康王	田三	不詳	三田
2	卯簋	恭、懿	一田	乍、隊、宮、戲	四田
3	敔簋	厲王	五十田	早、宮	一百田
4	不嬰簋	宣王	田十田	不詳	十田
5	四十二年逑鼎	宣王	廿田、卅田	陣、鄭	五十田

　　金文中「數＋田」這種表達方式（見附表二），還見於裘衛諸器等土田轉

〔註 248〕張聯社：《耒耕農地開發面積推測小例》，《中國歷史地理論叢》1996 年 4 期。
〔註 249〕據張波的實驗數據（《周畿求耦——關於古代耦耕的實驗、調查和研究報告》，《農業考古》1987 年 1 期），現代人用仿古石耜耦耕大田的耕效為每小時兩人共耕 0.0152 畝，若以每天耕地 10 小時計，30 天（《齊民要術·種穀》：「二月、三月種者為稙禾。」據此，耕種時間可達數月之久）耕地面積為：0.0152×10×30＝4.56 畝。畖畝耕作制下，只須翻耕「畖」，所以耦耕出 4.56 畝「畖」，實際占地面積至少要翻倍（《齊民要術·種穀》：「溝廣一尺，深亦一尺。積壤於溝間，相去亦一尺。當悉以一尺地積壤，不相受，令弘作二尺地以積壤。」），即 4.56×2＝9.12 畝，與我們測算的百畝（壟）即今畝 10.92 畝接近。
〔註 250〕銀雀山漢墓竹簡整理小組：《銀雀山漢墓竹簡（壹）·孫子兵法·吳問》，文物出版社，1985 年，下編頁 30。
〔註 251〕秦 240 步畝，一百畝換算為今畝得 69.12 畝；百步畝一百畝地換算為今畝得 37.26，二者相減，得 31.86 畝，參吳慧《中國歷代糧食畝產研究》（農業出版社，1985 年，頁 236）。

讓類銘文。典籍中相關記載有：

>　《周禮‧考工記‧匠人》：「田首倍之。」鄭玄《注》：「田，一
>　夫之所佃百畝。」〔註252〕

>　《國語‧魯語下》：「季康子欲以田賦。」賈逵《注》：「田，一
>　井也。

>　周制：十六井賦戎馬一四、牛三頭。」

唐蘭認為，金文中田既是名詞，同時又是田畝的量詞，一田即百畝。〔註253〕

楊向奎認為，一田是一個單位，有一千畝，在鄉遂由十夫耕種，構成一個十室之邑。〔註254〕

趙光賢認為，西周時期的一田可能大小不等，而不一定是百畝，金文「田×田」就是幾塊田，如同馬×匹、牛×頭。〔註255〕

李零認為，金文中的「田」就是「井田」，是一個固定的計量單位，當即「提封制度」的基礎一級「井」；舊說「田為頃」不可信。〔註256〕

袁林依據民族學資料，推測西周時期可能是以人力作為耕地度量標準，一「田」大概是一個成年男子可以耕作的土地，劃分更細的地積單位「畝」可能是較晚的度量單位。〔註257〕

按，典籍盛傳周人有治理田界的傳統，金文賜田應該有一定形制；根據前文對「畝」的理解，我們採信一田百畝說；但是「畝」本身在變，所以一田的實際面積可能也在變。

二、金文中的封賜規模與典籍中的西周郊甸區劃

典籍中有兩處西周郊甸區劃資料，〔註258〕可與金文資料互參。

〔註252〕〔清〕孫詒讓：《周禮正義‧考工記‧匠人》，中華書局，1987年，頁3479。

〔註253〕唐蘭：《陝西省岐山縣董家村新出西周重要銅器銘辭的譯文和注釋》，《文物》1976年5期。

〔註254〕楊向奎：《中國古代社會與古代思想研究》上冊，上海人民出版社，1962年，頁56。

〔註255〕趙光賢：《從裘衛諸器銘看西周的土地交易》，《北京師範大學學報》（社科版）1979年6期。

〔註256〕李零：《西周金文中的土地制度》，《李零自選集》，廣西師範大學出版社，1998年，頁106、107。

〔註257〕袁林：《兩周土地制度新論》，東北師範大學出版社，2000年，頁84、88。

〔註258〕徐喜辰《井田制度研究》（吉林人民出版社，1982年，頁43、44）稱為「土地區劃」，並作有「土地區分圖」，可參。

　　1.《逸周書・作雒》:「制郊甸，方六百里。因西土為方千里，分以百縣。縣有四郡，郡有□鄙。大縣城方王城三之一，小縣立城方王城九之一。〔註259〕郡鄙不過百室，以便野事。」黃懷信認為，《作雒》可能是據西周舊文加工而成，時代不晚於春秋早期，內容可信。〔註260〕據此可知，西周王畿有四個行政層級:〔註261〕

　　其一、王畿。方千里，一百萬平方里，分出百縣。

　　其二、縣。平均方百里，一萬平方里，分出四郡。

　　其三、郡。平均方五十里，與召圜器的賜土面積相同；郡兩千五百平方里，下轄鄙。

　　其四、鄙。「郡鄙不過百室。」

　　《穀梁傳・隱公元年》:「寰內諸侯。」西周金文中有寰（縣）、鄙，但目前似未見到「郡」。〔註262〕《國語・晉語二》:「君實有郡縣。」《左傳・哀公二年》記趙簡子誓師:「克敵者，上大夫受縣，下大夫受郡。」是郡制在春秋時期確已存在，但更早的情況尚待新資料證實。〔註263〕

　　2.《漢書・刑法志》:「因井田而制軍賦。地方一里為井，井十

〔註259〕據曲英傑（《周代都城比較研究》，《中國史研究》1997 年 2 期）研究，《作雒》「乃作大邑成周於土中，立城方千六百二十丈」即城垣周長約今 3191.4 米，這同依考古數據測算的成周城垣長度約 3200 米接近。由此可見，《作雒》的記載有較高的可信度。陳公柔《西周金文中的新邑、成周與王城》（《金文文獻集成》第 40 冊，頁 423～426）對東都也有研究，可與曲文參看。

〔註260〕黃懷信:《〈逸周書〉源流考》，西北大學出版社，1992 年，頁 110。又黃懷信:《逸周書校補註譯》（修訂本），三秦出版社，2006 年，頁 55。

〔註261〕吉琨璋、宋建忠等認為，西周王畿範圍需重新界定，涑水流域的運城盆地、中條山與黃河之間的山前坡地均屬王畿範圍（《山西橫水西周墓地研究三題》，《文物》2006 年 8 期）。

〔註262〕李家浩:《先秦文字中的「縣」》，《文史》第 28 輯，中華書局，1987 年。「郡」見於戰國題銘，如陝西省博物館藏王五年上郡疾戈（《集成》17.11296）有「上郡疾造」字樣，類似的戰國題銘還有不少，茲不贅舉。戰國郡縣制的討論，可參楊寬《戰國史》（上海人民出版社，1980 年，頁 209～213）。

〔註263〕與《作雒》簡明的四級區劃不同，《周禮》按距離王都遠近分出國、郊、野，國有「六鄉」，野有「六遂」，采邑中有都鄙制度，從中又劃分出甸、稍、縣、都、鄙等名目，參楊寬《先秦史十講》（復旦大學出版社，2006 年，頁 154～158）。又，裘錫圭《甲骨卜辭中所見的「田」、「牧」、「衛」等職官的研究——兼論「侯」「甸」「男」「衛」等幾種諸侯的起源》（《文史》19 輯，中華書局，1983 年，頁 1～13）可參。

為通，通十為成，成方十里；成十為終，終十為同，同方百里；同十為封，封十為畿，畿方千里……此先王為國立武足兵之大略也。」

這裏有七個層級：

其一、井。方一里。

其二、通。

其三、成。方十里。

其四、終。

其五、同。方百里。

其六、封（邦）。十個方百里，經換算，一封相當於方三百一十六里。按，上古音封、邦均為幫母東部字，兩字聲同字通。此「封」可能本應作「邦」，漢人因避「劉邦」之諱而寫作「封」。五祀衛鼎有「邦君厲」；上博簡（四）《曹沫之陣》記周初魯國封域，「昔周室之邦魯，東西七百，南北五百」，〔註264〕均用「邦」字。《禮記·明堂位》：「成王以周公為有勳勞於天下，是以封周公於曲阜，地方七百里。」鄭玄《注》：「曲阜，魯地，上公之封，地方五百里，加魯以四等之附庸方百里者二十四，並五五二十五，積四十九，開方之得七百里。」

其七、畿。方千里。

以上是從軍賦的角度進行的系統分級，細化到井、里，環環相扣，看上去很複雜。禹鼎（《集成》5.2833）有西六師、殷八師，可知周室擁有數量龐大的軍隊。龐大的軍隊必然有複雜的組建、供給辦法，〔註265〕《漢書·刑法志》這段「立武足兵之大略」似可信。

比較《作雒》、《漢書·刑法志》的兩個層級系統，王畿都是「方千里」，同、縣都是「方百里」，「方百里」應該是當時常用的區劃單位。〔註266〕《左

〔註264〕 馬承源主編：《上海博物館藏戰國楚竹書（四）》，上海古籍出版社，2004年，頁243。

〔註265〕 李學勤：《論西周金文中的六師、八師》，《金文文獻集成》第40冊，頁376。

〔註266〕 《禮記·王制》：「天子之縣內，方千里者，為方百里者百，封方百里者九，其餘方百里者九十一。又封方七十里者二十一，為方百里者十，方十里者二十九，其餘方百里者八十，方十里者七十一。又封方五十里者六十三，為方百里者十五，方十里者七十五，其餘方百里者六十四，方十里者九十六。」金景芳：《〈周禮〉與〈王制〉封國之制平議》，載入《金景芳古史論集》，吉林大學出版社，1991年，頁205。

傳‧襄公二十五年》:「且昔天子之地一圻,列國一同,自是以衰。」《孟子‧
萬章下》:「天子之制,地方千里,公侯皆方百里,伯七十里,子、男五十里,
凡四等。」楊伯峻《注》據此認為,《周禮‧地官‧大司徒》「諸公之地,封疆
方五百里」不可信。今從前引上博簡(四)《曹沫之陣》所記魯國封域來看,
周代畿外諸侯確實可能有「封疆方五百里」,但成周王畿內恐怕不允許存在這
麼大的封國。據傅斯年考證,魯國初封在河南省魯山縣,地在成周王畿之內,
封域並不大。〔註267〕

　　方百里之地,其自然結構及承載能力可以通過相關記載作簡單的推算。
《商君書‧徠民》:「地方百里者,山陵處什一,藪澤處什一,谿谷流水處什
一,都邑蹊道處什一,惡田處什二,良田處什四,以此食作夫五萬。其山陵、
藪澤、谿谷可以給其材,都邑、蹊道足以處其民,先王制土分民之律也。」據
此,按方里而井、井九百畝換算,一個「作夫」食田一百零八畝。又《管子‧
八觀》:「凡田野萬家之眾,可食之地,方五十里,可以為足矣。」方五十里即
兩千五百平方里,除以萬家,平均一家需「可食之地」四分之一平方里,即二
百二十五畝。當然,土地有肥墝高下之別,且步畝制度、生產能力也有變化,
以上數據僅備參考。

　　結合金文賜土「方五十里」、「五十頌」等考慮,當時很多所謂的「國家」、
采邑,不過是有幾百戶人家的邑聚及周邊耕地而已,這一點還可從相關材料
得到參證。

　　陝西武功鄭家坡遺址是早周時期的考古發掘遺址,尹盛平有詳細介紹,
茲錄於下:

> 　　武功鄭家坡遺址,東西約 0.5 公里,南北約 3 公里。遺址西臨
> 漆水河,南、北、東三面由一條寬 2 米左右的壕溝圍繞著。自 1981
> ～1983 年,發掘面積 2000 平方米,僅僅是遺址西南角的一小塊地
> 方,就發現房屋 17 座,窖穴 3 個,陶窯 2 座。該遺址內現有三個
> 自然村,而且每個自然村之間尚有一定的間距,其中最南面的鄭家
> 坡與中間的尚家坡南北間距約 0.5 公里;尚家坡與最北面的橋東村

〔註267〕傅斯年:《大東小東說——兼論魯燕齊初封在成周東南後乃東遷》,《中研院
　　　　歷史語言研究所集刊論文類編》(歷史編‧先秦第 2 卷),中華書局,2009
　　　　年,頁 102。《孟子‧告子下》:「周公之封于魯,為方百里也;地非不足,而
　　　　儉於百里……今魯方百里者五。」

南北間距約 1 公里。〔註268〕

鄭家坡遺址因漆水河、壕溝的分割而相對獨立，遺址內沒有大型的建築基址，很可能只是庶民聚居的邑落。遺址現在還有自然村落，方便古今對比，據此可以想見先周時期的邑落規模。

周太王遷岐至文王作豐以前的先周都城岐邑，地望在今岐山、扶風兩縣交界處的周原遺址，其地域東西、南北各約 5 公里，總面積只有 20 多平方公里。〔註269〕鄭玄《詩譜》：「文王受命，作邑於豐，乃分岐邦周、召之地，為周公旦、召公奭之采地。」文王作豐，武王作鎬。據考古調查，豐、鎬兩京可能在灃河東西兩岸客省莊、馬王村、張家坡、大原村、馮村、曹家寨、西王村、洛水村、泉北村、普渡村、花園村、白家莊、斗門鎮一帶約 10 平方公里範圍內。〔註270〕岐邑、豐京、鎬京為周人西土三都，地域範圍都不算大。至於岐邦，或以為是廣義的周原，包括鳳翔、岐山、扶風、武功 4 縣之大部，兼有寶雞、眉縣、乾縣、永壽 4 縣之一部份，東西約 70 餘公里，南北約 20 餘公里，沿渭河成西北東南走向。〔註271〕2004 年以來調查勘探發現的岐山周公廟一帶遺址，很可能是周公家族采邑，其範圍有數平方公里。〔註272〕召公采邑情況見本章第一節「太保」條。

至於地方諸侯，吉琨璋等據山西橫水倗國墓葬資料推測，西周倗國疆域範圍同今天的絳縣相當，「東西約 30 公里，南北約 17 公里，面積約 500 平方公里」。〔註273〕換算成周里約當方五十三里。

〔註268〕尹盛平：《周原文化與西周文明》，南京鳳凰出版社，2004 年，頁 75。

〔註269〕陝西省考古研究院商周考古研究部：《陝西夏商周考古發現與研究》，《考古與文物》2008 年 6 期。

〔註270〕中國社科院考古所：《新中國的考古發現和研究》，方志出版社，2007 年，頁 253。

〔註271〕史念海：《黃土高原歷史地理研究》，黃河水利出版社，2001 年，頁 244。楊雷：《周原空間結構芻議》，《華夏考古》2008 年 3 期。〔清〕顧炎武《日知錄·文王以百里》（黃汝成《集釋》，秦克誠點校，嶽麓書社 1994 年，頁 252）說文王「其國已跨三四百里之地」，當是指周國的勢力範圍，不一定是周國本土。

〔註272〕陝西省考古研究院商周考古研究部：《陝西夏商周考古發現與研究》，《考古與文物》2008 年 6 期。周公廟在距今岐山縣城西北約 7.5 公里的鳳凰山南麓，參呂文郁：《周代的采邑制度》（增訂版），社科文獻出版社，2006 年，頁 56。辛怡華、劉宏岐：《周原——西周時期異姓貴族的聚居地》，《文博》2002 年 5 期。

〔註273〕吉琨璋、宋建忠、田建文：《山西橫水西周墓地研究三題》，《文物》2006 年 8 期。

西周初有千多個國家，春秋時期經傳記錄有 170 國，到戰國初年只剩 24
國，〔註 274〕這都是兼併的結果。《左傳・閔公二年》載衛懿公好鶴，狄人滅
之。宋桓公助衛戴公復國於曹（今河南滑縣西南），當時「衛之遺民男女七百
有三十人，益之以共、滕之民，為五千人。」則共、滕兩邑的人口，平均每邑
不過兩千出頭；若以一家五口計，每邑只有四百多戶人。《左傳・昭公十八年》
記琅邪開陽鄅國「藉稻」，邾人乘機偷襲，將鄅國人「盡俘以歸」，鄅國從此滅
亡。一個國家居然在耕地時遭遇偷襲就滅亡了，可見這個鄅國非常小。《戰國
策・趙策三》載趙奢說，古代萬國林立，其時「城雖大，無過三百丈者；人雖
眾，無過三千家者。」《呂氏春秋・悔過》記蹇叔反對秦繆公（約前 659 至 621
年在位）襲鄭時說：「襲國邑，以車不過百里，以人不過三十里。」可見當時
最遠百里之內，近至三十里之內必有國邑。

戰國時期，「邑」仍是重要的基層單位。譬如楚國地方政區中就有邑，是
地域政治系統中的基層單位，設有官吏「邑公」；邑在鄉野之地，往往和「田」
相聯。〔註 275〕

此外，據《逸周書・職方》、《周禮・夏官・職方氏》記載，西周王畿之外
還有侯、甸、男、采、衛、蠻、夷、鎮、藩等九服。矢令彝（《集成》16.9901）
有「諸侯：侯、甸、男」，可見當時確實存在侯、甸、男等服制。《職方》晉代
孔晁《注》：「侯，為王斥候也。服言服王事也。甸，田也，治田入穀也。男，
任也，任王事。」〔註 276〕畿外國土的區劃或仿效王畿，〔註 277〕茲不詳論。

總之，西周時期的郊甸區劃，勾勒出周人的活動空間輪廓，這對於瞭解
各種土、田的社會屬性可能有幫助。

三、封賜土、田的社會屬性──封國、采邑、祿田、賞田、糧田

金文中賜土以里計，或言賜某土；賜田以田計，或言賜田於某地，多友
鼎則混稱賜土田。從語境分析，土、田之間有區別，也有聯繫，這一點有很多

〔註 274〕楊國勇、苗潤蓮：《兩周人口的增減及分佈的變化》，載入宋鎮豪等主編：《西
　　　　　周文明論集》，朝華出版社 2003 年，頁 193。
〔註 275〕陳偉：《包山楚簡所見邑、里、州的初步研究》，《武漢大學學報》（哲社版），
　　　　　1995 年 1 期。
〔註 276〕裘錫圭《甲骨卜辭中所見的「田」、「牧」、「衛」等職官的研究》（《文史》第
　　　　　19 輯，中華書局，1983 年）即採孔說。
〔註 277〕《史記・魯世家》記伯禽治魯，「變其俗，革其禮。」

學者討論過。

關於「土田」，典籍中有以下解釋：

> 《國語・齊語》：「井、田、疇均。」韋昭《注》：「谷地曰田。」

> 《公羊傳・桓西元年》：「田多邑少稱田，邑多田少稱邑。」

> 《爾雅・釋言》：「土，田也。」

> 《廣雅・釋地》：「田、地，土也。」

李學勤在討論春秋晚期楚國蒍掩治賦時指出，「土田」連稱，見於典籍和金文，土田就是土地。〔註 278〕張經指出，「田」是有嚴格的規劃的耕地，在分佈上並不集中；「土」是指某一區域，缺乏規劃。〔註 279〕

今按，從自然屬性考察，金文土、田均可歸入「土地」的範疇，這無疑是正確的；但若從土、田的社會屬性考察，就會發現它們之間應該有很大的差別。譬如同樣是「賜土」，宜侯夨簋是封侯，而中方鼎是賜采。金文中封國的事例一般都很明顯，上文已有說明。〔註 280〕這裏主要結合典籍和前人的研究成果，討論采邑、祿田、賞田、糧田以及它們之間的關係。

1. 采邑

遣卣、靜方鼎等器中的「采」，在時代稍晚的典籍中稱邑、采、采邑、采地，或稱作「祿」、「家」，茲錄數條如下：

> 《左傳・襄公二十九年》：「公冶致其邑于季氏。」

> 《國語・魯語下》：「子冶歸，致祿而不出。」韋昭《注》：「歸祿，還采邑也。《傳》曰：『公冶致其邑』也。」

> 《墨子・兼愛中》：「今家主獨知愛其家。」孫詒讓《閒詁》：「家主，謂卿大夫也。

> 《周禮・春官・敘官》，鄭《注》云：『家，謂大夫所食采地。』又《大宰》，鄭眾《注》云：『主，謂公卿大夫世世食采不絕者。』」

〔註 278〕 李學勤：《論蒍掩治賦》，《當代學者自選文庫：李學勤卷》，安徽教育出版社，1998 年，頁 682。

〔註 279〕 張經：《西周金文中的土與田》，《農業考古》2006 年 4 期。

〔註 280〕 潘建明：《金文所見西周宗族國家形態芻議》，原載《上海博物館館刊》1987 年 4 期，收入《金文文獻集成》第 40 冊，頁 163。該文對金文國族有詳細整理，可參。此外，葛志毅的《周代分封制度研究》（修訂本，黑龍江人民出版社，2005 年）對周代分封有詳細論述，可參。

《公羊傳・襄公十五年》：「其稱劉何？以邑氏也。」何休《注》
云：「所謂采者，不得有其土地人民，採取其租稅爾。」

《韓詩外傳》第八卷：「古者天子為諸侯受封，謂之采地。」

有學者指出，土地分賜就是財政俸祿支出。〔註281〕《禮記・王制》：「凡
九州，千七百七十三國。」這1773國實際上就是從中央到地方的1773個職
官及全部采邑的數目。〔註282〕

徐中舒認為，采就是采集，采地原為曠土，後來由采主招徠人民逐漸墾
闢。〔註283〕

侯志義引《呂氏春秋・慎大》記武王克商後賞書社給諸大夫，認為這可
能就是采邑制度的濫觴。采邑大小視受賜者爵位高低而定。賞賜的采邑不
能大於公室，「肥利之田」必須由公室佔有。大夫的采邑一般由子孫世襲，
如果采邑主犯罪，就要交還采邑；有的采邑主為了避禍，會主動退還采邑。
〔註284〕

吳澤、李朝遠指出，金文中西周卿大夫所得采田具有祿田性質，不能世
襲，也不能再行分割。〔註285〕

呂文郁指出，周代采邑制的本質特點是既享有采邑租稅，還佔有采邑土
地及其人民。西周時期王畿內封邑，王畿外封國，采邑就是王畿內的諸侯國。
最重要的采邑都集中在河流兩岸，王室重臣多以好田為采邑。西周王畿的邑
有采邑和公邑兩大類。采邑大小主要取決於王朝官吏爵位和職務的高低。采
邑大多世襲，久而久之成為采邑主的私人領地，因而典籍中又稱作「私土」
或「私邑」。公邑則是由王室直接委派官吏治理的地區。西周王畿采邑、公邑
錯雜相間，二者相互轉化，轉化的基本趨勢是公邑逐漸減少，而采邑在不斷
增加。金文中的賜土即賜采，王朝高級官吏和少數王子弟可享有采地，元士

〔註281〕孫翊剛：《中國財政史》，中國社會科學出版社，2003年，頁31。
〔註282〕項懷誠主編：《中國財政通史・中國財政起源和夏商西周卷》，中國財政經濟
　　　　出版社，2006年，頁224。
〔註283〕徐中舒：《井田制度探原》，《徐中舒歷史論文選輯》，中華書局，1998年，頁
　　　　737、738。
〔註284〕侯志義：《采邑考》，西北大學出版社，1989年，頁4、7、14、16、17。
〔註285〕吳澤、李朝遠：《論西周的卿大夫與采田》，載入唐嘉弘編：《先秦史論集（徐
　　　　中舒教授九十誕辰紀念論文集）》，中州古籍出版社出版，1989年，頁242。
　　　　李朝遠：《論西周社會分層秩序的地位群體——卿大夫》，《人文雜誌》1990
　　　　年1期。

以下的官吏大多數只能享有祿田。《周禮·地官·小司徒》「以任地事而令貢賦。」鄭玄《注》:「采地食者皆四之一。」采邑主須將全部賦稅收入的四分之一繳給王室。〔註286〕

張天恩認為,周人最初賜「采」就是賜予土地,讓受賜者采收可食之物;采邑制在先周時期已經出現,到周初分封時已經是實踐多年的政治制度;西周許多家族可能有兩處甚至多處采邑;周人在采邑制的基礎上演化出諸侯國制,但諸侯國處於王畿之外,從分封時起就擁有較大的自主權。〔註287〕

今按,西周時期很多國家的領地都非常小,呂文郁認為采邑就是王畿內的諸侯國,似可信。墻盤記武王賜采給微史剌祖,歷武王至於恭王世,微史家族子孫繁育,長盛不衰。這表明西周時期某些貴族世任王官,他們必然長期佔有采邑。〔註288〕又,西周諸侯、采邑主都要向周王貢獻財物。燕侯克器銘記召公「鄙(長)享」周王,楷伯簋(《集成》8.4205)記楷伯觀見周王時令其臣獻金車,𢆶伯歸夆簋銘(《集成》8.4331)記眉敖獻帛給周王,大矢始鼎銘(《集成》5.2792)記「始」向周王獻功。〔註289〕《國語·魯語下》:「蒸而獻功。」韋昭《注》:「冬祭曰蒸,蒸而獻五穀、布帛之屬也。」又《周禮·秋官·小行人》:「令諸侯春入貢,秋獻功,王親受之。」賈公彥《疏》據《周禮·大司徒》鄭玄《注》五等國所食之數,提出「大國貢半,次國三之一,小國四之一」,孫詒讓反對賈說,並引述江永觀點:「諸侯固各有貢,然九貢皆貨賄服物,不貢粟米。則天子不食諸侯之地,不可謂之食;制其貢亦惟以其所有耳,豈舉其地之半、叁之一、四之一而責其貢哉!」然後指出:「地貢雖大重小輕,而此經其食者,實當為諸侯自食,大國食多,小國食少,所以示尊卑隆殺之差,非謂正之字之也。」〔註290〕《左傳·昭公十三年》記子產爭承時說:「昔天子班貢,輕重以列。列尊貢重,周之制也。卑而貢重者,甸服也。」可見,采邑主必須向周王貢獻財物,但貢獻的額度目前還

〔註286〕呂文郁:《周代的采邑制度》(增訂版),社會科學文獻出版社,2006年,「前言」頁4及正文頁12、13、139~143、146。

〔註287〕張天恩:《論西周采邑制度的有關問題》,《考古與文物》2008年2期。

〔註288〕張懋鎔:《金文所見西周世族政治》,《古文字與青銅器論集》,科學出版社,2002年,頁157、158。

〔註289〕史獸鼎銘(《集成》5.2778)記某年十一月史獸在成周向尹獻功,是周王之外的其他高級貴族也接受下級貴族的獻功。

〔註290〕〔清〕孫詒讓:《周禮正義·秋官·小行人》,中華書局,1987年,頁733、734、2994。

無法從金文獲得參證。

2. 祿田

卯簋、膳夫克鼎等器所記因職事而獲得封賜的土田，應當就是祿田。

截止到目前，金文中還未見到「祿田」一詞。《荀子‧正論》有「次賢祿一國，下賢祿田邑」，是「祿田」連言的較早文例。

呂文郁指出，祿田與采邑同為俸祿，先秦典籍經常將二者混稱，但也有區別：其一，采邑可世襲，而祿田在任期結束後必須歸還；其二，享有祿田者可以食稅，但不可治民；其三，采邑大，祿田小。低級官吏僅有祿田，采邑主可同時兼有祿田。〔註291〕

馬曜、繆鸞和指出，解放前雲南西雙版納封建領主的直屬土地一般散佈在各個村社，村社農民要用自己的工具無償代耕各級領主的土地，收穫歸領主所有。與此相似，卯簋、膳夫克鼎中的賜田也分散在各地，土田前面的地名，可能是指邑、里和書社；金文賜田是由村社農民代耕的「公田」。〔註292〕

《孟子‧萬章下》記北宮錡向孟子請教西周的爵祿制度，孟子回答說：「大國地方百里，君十卿祿，卿祿四大夫，大夫倍上士，上士倍中士，中士倍下士，下士與庶人在官者同祿，祿足以代其耕也。」孟子只提供了一個俸祿比例，卻沒有具體的祿田數額。祿田數額方面的記錄，目前只能上溯至春秋時期，有以下幾條：

> 《左傳‧昭公元年》記子干奔晉，叔向使子干「與秦公子同食，皆百人之餼。」〔註293〕

> 《國語‧晉語二》：「中大夫里克與我矣，吾命之以汾陽之田百萬。丕鄭與我矣，吾命之以負蔡之田七十萬。」韋昭《注》引賈逵說：「百萬，百萬畝也。」

> 《國語‧晉語八》：「大國之卿，一旅之田，上大夫，一卒之田。夫二公子者，上大夫也，皆一卒可也。」韋昭《注》：「公之孤四命，五百人為旅，為田五百頃。上大夫一命，百人為卒，為田百頃。」

〔註291〕呂文郁：《周代的采邑制度》（增訂版），社會科學文獻出版社，2006年，頁144～146。

〔註292〕馬曜、繆鸞和：《西雙版納份地制與西周井田制比較研究》，載《馬曜文集》第1卷，雲南人民出版社，2008年，頁148～150。

〔註293〕《國語‧周語中》：「廩人獻餼。」韋昭《注》：「生曰餼，禾米也。」

又「昔樂武子無一卒之田，其宮不備其宗器。」韋昭《注》：「上大夫一卒之田，樂書為晉上卿，而又不及。」

《晏子春秋・田無宇非晏子有老妻晏子對以去老謂之亂》：「（晏子）位為中卿，田七十萬。」

張政烺曾據文獻作成「大夫祿田表」（見附表三），認為晏子的「田七十萬」是七十萬步，以百步為畝折算，實際上只有七千畝。〔註294〕可參看。

附表三：春秋大夫祿田表

級別	夫數	畝數	步數
下大夫	五十	五千	五十萬
中大夫	七十	七千	七十萬
上大夫	一百	一萬	百萬

3. 賞地

大保簋的「余土」，當屬於「賞地」。

《周禮・夏官・司勳》：「凡賞無常，輕重視功。凡頒賞地，參之一食。」賞地或稱「賞田」、「賞邑」。〔註295〕《左傳・成公七年》記楚國圍宋之後，子重向楚王請求以申、呂兩邑為賞田。楊伯峻《注》：「因申、呂土地全為公家所有，申、呂始能成邑，兵賦於是有所出。若取兩邑部份土地以賞私人，則申、呂不能成邑。申、呂不能成邑，無以禦北方，故晉、鄭可至漢水。」《晏子春秋》第七卷：「今為夫子賞邑，通之子孫。」

侯志義指出，祿田的多少受爵位高低的約束，但賞田似可無限度地增加；進入春秋以後，強國不斷開疆拓土，卿大夫的賞田隨之迅速增加。〔註296〕

袁林認為，金文賞田的收穫物全部歸其所有者，是「僅僅用來實現剩餘勞動的土地」。〔註297〕

呂文郁指出，賞田與祿田有別，祿田大小決定於官階，隨官職升降而增減；官吏因功在常祿之外得到賞田，賞田多少與官階無關，賞田能否世襲，尚無確證。賞田和采邑也有區別：采邑主須將全部賦稅收入的四分之一上繳

〔註294〕張政烺：《「士田十萬」新解》，《張政烺文史論集》，中華書局，2004年，頁747。

〔註295〕〔清〕孫詒讓：《周禮正義・載師》，中華書局，1987年，頁938～943。

〔註296〕侯志義：《采邑考》，西北大學出版社，1989年，頁13。

〔註297〕袁林：《兩周土地制度新論》，東北師範大學出版社，2000年，頁84、88。

王室，而賞田受賞者須將收入的三分之一上繳王室；賞田和采邑又有聯繫，賞賜土田多者實際上就是賜采。〔註298〕

4. 糧田

賢簋銘「量」、揚簋銘「量田」、大克鼎銘「井人奔于量」，後面兩個「量」字舊釋地名，裘錫圭改釋作「糧」，並認為「糧」在先秦時期主要指行道所用的乾糧，「糧田」是由甸人主管的、可能是為統治階級生產軍糧或其他行道所用之糧的公田。春秋時期的徐王糧鼎（《集成》5.2675）的「糧」作「[」形，從「井」從「量」，是糧田即井田的公田的旁證。糧田與籍田不同，後者的收穫物在名義上主要用於祭祀。〔註299〕

以上主要是從產品分配的角度，對金文中封賜土田的社會屬性進行了簡要的討論。在季姬方尊銘文中，田和二十五家畍臣被一同賜給季姬，畍臣即耕種賜田的農人；大克鼎、不嬰簋等器的情況與之相似。可見，西周時期很多農民確實是分屬於各級貴族的，農民全家乃至其所在整個村落都要為特定的貴族勞動。馬曜等人據此將賜田視作「公田」，可信。但是，撇開封國和采邑不論，前人混稱的「公田」，至少還可以分出祿田、賞田、糧田、籍田等名目，〔註300〕收穫物有各自專門的用途。由此看來，西周田制已趨詳密，只因材料稀缺，還有很多細節無法確知。譬如采邑收穫物是否需按固定比例上繳周王？不嬰簋記賜臣五家、田十田，若簡單平均，一家負擔兩田，〔註301〕是否具有普遍意義？這些在金文中都沒有明確的記載，無法同典籍的相關記錄參證，只好等將來發現新材料再作深入研究。

〔註298〕 呂文郁：《周代的采邑制度》（增訂版），社會科學文獻出版社，2006年，頁121、144～146。

〔註299〕 裘錫圭：《西周糧田考》，原載張永山主編《胡厚宣先生紀念文集》，科學出版社，1999年。修訂版轉載於復旦大學出土文獻研究中心網站。陳直《讀金日札》（中華書局，2008年，頁58）認為：「但自從井之字義觀之，縱為嚮往，可證確有井田之制度。」

〔註300〕 《周禮·地官·載師》記有宅田、士田、賈田、官田、牛田、賞田、牧田等名目，關係比較複雜。譬如其中的「士田」，金景芳認為「士」是有軍籍的軍士，也就是有國人，所以「士田」實際上也是農田（《古籍考證五則》，《金景芳古史論集》，吉林大學出版社，1991年，頁212、213）。可見，典籍記錄將公田、私田混雜在一起，在缺乏有力參證的情況下，很難作出明確的區分，故不詳論。

〔註301〕 「臣」的家族結構是否像後世所謂的核心家庭，也比較模糊，筆者傾向於是大家庭，詳第四章「胥賦」。

四、封賜土、田的來源

本章所列三十例土田賞賜金文，從賜土來源分，可以肯定的情形有下面五種：

第一種，鎮服遠方異族，並佔有其地。燕侯克器銘：「令克侯于匽。」這就是古人所謂的闢國、闢疆。

第二種，周王將大臣的土地析分、轉賜給其他貴族。牆盤銘：「武王令周公舍寓，于周俾處。」張懋鎔認為是周王將周公的部分采地轉賜給微史烈祖，微史家族從此定居周原。〔註302〕

第三種，歸附為臣的外族，其地被周王轉賜給其他貴族作采地。中方鼎銘：「中，茲禚人入事，賜于武王作臣。今眡畀汝禚土，作乃采。」或以為禚人指禚土的首領或酋長，隨禚土和當地居民一起賞賜給中，禚土的首領隨即稱為中的家臣。「臣上有臣，臣下也有臣。但是，他們的身份都不是奴隸。」〔註303〕

第四種，周王將自己直屬之田賜給大臣。師永盂銘：「益公入，即命于天子。公廼出厥命，賜畀師永厥田陰陽洛，疆眾師俗父田。」據白於藍師考證，周王將自己的田賜給了師永，並參加了土田履付活動。〔註304〕

第五種，王朝卿士將自己的土田分賜給自己的部屬。卯簋蓋銘記榮伯賜給卯四田，不嬰簋銘記伯氏賜給不嬰十田，即其例。

其它金文中賜土的來源，估計有一部份與上舉情形相似，因關係不甚明確，茲不詳論。

本章小結

本章主要討論金文中的土田封賜，通過分析、考索封賜人物、封賜事件等要素，我們獲得以下幾點認識：

1. 金文中有周王、王后、王室重臣向下級貴族封賜土田的記錄，這表明西

〔註302〕張懋鎔：《金文所見西周世族政治》，《古文字與青銅器論集》，科學出版社，2002年，頁157。十二年大簋蓋銘記周王將趞嬰的「里」轉賜給大，詳第三章。

〔註303〕高明：《論商周時代的臣和小臣》，載入其《高明論著選集》，科學出版社，2001年，頁97。

〔註304〕白於藍：《師永盂新釋》，《考古與文物》2010年5期。

周時期的土地處分權為多級貴族所有，下級貴族處理自己的土田時，並不一定需要周王授權。成王時期周室承認殷人原有的土地權利，以換取殷人政治上的順服。周室對於「不享」、「不廷」的國族，或翦滅、或驅逐，並封建王室重臣子弟分鎮其土，從而實現開拓疆土的戰略意圖。受封賜者中有周王親賜的召公、康叔等王朝重臣，也有只能接受王朝卿士賞賜的中下級貴族。至此，似可推定西周貴族按各自身份等級呈梯次享有數量不等的土田。幾乎整個西周時期，史官（早期稱作冊、中期或稱作冊內史、晚期稱尹氏）都是土田封賜活動的參與者和見證人。部份小貴族在追記上司對自己的賞賜時，會順帶提及周王對其上司的土田賞賜；兩相對比可知，賞賜物包含土田的賜命禮似高於只有動產賞賜的賜命禮，土地在西周時期無疑是身份等級和巨額財產的象徵。

2. 金文封賜土田多因職事、軍功而起，有明顯的事功性質。賞賜土田有封國、賜采、賜土、賜田、賜糧田等幾種類型，封賜土田的同時，往往還賜予管理人員、農業勞動者、奴僕、居宅、城邑、輿服、祭器、牲口等。封賜土田有隆重的典禮，多數情況下周王會親自參加，由王室重臣充當佑者，史官向受封賜者當面宣讀詳錄封賜內容的命書。禮畢，受封賜者要拜手稽首，答拜周王或上級貴族的封賜，賓贈代宣王命的大臣。大臣受封土地，須標明疆界四至，其間有王朝重臣乃至於周王親自參加標界分土事宜，足見周人對於土地的重視。事後受封賜者鑄器紀念，銘末「對揚王休」等頌揚習語表明，上級貴族的聲威在封賜事件中得到強化。

3. 金文中的土地計量單位有「里」、「畝」等，這表明「土地」在周人的意識中已經是能夠清楚表述的事物，西周貴族對於土地權利已有較高的認識水平。綜合考量相關辭例及先秦時期農夫的個體耕作能力，金文「百畝」當解為「百壟」，其面積似不太大。周代「方百里」是一個常用的郊甸區劃單位，「方百里」之內，還可以區劃出「鄙」；農業人口定居的「鄙」，其人數一般不超過百戶，以便農業生產。周王擁有數量龐大的軍隊，所以其軍賦計算系統包括從井里至王畿的七個層級，非常詳密。金文中的土田封賜，大致不出「足食、足兵」兩途：（1）采邑、祿田、賞田可供貴族官員食祿，但這些土地上的收穫物，據典籍記載，還須部份上繳王室；（2）糧田專供軍旅，由邑人共耕，是名副其實的「公田」。金文中封賜的土田，部份是有待開墾和「柔服」的蠻夷之地；部份屬於「內部劃撥」，即將甲的土地封賜給乙，甚至周王把自己的食邑封賜給大臣；還有一部份封賜土田的來源尚待研究。